IFRS-Lexikon

von

Dr. Gerald Preißler

und

Dr. German Figlin

Oldenbourg Verlag München

Bibliografische Information der Deutschen Nationalbibliothek

Die Deutsche Nationalbibliothek verzeichnet diese Publikation in der Deutschen Nationalbibliografie; detaillierte bibliografische Daten sind im Internet über <http://dnb.d-nb.de> abrufbar.

Rosenheimer Straße 145, D-81671 München
Telefon: (089) 45051-0
oldenbourg.de

Lektorat: Lektorat: Wirtschafts- und Sozialwissenschaften, wiso@oldenbourg.de
Herstellung: Anna Grosser
Coverentwurf: Kochan & Partner, München
Cover-Illustration: Hyde & Hyde, München
Gedruckt auf säure- und chlorfreiem Papier
Gesamtherstellung: Druckhaus „Thomas Müntzer“ GmbH, Bad Langensalza

ISBN 978-3-486-58610-7

Inhaltsübersicht

Abkürzungsverzeichnis

Abs.	Absatz
Abschn.	Abschnitt(e)
AfA	Abschreibung für Abnutzung
AK/HK	Anschaffungs- bzw. Herstellungskosten
Anm.	Anmerkung
Art.	Artikel
Aufl.	Auflage
bearb.	bearbeitet
BfC(s)	Basis for Conclusion(s)
bspw.	beispielsweise
bzgl.	bezüglich
bzw.	beziehungsweise
CGU	Cash Generating Unit
d. h.	das heisst
DPR	Deutsche Prüfstelle für Rechnungslegung
DRSC	Deutsches Rechnungslegungs Standards Committee
ED	Exposure Draft
etc.	et cetera
EU	Europäische Union
EuGH	Europäischer Gerichtshof
EVA	Economic Value Added
evtl.	eventuell
f.	folgende
F.	IASB Framework (Randnummer)
FASB	Financial Accounting Standards Board
ff.	fort folgende
IFRS	Financial Reporting Standards
GAAP	Generally Accepted Accounting Principles
GE	Geldeinheiten
gem.	gemäß
ggf.	gegebenenfalls
GoB	Grundsätze ordnungsmäßiger Buchführung
GuV	Gewinn- und Verlustrechnung
h.M.	herrschende Meinung
HGB	Handelsgesetzbuch
Hrsg.	Herausgeber
i. d. R.	in der Regel
i. S. d.	im Sinne des/der
i. V. m.	in Verbindung mit
IAS	International Accounting Standards
IASB	International Accounting Standards Board
IASC	International Accounting Standards Committee
IASCF	International Accounting Standards Committee Foundation
ICAEW	Institute of Chartered Accountants in England and Wales
IDW	Institut der Wirtschaftsprüfer
IFRIC	International Financial Reporting Interpretation Committee
insb.	insbesondere
i. R. d.	im Rahmen des/der
LIFO	Last-in-First-out
Mio.	Millionen

Abkürzungsverzeichnis

Nr.	Nummer
PPA	Purchase Price Allocation
Rdnr.	Randnummer
rev.	revised
S.	Seite/Satz
SEC	Securities and Exchange Commission
SFAS	Statement of Financial Accounting Standards
SIC	Standing Interpretation Committee
sog.	so genannte(r)(n)
SPE	Special Purpose Entity
Tz.	Textziffer
u.	und
u. a.	unter anderem
u. U.	unter Umständen
US/U.S.	United States
USA	United States of America
US-GAAP	United States Generally Accepted Accounting Principles
usw.	und so weiter
v.	vom/von
v. a.	vor allem
vgl.	vergleiche
vs.	versus
z. B.	zum Beispiel
z. T.	zum Teil
zzt.	zurzeit

Abbruchkosten
⇒Rückbauverpflichtungen

Abgegrenzte Schulden
⇒Accruals

Abgeld
⇒Damnum

Abgrenzung Erhaltungs- und Herstellungsaufwand
Die Voraussetzungen der Aktivierung nachträglicher Anschaffungs- oder Herstellungskosten sollen sich aus den allgemeinen Ansatzgrundsätzen für ⇒Vermögenswerte ergeben, d. h.:
- Die zu aktivierenden Aufwendungen müssen wahrscheinlich einen zukünftigen wirtschaftlichen Nutzen bringen
- und verlässlich ermittelbar sein (IAS 16.7).

Eine nähere Definition für die Unterscheidung zwischen Erhaltungs- und Herstellungsaufwand sucht man im IFRS Regelwerk vergeblich. Die Abgrenzung zwischen als Sofortaufwand zu erfassenden Erhaltungsaufwand und zu aktivierenden Herstellungsaufwand muss damit einzelfallbezogen nach ⇒fachlichem Ermessen und nach der ⇒Wesentlichkeit geklärt werden.
Für einige Sachverhalte werden dennoch präzisierende Vorschriften angeführt:
- Regelmäßige Erhaltungsaufwendungen dürfen nicht aktiviert werden. Dazu gehören auch Personal- und Materialaufwendungen sowie kleinere Ersatzteile (IAS 16.12).
- Regelmäßig vorzunehmende ⇒Ersatzinvestitionen für wesentliche Vermögenswertkomponenten (z. B. regelmäßiger Austausch von Filteranlagen) sowie die Kosten für ⇒Großinspektionen/Großreparaturen sind einzeln zu aktivieren und gesondert abzuschreiben (⇒Komponentenansatz).

Abschluss, Begriff
Ein Abschluss stellt eine Zusammenfassung folgender Rechenwerke dar und kann monatlich, quartalsweise, halbjährlich oder jährlich erstellt werden:
- Bilanz
- Gewinn- und Verlustrechnung
- Veränderungen des Eigenkapitals
- Kapitalflussrechnung
- Anhang (IAS 1.8; F. 7).

Siehe auch ⇒Abschlussbestandteile und wesentliche Pflichtangaben.

Abschlussadressaten
IFRS Abschlüsse sollen einem möglichst großen Kreis von Abschlusslesern (Abschlussadressaten) entscheidungsrelevante und verlässliche Informationen über die ⇒Vermögens-, Finanz- und Ertragslage eines Unternehmens vermitteln (F. 12). Der Kreis der Abschlussadressaten wird weit gefasst: Er beinhaltet neben aktuellen und potentiellen Investoren auch Arbeitnehmer, Kreditgeber, Lieferanten, Kunden, Behörden sowie die allgemein interessierte Öffentlichkeit (F. 9). Die Hauptadressaten der IFRS Berichterstattung sind aber aktuelle oder potentielle Investoren (F. 10).

Abschlussbestandteile und wesentliche Pflichtangaben
Die Übersicht auf der folgenden Seite oben zeigt, welche Abschlussbestandteile und wesentliche Pflichtangaben der Anhang eines IFRS-konformen Abschlusses (financial statements) mindestens enthalten muss (Stand 2008).
Ab 2009 muss zwingend eine ⇒Gesamteinkommensrechnung erstellt werden, in der die ⇒Gewinn- und Verlustrechnung wahlweise integriert werden kann.

Abschlussfunktionen, IFRS vs. HGB
Der deutsche handelsrechtliche Jahresabschluss hat im Wesentlichen vier – teilweise divergierende – Aufgaben zu erfüllen:
- **Dokumentationsfunktion:** Dies ergibt sich aus der gesetzlichen Buchführungspflicht (§ 238 Abs. 1 ff. HGB).
- **Ausschüttungsbemessungsfunktion:** Ermittlung des Bilanzgewinns, der an die Eigner – unter besonderer Beach-

	HGB			IFRS	
Abschlussbestandteile und wesentliche Pflichtangaben	Einzel-abschluss	Kapitalgesellschaften	Konzern-abschluss	Alle Unterneh-men	Kapitamarktorientierte Unternehme
Bilanz	X	X	X	X	X
Gewinn-und Verlustrechnung	X	X	X	X	X
Eigenkapitalspiegel			X	X	X
Anlagenspiegel		X	X	X	X
Kapitalflussrechnung			X	X	X
Anhang (Notes)		X	X	X	X
Lagebericht		X	X	Freiwillig	Freiwillig
Ergebnis je Aktie					X
Segmentberichterstattung			Freiwillig		X
Goodwill-Veränderungsrechnung				X	X
Rückstellungsspiegel				X	X
Bericht über nahe stehende Parteien				X	X
Allgemein	Differenzierung nach Größe, Rechtsform, Branchen			Derzeit noch keine Differenzierung nach Größen / Rechtsformen, jedoch branchenspezifische Regelungen für Versicherungsunterneh-men, Banken, landwirtschaftliche Unternehmen, Pensionskassen.	

tung des Gläubigerschutzes – ausgeschüttet werden kann.

– **Steuerbemessungsfunktion:** Handelsbilanz und Steuerbilanz sind über die ⇒Maßgeblichkeit (§ 5 Abs. 1 EStG) verknüpft; steuerliche Konsequenzen werden daher häufig auch bei der Aufstellung des Jahresabschlusses berücksichtigt.

– **Informationsfunktion**: Der Jahresabschluss soll aktuellen oder potentiellen Investoren Einblick in die effektive ⇒Vermögens-, Finanz- und Ertragslage geben. Aufgrund der Ausschüttungs- und Steuerbemessungsfunktion hat diese Funktion eher untergeordnete Bedeutung.

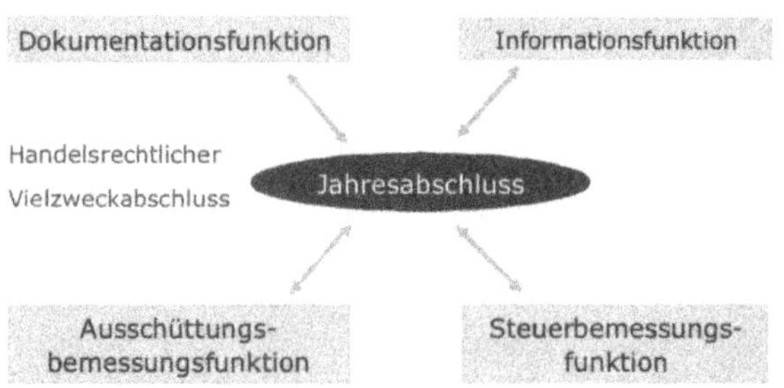

Im Gegensatz dazu hat ein IFRS-Abschluss ausschließlich die Dokumentations- und Informationsfunktion (⇒IFRS, Zielsetzung und Funktionen) zu erfüllen.

Abschreibung, Begriff
Im Rahmen der Rechnungslegung nach IFRS werden folgende Abschreibungsbegriffe unterschieden:
- Amortization: ⇒Planmäßige Abschreibung von ⇒immateriellen Anlagevermögen.
- Depreciation: ⇒Planmäßige Abschreibung von ⇒Sachanlagen und ⇒Renditeliegenschaften.
- Impairments: ⇒Außerplanmäßige Abschreibungen von immateriellen Vermögenswerten, Sachanlagen, Renditeliegenschaften und ⇒Finanzinstrumenten.
- Write-offs: ⇒Einzelwertberichtigungen von ⇒Vorräten und ⇒Forderungen.
- Allowances: Bildung von ⇒pauschalierten Wertberichtigungen auf Vorräte und Forderungen.

Abschreibungsmethode, arithmetisch-degressiv
⇒Abschreibungsmethoden

Abschreibungsmethode, geometrisch-degressiv
⇒Abschreibungsmethoden

Abschreibungsmethode, linear
⇒Abschreibungsmethoden

Abschreibungsmethode, progressiv
⇒Abschreibungsmethoden

Abschreibungsmethoden
Um den ⇒abzuschreibenden Betrag auf die Abschreibungsdauer zu verteilen, sind nach IAS 16.62 bzw. IAS 38.98 verschiedene Verfahren zulässig, von denen die wichtigsten im folgenden kurz dargestellt werden:

Lineare Abschreibungsmethode
Die lineare Abschreibung ist die einfachste und auch in der Praxis am häufigsten anzutreffende Form der Abschreibung. Für jede Einheit der Nutzungsdauer (zum Beispiel Jahre) beziehungsweise für jedes Leistungspotential (zum Beispiel Stück, km) wird ein gleicher Betrag verrechnet. Damit ergeben sich die Abschreibungsbeträge im Jahr entweder als fester Betrag (bei der Zeitabschreibung) oder als beschäftigungsabhängige Größe (bei Abschreibung über Leistungsgrößen).
Der jährliche Abschreibungsbetrag kann sich auch bei linearer Abschreibung ändern, nämlich entweder, wenn die Nutzungsintensität variiert, oder wenn Bemessungsgrundlage beziehungsweise Abschreibungsdauer sich verändern.

Arithmetisch-degressive (digitale) Abschreibungsmethode
Die arithmetisch-degressive Methode setzt Abschreibungsquoten an, die sich in jeder Periode um den gleichen Betrag reduzieren. Ein Beispiel soll dies verdeutlichen:
Bemessungsgrundlage € 100.000; Nutzungsdauer 10 Jahre. Addiert man die Nutzungsjahre wie folgt auf: $1+2+3+4+5+6+7+8+9+10=55$ und dividiert den abzuschreibenden Betrag durch diese Summe, so erhält man $100.000:55=1.818$. Diese Größe wird nun auf die einzelnen Abschreibungsperioden verteilt, indem mit der jeweiligen Laufzahl (Restjahre) multipliziert wird, also im ersten Jahr mit der höchsten Laufzahl, und jedes Jahr dann mit der reduzierten Laufzahl:
AfA im 1. Jahr $1.818 \times 10 = 18.180$
AfA im 2. Jahr $1.818 \times 9 = 16.362$
AfA im 3. Jahr $1.818 \times 8 = 14.544$
AfA im 4. Jahr $1.818 \times 7 = 12.726$ usw.

Geometrisch-degressive Methode
Diese Methode arbeitet mit einem festen Prozentsatz vom jeweiligen Restbuchwert. Bemesungsgrundlage sind € 100.000 für einen ⇒Vermögenswert und Nutzungsdauer 10 Jahre (d. h. 10% jährliche Abschreibung vom jeweiligen Restbuchwert), die Abschreibung entwickelt sich in den einzelnen Jahren wie folgt:
- AfA im ersten Jahr € 10.000, Restwert € 90.000
- AfA im zweiten Jahr € 9.000, Restwert € 81.000
- AfA im dritten Jahr € 8.100, Restwert € 72.900 usw.

Dieses Verfahren würde, mathematisch bedingt, nie den Nullpunkt erreichen, das heißt es bliebe stets ein Restwert. Dieser wird in der letzten Abschreibungsperiode

zusätzlich zum planmäßigen Betrag abgeschrieben.
Als Argument für die degressive Methode wird angeführt, dass die Reparaturkosten im Zeitablauf ohnehin ansteigen würden. Wenn man nun in dieser Methode immer weniger abschreibt, so würde der Gesamtbetrag Abschreibung plus Reparatursumme in etwa konstant bleiben.
Hinweis: Im Rahmen der Unternehmenssteuerreform 2008 wurde in Deutschland die Möglichkeit der degressiven AfA für **ab dem 01.01.2008** angeschaffte oder hergestellte Wirtschaftsgüter in der Steuerbilanz abgeschafft. Im Rahmen des HGB-Einzelabschlusses wird diese Methode daher kaum noch angewendet. (Seit dem 01.01.2009 ist die degressive Abschreibung steuerlich wieder möglich.)

Progressive Abschreibungsmethode
Die progressive Abschreibung (Abschreibung mit steigenden Quoten), bei deren Anwendung von Periode zu Periode steigende Abschreibungsquoten angesetzt werden, hat nur theoretische Bedeutung für jene Unternehmen, die in der Gründungsphase sind und bei denen eine Abnutzung vielleicht erst in späteren Jahren tatsächlich eintritt.

Siehe auch ⇒Abschreibungsbegriffe.

Abwägungsgrundsätze
Die Grundsätze der ⇒Entscheidungsrelevanz und der ⇒Verlässlichkeit unterliegen bestimmten einschränkenden Abwägungsgrundsätzen, die der Bilanzierende im Rahmen der Abschlusserstellung beachten muss. Dazu zählen der Grundsatz der ⇒Zeitnähe sowie der ⇒Wirtschaftlichkeit.
Zu beachten ist, dass zwischen den ⇒qualitativen Prinzipien teilweise unüberbrückbare Konflikte bestehen können, u. a.:

a) Entscheidungsrelevanz vs. Verlässlichkeit
Im IASB Framework wird auf mögliche Konflikte zwischen dem Grundsatz der ⇒Entscheidungsrelevanz und dem Grundsatz der Verlässlichkeit hingewiesen. So können in einigen Fällen entscheidungsrelevante Informationen von ihrer Art oder Darstellung so wenig verlässlich sein, dass deren bilanzielle Abbildung potentiell irreführend ist (F. 32). Ein Beispiel sind Zeitwerte von Vermögenswerten, für die keine verlässliche Bewertungsverfahren existieren.

b) Entscheidungsrelevanz vs. Vergleichbarkeit
Es können Konflikte zwischen den Grundsätzen der ⇒Entscheidungsrelevanz und der ⇒Vergleichbarkeit bestehen, da bei strenger Umsetzung des Grundsatzes der Vergleichbarkeit ungleiche Sachverhalte gleich abgebildet würden.

c) Neutralität vs. Vorsicht
Es besteht ein Widerspruch zwischen dem Grundsatz der ⇒Neutralität und dem Grundsatz der ⇒Vorsicht, weil ein zu verwirklichender Risikoausgleich dazu führt, dass vorsichtig geschätzte Bilanzwerte nach oben (Passivpositionen) bzw. nach unten (Aktivpositionen) vom arithmetischen Mittel abweichen.

d) Vorsicht vs. Verlässlichkeit
Der Grundsatz der Vertrauenswürdigkeit wird verletzt, wenn der Grundsatz der ⇒Vorsicht als bilanzpolitisches Instrument zur Bildung von stillen Reserven missbraucht wird. Allerdings sind nach F. 37 bzw. IAS 37.43 vorsichtsbedingte Willkürrücklagen prinzipiell unzulässig.
Der Bilanzierende soll Konflikte zwischen den qualitativen Prinzipien sachgerecht mit ⇒fachlichem Ermessen lösen (F. 45).

Abzinsung
Zinsrechnungsverfahren, durch das der heutige Zeitwert (= Barwert/Anfangswert) (K_0) eines gegebenen späteren Endbetrags (K_n) bei einer gegebenen Laufzeit (n), Verzinsung (i) über den ⇒Abzinsungsfaktor $(i+1)^{-n}$ errechnet wird.
IFRS Vorschriften zielen tendenziell auf eine möglichst zeitnahe Bewertung ab. Aus diesem Grund sollen bei folgenden wesentlichen Positionen über eine Abzinsung zum Bilanzstichtag die Veränderungen des Zeitwerts des Geldes im Zeitablauf abgebildet werden:

- ⇒Rückstellungen, soweit der Abzinsungseffekt wesentlich ist (insbesondere bei langfristigen Rückstellungen) (IAS 37.45). Nach IAS 37.60 i. V. m. IFRIC 1, Rdnr. 9 ist der Aufzinsungsaufwand der Rückstellung im Zinsergebnis auszuweisen.

- ⇒Forderungen/Ausleihungen und ⇒Verbindlichkeiten sind zum ⇒fair value in der Bilanz anzusetzen (IAS 39.43). Bei unverzinslichen bzw. unterverzinslichen Forderungen/Verbindlichkeiten können die Nominalwerte vom fair value abweichen, so dass eine Abzinsung erforderlich ist. Bei kurzfristigen Forderungen/Verbindlichkeiten kann auf eine Abzinsung aus Wesentlichkeitsgründen verzichtet werden (IAS 39.AG79).
- Leistungsorientierte ⇒Pensionen und ähnliche Verpflichtungen werden abgezinst.
- ⇒Sachanlagen und ⇒Vorräte, die mit einem unüblich langen (finanzierungsähnlichem) Zahlungsziel erworben werden, sollen zum Barwert aktiviert werden (IAS 16.23 und IAS 2.18)
- Bei der Bestimmung des ⇒Nutzungswert (value in use) im Rahmen des ⇒Niederstwerttest für Anlagevermögen (IAS 36.30 ff.).

Abzinsungsfaktor (Discount Rate)
Finanzmathematischer Faktor i, der einen nach n Jahren fälligen Geldbetrag K_n unter Einbeziehung von Zins und Zinseszinsen auf einen jetzt fälligen Geldbetrag K_0 abzinst.

$$K_0 = K_n * (1 + i)^{-n}$$

Folgende Vorschriften zur Ermittlung des Abzinsungsfaktors enthalten IFRS:

- ⇒Rückstellungen: Vorsteuerzinssatz, der die Markterwartungen und die spezifischen Risiken des Unternehmens widerspiegelt (IAS 37.47)
- ⇒Forderungen/Ausleihungen und ⇒Verbindlichkeiten: Zinssatz für vergleichbare ⇒Finanzinstrumente mit ähnlicher Risiko, Zahlungs- und Fälligkeitsstruktur (IAS 39.AG79)
- Leistungsorientierte ⇒Pensionen und ähnliche Verpflichtungen: Marktverzinsung erstrangiger, festverzinslicher Industrieanleihen, wobei die Laufzeiten/Fälligkeitsstruktur und Währung jenen der Versorgungsverpflichtung entsprechen soll (IAS 19.78).
- ⇒Sachanlagen und ⇒Vorräte mit einem unüblich langen Zahlungsziel: Abzinsungsfaktor soll die versteckte Finanzierungskomponente widerspiegeln (IAS 16.18; IAS 2.18).
- Herleitung des ⇒Nutzungswert (value in use): Vorsteuerzinssatz, der einem langfristigen Marktzinssatz von Investitionen mit ähnlicher Laufzeit, Fälligkeit und Risiko entsprechen soll (IAS 36.55 f.). Sofern die Barwertmethode angewendet wird, soll Inflation, Marktliquidität und Risikoprämien im Zins berücksichtigt werden. Bei Anwendung des Erwartungswertverfahrens sollen diese Faktoren bei der Berechnung der zukünftigen Zahlungsströme berücksichtigt werden. Sofern entsprechende Marktzinssätze nicht ermittelbar sind, soll ein Zinssatz mit Hilfe des ⇒WACC-Verfahrens abgeleitet werden (IAS 36.56 und IAS 36, Appendix A).

Abzuschreibender Betrag
⇒Planmäßige Abschreibung

Accounting Error
⇒Bilanzierungsfehler

Accounting Policies
⇒Bilanzierungs- und Bewertungsmethoden, Auswahl

Accrual Basis
⇒Grundsatz der Periodenabgrenzung

Accruals
Abgegrenzte Schulden (Accruals) zählen als Unterkategorie zu den sonstigen ⇒*nicht-finanziellen Verbindlichkeiten*. Nach IAS 37.11 sind Accruals nahezu sichere Leistungsverpflichtungen. Im Gegensatz zu ⇒Rückstellungen sind Accruals nur mit wenig Unsicherheit behaftet. Zu den Accruals zählen bspw. Schulden für Urlaubsrückstände, Steuerrückstellungen, passive Abgrenzungen für ausstehende Rechnungen, passivierte Jahresabschluss- und Prüfungskosten, abgegrenzter Zinsaufwand etc. Da diese Sachverhalte nach HGB häufig unter den sonstigen Rückstellungen ausgewiesen werden und der Bilanzausweis von Accruals unter IFRS nicht geregelt wird, können Accruals sowohl unter den sonstigen kurzfristigen Verbindlichkeiten (other current liabilities) als auch unter den sonstigen kurzfris-

tigen Rückstellungen (other current provisions) ausgewiesen werden. Der Ausweis unter den sonstigen kurzfristigen Verbindlichkeiten hat den Vorteil, dass dann für diese Positionen kein ⇒Rückstellungsspiegel erstellt werden muss.

Agio
Agio wird auch als Aufgeld bezeichnet und stellt die Differenz zwischen Ausgabe- und Nennwert eines Wertpapiers dar. Nach IAS 39.9 wird ein Agio mit Hilfe der ⇒Effektivzinsmethode über die Laufzeit des Wertpapiers ergebniswirksam verteilt.

Agricultural Produce
⇒Landwirtschaftliches Erzeugnis

Aktienoptionen (stock options)
Aktienoptionen werden nach IFRS 2 als Vertrag definiert, der den Inhaber berechtigt, aber nicht verpflichtet, Aktien des Unternehmens während eines bestimmten Zeitraums zu einem festen oder bestimmbaren Preis zu kaufen.
Bei einer Vergütung mit realen Aktienoptionen erhält der Berechtige Aktienoptionen von der ausgebenden Aktiengesellschaft. Diese berechtigen ihn, nach Ablauf einer bestimmten Sperrfrist, Unternehmensaktien zu einem vereinbarten Preis zu erwerben.
Maßstab für die Bewertung von emittierten Aktienoptionen stellt grundsätzlich der Zeitwert der erhaltenen Leistungen dar, sofern eine verlässliche Zeitwertermittlung möglich ist. Die Gewährung von Aktienoptionen erfolgt unter bestimmten Bedingungen (vesting conditions), die in die Optionsbewertung eingehen. Dabei unterscheidet man zwischen marktorientierten Bedingungen (market conditions) wie z. B. eine festgelegte Kurssteigerung der Unternehmensaktien und leistungsorientierten Bedingungen (performance conditions) wie Festlegung von Umsatzzielen.
Im Rahmen der Folgebewertung wird der Gesamtwert von ausgegebenen Aktienoptionen pro rata temporis über den festgelegten Leistungszeitraum (service period) als Aufwand mit entsprechender Gegenbuchung im Eigenkapital erfasst.
Bei einer Vergütung mit virtuellen Aktienoptionen erhält der Berechtigte virtuelle Optionen auf Unternehmensaktien von der ausgebenden Aktiengesellschaft und damit das Recht, innerhalb eines festgelegten Zeitraums zu einem definierten Zeitpunkt, sich vom Unternehmen die Differenz auszahlen zu lassen, die sich aus dem aktuellen Unternehmensaktienkurs und dem festgelegten Bezugsaktienkurs ergibt.
Die bilanzielle Erfassung der hingegebenen Leistung erfolgt durch Buchung einer Verbindlichkeit. Die Bewertung der Verbindlichkeit erfolgt zum Zeitwert; analog zu realen Aktienoptionen werden bei der Ermittlung des Zeitwerts ebenfalls die Ausübungsbedingungen berücksichtigt.
Dieser Zeitwert wird im Rahmen der Folgebewertung pro rata temporis als Aufwand erfasst. Der Zeitwert der Verbindlichkeit muss zu jedem Bilanzstichtag unter Berücksichtigung neuer Erkenntnisse neu ermittelt werden.

Aktienoptionen, real
⇒Aktienoptionen

Aktienoptionen, virtuell
⇒Aktienoptionen

Aktienoptionsprogramm, Begriff
Entlohnungsform, bei der an Mitarbeiter oder Führungskräfte Bezugrechte ausgegeben werden, die dazu berechtigen, entweder bei bestimmten Zielen und bestimmten Bedingungen Aktien des eigenen Unternehmens zu erwerben (⇒Aktienoptionen, real) oder aktienkursabhängige Zahlungen zu erhalten (⇒Aktienoptionen, virtuell).

Aktiva
Aktiva sind Vermögenswerte, die sich im wirtschaftlichen Eigentum des Unternehmens befinden und einen messbaren (in Währungseinheiten ausdrückbaren) Wert haben. Sie befinden sich auf der Aktivseite der Bilanz. Die Aktiva werden unterteilt in Anlagevermögen und Umlaufvermögen (zum Beispiel Kassen- und Bankguthaben, Warenbestände, Maschinen, Gebäude, Patente und Forderungen an Kunden usw.).

Aktiver Markt
Ein Markt mit folgenden Eigenschaften wird als aktiver Markt bezeichnet:
a) Die auf dem Markt gehandelten Produkte sind homogen;
b) vertragswillige Käufer und Verkäufer können in der Regel jederzeit gefunden werden; und
c) Preise stehen der Öffentlichkeit zur Verfügung (vgl. IAS 36.6).

Aktivierung
Aufnahme eines ⇒Vermögenswertes auf die Aktivseite der Bilanz. Bezüglich der Frage der Aktivierungspflicht von Vermögenswerten bestehen zwischen ⇒HGB und ⇒IFRS Unterschiede.

Allowances
⇒Abschreibung

Allowed Alternative Treatment
⇒Wahlrechte nach IFRS

Alternativ zulässige Methode
⇒Wahlrechte nach IFRS

Amortization
⇒Planmäßige Abschreibung

Änderung von Bilanzierungs- und Bewertungsmethoden
Die Thematik der Bilanzierungs- und Bewertungsmethoden, Änderungen von Schätzungen und Fehler wird v. a. in IAS 8 behandelt. Dabei definiert IAS 8.5 folgende wesentliche Begriffe:
- Bilanzierungs- und Bewertungsmethoden sind die besonderen Prinzipien, grundlegenden Überlegungen, Konventionen, Regeln und Praktiken, die ein Unternehmen bei der Aufstellung und Darstellung eines Abschlusses anwendet.
- Eine Änderung einer Schätzung ist eine Anpassung des Buchwerts eines Vermögenswertes bzw. einer Schuld, oder der betragsmäßige, periodengerechte Verbrauch eines Vermögenswerts, der aus der Einschätzung des derzeitigen Status von Vermögenswerten und Schulden und aus der Einschätzung des künftigen Nutzens und künftiger Verpflichtungen im Zusammenhang mit Vermögenswerten und Schulden resultiert. Änderungen von Schätzungen ergeben sich aus neuen Informationen oder Entwicklungen und sind somit keine Fehlerkorrekturen.
- Fehler aus früheren Perioden (⇒Bilanzierungsfehler).

Eine Änderung einer Bilanzierungs- oder Bewertungsmethode ist nur dann zulässig, wenn diese Änderung von einem Standard oder Interpretation gefordert wird oder dazu führt, dass der Abschluss zuverlässige und relevante Informationen für die Darstellung der ⇒Vermögens-, Finanz- und Ertragslage liefern kann (s. auch IAS 8.14).
In IAS 8.16 werden Fälle konkretisiert, bei denen es sich um keine Änderung der Bilanzierungs- und Bewertungsmethoden handelt:
- die Anwendung einer Bilanzierungs- und Bewertungsmethode auf Geschäftsvorfälle, sonstige Ereignisse oder Bedingungen, die sich grundsätzlich von früheren Geschäftsvorfällen oder sonstigen Ereignissen oder Bedingungen unterscheiden,
- die Anwendung einer neuen Bilanzierungs- oder Bewertungsmethode auf Geschäftsvorfälle oder sonstige Ereignisse oder Bedingungen, die früher nicht vorgekommen sind oder unwesentlich waren.

Außerdem fällt die Erstmalige Anwendung der Neubewertungsmethode gem. IAS 16 und IAS 38 nicht in den Regelungsbereich des IAS 8.
Bei einer Änderung sind die betroffenen Beträge so anzupassen, als wäre die neue Methode immer angewendet worden. Die Gegenbuchung erfolgt erfolgsneutral im Eigenkapital (nach IAS 8.26 findet sie normalerweise in den Gewinnrücklagen statt).
Mit den Änderungen sind umfangreiche Angaben im Anhang eines Abschlusses verbunden (vgl. dazu IAS 8.28–.31).

Anhang
Gemäß IAS 1.11 enthält der Anhang (notes) zusätzliche und ergänzende Angaben zur Bilanz, zur Gewinn- und Verlustrechnung, zur Kapitalflussrechnung und zur Aufstellung der Veränderungen

des Eigenkapitals. Anhangangaben enthalten verbale Beschreibungen oder Untergliederungen von Posten, die in diesen Abschlussbestandteilen angegeben werden sowie Informationen zu Posten, die in diesen Abschlussbestandteilen nicht ansatzfähig sind. Ziel eines Anhangs ist die Verbesserung der Darstellung der ⇒Vermögens-, Finanz- und Ertragslage eines Unternehmens.

Anlagespiegel
Der Anlagespiegel gewährt den Bilanzlesern einen Einblick in die Vermögenslage eines Unternehmens, vor allem die Altersstruktur und die Fluktuation im Anlagenbestand wird dadurch präsenter. Gemäß IAS 16.60 ist ein Anlagenspiegel ein verpflichtender Bestandteil eines Jahresabschlusses.

Anlagevermögen
Begriff des deutschen Bilanzrechts (HGB). Das Anlagevermögen ist nicht zur Veräußerung bestimmt, sondern zum langfristigen Gebrauch im Unternehmen angeschafft. Es wird unterteilt in Sachanlagen wie Grundstücke, Gebäude, Betriebs- und Geschäftsausstattung; immaterielle Anlagewerte wie Patente, Rechte, Lizenzen; Finanzanlagevermögen wie Beteiligungen und Wertpapiere. Der Rest der Aktivseite besteht aus ⇒Umlaufvermögen und ⇒Rechnungsabgrenzungsposten (vgl. § 266 Abs. 2 HGB). Das abnutzbare Anlagevermögen wird in der Bilanz zu Anschaffungs-/Herstellungskosten abzüglich Abschreibung ausgewiesen.
In der internationalen Rechnungslegung wird zwischen ⇒assets, non-current und ⇒assets, current differenziert. Unter IFRS entsprechen die langfristigen Vermögenswerte weitgehend dem Anlagevermögen nach HGB; wesentliche Abweichungen im Bilanzausweis kann es bei ⇒Finanzinstrumenten geben.

Ansatzgrundsätze
⇒Vermögenswert
⇒Schuld

Anschaffungskosten
Anschaffungskosten stellen den zum Erwerb eines Vermögenswerts entrichteten Betrag an Zahlungsmitteln oder Zahlungsmitteläquivalenten bzw. den beizulegenden Zeitwert einer anderen Entgeltform zum Zeitpunkt des Erwerbs dar. Anschaffungskosten werden nach IAS 2.11 i. V. m. IAS 23, IAS 176.16 ff. und IAS 38.24 nach folgendem Schema ermittelt:

	-> Anschaffungspreis
-	Anschaffungspreisminderungen (z.B. Rabatt, Skonti, Boni)
+	Anschaffungsnebenkosten
+	Nachträgliche Anschaffungskosten
+	Fremdkapitalkosten (bei -> qualifying assets)
=	Anschaffungskosten

Grundsätzlich gibt es nur wenige Unterschiede zwischen dem handelsrechtlichen Anschaffungskosten und der Definition der Anschaffungskosten von Vermögenswerten nach IFRS. Im Detail kann es dennoch Unterschiede geben:

- Bei ⇒qualifying assets müssen auch anteilige Fremdkapitalzinsen einbezogen werden (IAS 23.11).
- Vermögenswerte, die auf Basis einer Zahlungsvereinbarung angeschafft werden, die ein Finanzierungselement enthält, sollen zum ⇒Barwert aktiviert und die Finanzierungszinsen über die Laufzeit als Zinsaufwand abgegrenzt werden; die Anschaffungskosten sinken entsprechend (IAS 2.18; IAS 16.23; IAS 38.32).
- Erwartete ⇒Abbruchkosten oder ⇒Rückbauverpflichtungen, ⇒Mietereinbauten, ⇒Entsorgungskosten und ⇒Rekultivierungskosten am Ende der Nutzung zählen zu den Anschaffungskosten (in gleicher Höhe wird eine Rückstellung passiviert) (IAS 16.16c i. V. m. IAS 37.14). Die Abbruchkosten werden über ⇒planmäßige Abschreibung aufwandswirksam verteilt; somit über die Gesamtlaufzeit gleiche Ergebniswirkung wie bei einer ratierlichen Rückstellungsbildung (HGB-Vorgehensweise).

Anschaffungskosten eines Unternehmenszusammenschlusses
Die Anschaffungskosten eines Unternehmenszusammenschlusses sind gem. IFRS 3.24 als Summe zu ermitteln aus:

- den zum Tauschzeitpunkt gültigen beizulegenden Zeitwerten der entrichteten Vermögenswerte, der eingegangenen oder übernommenen Schulden

und der von dem Erwerber emittierten Eigenkapitalinstrumente im Austausch gegen die Beherrschung des erworbenen Unternehmens; zuzüglich
- aller dem Unternehmenszusammenschluss direkt zurechenbaren Kosten.

Nach Inkrafttreten von IFRS 3 (revised 2008) werden die direkt zurechenbaren Kosten wie z. B. Honorare für Rechtsanwälte, Wirtschaftsprüfer und Gutachter nicht mehr den Anschaffungskosten zugeordnet, sondern werden sofort als Aufwand geltend gemacht.

Anschaffungskostenmethode
⇒Anschaffungswertmethode

Anschaffungsnaher Aufwand
⇒Abgrenzung Erhaltungs- und Herstellungsaufwand

Anschaffungsnebenkosten
Alle im Zusammenhang mit dem Erwerb eines Wirtschaftsgutes anfallenden Aufwendungen, zum Beispiel Zölle, Eingangsfrachten, Gebühren, Wareneingangskontrollen, Transportversicherungen, Kosten der Inbetriebnahme usw. (⇒Anschaffungskosten).

Anschaffungspreis
Kaufpreis ohne die als Vorsteuer abzugsfähige Mehrwertsteuer. ⇒Anschaffungskosten

Anschaffungswertmethode (cost model)
Zentrales Bewertungsprinzip des Bilanzrechts, das die Bewertung von Vermögenswerten und Schulden zu ⇒Anschaffungskosten oder ⇒Herstellungskosten abzüglich ⇒planmäßiger und/oder ⇒außerplanmäßiger Abschreibungen fordert (= fortgeführte Anschaffungs-/Herstellungskosten).
Unter IFRS wird das Anschaffungswertprinzip immer mehr durch eine zeitnahe Bewertung verdrängt (⇒Fair value Accounting), da eine zeitnahe Bewertung als entscheidungsrelevanter angesehen wird (Beispiel: Marktbewertung von ⇒Finanzinstrumenten).
Typische Beispiele für die Anwendung des Anschaffungswertprinzips unter IFRS:
- Bewertung von ⇒Sachanlagevermögen (Property, plant and equipment) nach der bevorzugten Methode (benchmark treatment) nach IAS 16.30
- Vorratsbewertung nach IAS 2.9
- Bewertung von ⇒immateriellen Anlagevermögen (intangible assets) nach der bevorzugten Methode (benchmark treatment) nach IAS 38.74
- Als Wahlrecht Bewertung von ⇒Renditeliegenschaften (Investment Property) nach IAS 40.56
- Als Wahlrecht Bewertung von nichtderivativen Finanzinstrumenten der Kategorie ⇒„held for trading" nach IAS 39.46 (b)
- Im Normalfall finanzielle Schulden nach IAS 39.47
- Bewertung von Forderungen und Ausleihungen nach IAS 39.46 (a)

Anteilsbasierte Vergütung
⇒Aktienoptionen

Anwartschaftsbarwertverfahren
Das Anwartschaftsbarwertverfahren (projected unit credit method) ist unter IFRS die einzig zulässige versicherungsmathematische Methode zur Bewertung einer ⇒leistungsorientierten Versorgungszusage zum Bilanzstichtag (⇒Pensionen und ähnliche Verpflichtungen). Ziel dieser Berechnungsmethodik ist, jedem Dienstjahr des Mitarbeiters verursachungsgerecht den Versorgungsaufwand zuzuordnen, den sich der Mitarbeiter laut Versorgungsplan „erdient" hat. Sofern sich die zukünftigen Versorgungsleistungen nach der Lohn- und Gehaltsentwicklung bemessen, muss die erwartete Lohn- und Gehaltsentwicklung bereits in die Stichtagsbewertung der leistungsorientierten Versorgungszusage (Defined Benefit Obligation, DBO) einfließen (siehe Abbildung nächste Seite).

Anwendungsleitlinien
Vor dem Hintergrund der Schwierigkeiten bei der praktischen Umsetzung des IAS 39, der den Ansatz und Bewertung von ⇒Finanzinstrumenten regelt, hatte das IASB erstmalig sehr umfangreiche Anwendungs- und Umsetzungsleitlinien *(Application Guidances/Implementation Guidances)* verabschiedet, um Unsicherheiten

Anwartschaftsbarwertverfahren (Beispiel)

Versorgungszusage: Der Beschäftigte erhält nach Beendigung des Arbeitsverhältnisses eine Einmalzahlung in Höhe von 1% des Endgehalts für jedes Dienstjahr

Versicherungsmathematische Annahmen (bleiben für die Jahre 1-5 unverändert):

Das Beschäftigungsverhältnis ist auf 5 Jahre zeitlich befristet.

Fluktuationsrate:	**0%**	
Relevanter Zinssatz:	**10%**	
Jährliche Gehaltssteigerung:	**5%**	
Anfangsgehalt (Jahr 1):	**50.000**	EUR
Endgehalt (Jahr 5):	**60.775**	EUR

Jahre	1	2	3	4	5
Erdiente Versorgungsansprüche					
-aus Vorjahren	0	608	1.216	1.823	2.431
-aus laufendem Jahr (1% des Endgehalts)	608	608	608	608	608
Summe:	**608**	**1.216**	**1.823**	**2.431**	**3.039**
Barwert der leistungsorientierten Versorgungsverpflichtung (Jahresanfang)	**0**	**415**	**913**	**1.507**	**2.210**
Zinsaufwand (Interest Cost)	0	42	91	151	221
Dienstzeitaufwand (Service Cost)	415	457	502	553	608
Barwert der leistungsorientierten Versorgungsverpflichtung (Jahresende)	**415**	**913**	**1.507**	**2.210**	**3.039**

Dienstzeitaufwand = Barwerterhöhung aus erdienten Ansprüchen des aktuellen Jahres (z.B. $415 = 608 / 1{,}1^{4}$)

Zinsaufwand = Aufzinsungseffekt (z.B. $42 = 415 * 0{,}1$)

Der erdiente Versorgungsanspruch nach fünf-jähriger Dienstzeit beträgt somit **3.039 EUR**.

Normalerweise verändern sich die versicherungsmthematischen Annahmen jährlich. Abweichen zwischen erwarteten und tatsächlichen Bewertungsprämissen (z.B. Änderung der Marktzinsen) führen zu versicherungsmathematischen Gewinnen / Verlusten. Für die bilanzielle Behandlung versicherungsmathematischer Gewinne / Verluste sieht IAS 19 drei Optionen vor (-> Pensionen und ähnliche Verpflichtungen)

bei der konkreten Anwendung dieses sehr komplexen Standards zu reduzieren. Für folgende Standards wurden mittlerweile weitere Anwendungsleitlinien veröffentlicht:

- IFRS 1, Erstmalige Anwendung von IFRS
- IFRS 2, Aktienbasierte Entlohnungsformen
- IFRS 4, Versicherungsverträge
- IFRS 5, zur Veräußerung gehaltene langfristige Vermögenswerte und aufzugebende Geschäftstätigkeiten
- IFRS 7, Finanzinstrumente: Darstellung
- IFRS 8, Geschäftsbereiche

Hinweise

Die Anwendungs- und Umsetzungsleitlinien sollen lediglich unverbindliche Hinweise darstellen; darauf wird in IAS 8.9 hingewiesen. Dazu im Widerspruch wird jedoch in IAS 8.7 angemerkt, dass der jeweilige Standard oder Interpretation unter Berücksichtigung der relevanten Umsetzungsleitlinien anzuwenden ist, daher sollten die im Anhang (Appendix) der Standards angeführten Anwendungs- und Umsetzungsleitlinien auf jeden Fall befolgt werden. Es ist davon auszugehen, dass auch Ihr Abschlussprüfer diese Leitlinien verinnerlicht (so sprechen bspw. die Erläuterungen in den Implementation Guidances des IAS 39 im Widerspruch zu den Vorschriften im Standard gegen die Erfassung von ⇒Pauschalwertberichtigungen auf Forderungen (vgl. IAS 39.IG, E.4.5–E.4.7; IAS 39.AG87f)). Gegen die Verbindlichkeit dieser Leitlinien kann jedoch argumentiert werden, dass sie von der EU-Kommission im Rahmen des ⇒Endorsement nicht in EU-Recht überführt werden.

Anzahlungen
⇒Anzahlungen, erhaltene
⇒Anzahlungen, geleistete

Anzahlungen, erhaltene
Anzahlungen werden vorwiegend bei langfristigen Projektgeschäften vom Endkunden laut Zahlungsplan für noch nicht fertig gestellte Leistungen gezahlt und dienen der Projektfinanzierung. Unter IFRS werden erhaltene Anzahlungen bei Projektgeschäften nach der ⇒Percentage of Completion Methode entweder als Abzugsposten unter den Vorräten (Excess Cost) oder unter den Verbindlichkeiten (Excess Billings) ausgewiesen. Nach IAS 11 ist keine bestimmte Position für den Ausweis vorgeschrieben, ein Ausweis unter Verbindlichkeiten erscheint grundsätzlich als sinnvoll und angemessen (Vgl. Küting, K./Reuter, M., Erhaltene Anzahlungen in der Bilanzanalyse, in: KoR, 6. Jg. (2006), S. 4).
Bei Anwendung der ⇒Completed Contract Methode werden Anzahlungen in der Bilanzierungspraxis als Abzugsposten unter den Vorräten bilanziert. Erhaltene Anzahlungen auf Vorräte (Waren oder Erzeugnisse) sind aufgrund des ⇒Saldierungsverbots unter den kurzfristigen Verbindlichkeiten auszuweisen.

Anzahlungen, geleistete
Unter geleisteten Anzahlungen handelt es sich um aktivierungspflichtige Vorleistungen gegenüber Unternehmensfremden. Geleistete Anzahlungen auf ⇒Sachanlagen werden im Anlagevermögen ausgewiesen, geleistete Anzahlungen auf Vorräte werden hingegen nach herrschender Bilanzierungspraxis unter den Vorräten ausgewiesen.

Anzahlungsforderungen (Progress Billings)
⇒Anzahlungen, erhaltene

Asset
⇒Vermögenswert

Asset deal
Unternehmenszusammenschlüsse, die durch den Erwerb aller Vermögenswerte und Übernahme aller Schulden bzw. durch den Erwerb eines Teils des Gesamtnettovermögens eines Unternehmens zustande gekommen sind. Die Transaktion führt nicht zu einer Mutter-Tochter-Beziehung (⇒Unternehmenszusammenschluss).

Asset Retirement Obligation
⇒Rückbauverpflichtung

Asset-Liability-Approach
⇒Bilanzorientierung

Assets held-for-sale
IFRS 5 enthält die Regelungen zur bilanziellen Behandlung von zur Veräußerung gehaltenen langfristigen Vermögenswerten und aufgegebenen Geschäftsbereichen. Die Klassifizierung als zur Veräußerung gehalten wird dann vorgenommen, wenn der Buchwert eines/einer langfristigen Vermögenswertes/Veräußerungsgruppe überwiegend durch ein Veräußerungsgeschäft und nicht durch fortgesetzte Nutzung realisiert wird (IFRS 5.6). Der Verkauf soll dabei ⇒hochwahrscheinlich sein. Davon wird ausgegangen, wenn
- die zuständigen Führungskräfte einen Veräußerungsplan beschlossen haben,
- der Verkaufsprozess eröffnet wurde,
- der Vermögenswert zu einem Preis angeboten wird, der in einem angemessenen Verhältnis zum dessen Zeitwert steht,
- wesentliche Anpassungen oder Aufgeben des Veräußerungsplans unwahrscheinlich sind und
- der Verkauf innerhalb von 12 Monaten nach der Klassifizierung zu erwarten ist.

Die Bewertung von langfristigen Vermögenswerten, die als zur Veräußerung gehalten eingestuft wurden, erfolgt zum niedrigeren Wert aus ⇒Buchwert (bewertet gemäß den einschlägigen IFRS) und ⇒beizulegendem Zeitwert abzüglich Veräußerungskosten.
Die zur Veräußerung bestimmten langfristigen Vermögenswerte werden in einem separaten Posten innerhalb der

kurzfristigen Vermögenswerte ausgewiesen; die dazu gehörigen Verbindlichkeiten werden separat unter den Verpflichtungen offen gelegt. Ein Nettoausweis ist nicht erlaubt. Die ⇒Gewinn- und Verlustrechnung wird von den Buchungen tangiert, die aufgrund der Anpassung der Bewertung vorgenommen werden mussten. Zahlungsströme, die im Zusammenhang mit den zur Veräußerung gehaltenen langfristigen Vermögenswerten entstehen, können entweder in der ⇒Kapitalflussrechnung oder im ⇒Anhang offen gelegt werden.

Assets, current
Der Begriff "Current assets" (⇒Umlaufvermögen) wird durch das Vorliegen von mindestens einem der folgenden Merkmale definiert:
- zur Realisierung durch Verbrauch oder Veräußerung innerhalb des Geschäftszyklus vorgesehene Vermögenswerte (z. B. Rohstoffe und Erzeugnisse),
- zu Handelszwecken gehaltenes Vermögen (z. B. Waren sowie Wertpapiere des Handelsbestandes),
- Zahlungsmittel sowie
- zur Realisierung innerhalb von 12 Monaten (gerechnet vom Bilanzstichtag) vorgesehene Vermögenswerte.

Assets, non-current
Entspricht der negativen Definition der ⇒Assets, current.

Assoziiertes Unternehmen
Ein assoziiertes Unternehmen (unabhängig von der Rechtsform) unterliegt nach IAS 28 einem ⇒maßgeblichen Einfluss durch das an ihm beteiligte Unternehmen und ist weder ein Tochterunternehmen noch ein Anteil an einem gemeinschaftlich geführten Unternehmen (Joint Venture).
Die Bilanzierung erfolgt nach der ⇒Equity Methode oder anhand der ⇒Quotenkonsolidierung.

Aufgegebener Geschäftsbereich
Ein Unternehmensbestandteil, der veräußert wurde oder als zur Veräußerung gehalten klassifiziert wird (⇒Assets held-for-sale) und:
a) einen gesonderten, wesentlichen Geschäftszweig oder geografischen Geschäftsbereich darstellt,
b) Teil eines einzelnen, abgestimmten Plans zur Veräußerung eines gesonderten wesentlichen Geschäftszweigs oder geographischen Geschäftsbereichs ist oder
c) ein ⇒Tochterunternehmen darstellt, das ausschließlich mit der Absicht einer Weiterveräußerung erworben wurde (IFRS 5.A).

Der Ausweis in der ⇒Bilanz erfolgt nach den Vorschriften für zur Veräußerung gehaltene langfristige Vermögenswerte, es sei denn, ein Unternehmensbestandteil wurde bereits verkauft, so dass keine Publizität in der Bilanz stattfindet. Der Ausweis der finanziellen Auswirkungen von aufgebenden Geschäftsbereichen erfolgt in der ⇒Gewinn- und Verlustrechnung separat und soll auf diesem Weg die Situation dieser Bereiche den externen Berichtslesern verständlicher machen. Zahlungsströme, die im Zusammenhang mit den aufgebenden Geschäftsbreichen entstehen, können entweder in der ⇒Kapitalflussrechnung oder im ⇒Anhang offen gelegt werden.

Aufgeld
⇒Agio

Auftragsfertigung
Produktion auf der Grundlage spezieller Kundenaufträge. Kundenauftrag und der daraus folgende Fertigungsprozess stellen eine Einheit dar und sind als solche meist als Einzelfertigung zu betrachten.
Unter IFRS erfolgt die Umsatzlegung von Auftragsfertigung zumeist nach der ⇒Percentage of Completion Methode.

Aufwand, Begriff und Abgrenzung zu Kosten
Um den *Periodenerfolg* als Differenz zwischen Ertrag und Aufwand zu ermitteln, muss jeweils für einen abgegrenzten Zeitraum festgestellt werden, was im Betrieb an *Wertverzehr (Aufwand)* und an *Wertzugang (Ertrag)* stattgefunden hat. Da die Aufwands- und Ertragsrechnung, die auch als ⇒ Gewinn- und Verlustrechnung bezeichnet wird, Teil der Ge-

schäftsbuchhaltung ist, bemisst sich der zeitraumbezogen ermittelte Erfolg nach den *Bewertungskriterien des Handels- und Steuerrechts*.

Aufwand = in einer Unternehmung innerhalb einer Abrechnungsperiode nach Handels- und Steuerrecht bewerteter Wertverzehr (Sachgüter, Dienste und öffentliche Abgaben) ohne Objektivierung und Normalisierung und unabhängig davon, ob der Wertverzehr dem Betriebszweck dient oder nicht.

Unterschiede zwischen Aufwand und Kosten
Wenn man sich die Definitionen für *Aufwand und Kosten* vor Augen führt, sieht man, dass *beide Begriffe* Wertverzehr erfassen, der im Unternehmen entstanden ist. Der Unterschied liegt darin, dass der *Wertverzehr* zum einen nach den *Vorschriften des Handels- und Steuerrechts* (Aufwand) und zum anderen nach dem Kriterium der *Verbesserung der Entscheidungsqualität* im Unternehmen erfasst und bewertet wird (Kosten). Das heißt diese beiden Begriffe sind nur zum Teil deckungsgleich – eine Folge der unterschiedlichen Zielsetzungen von Finanzbuchhaltung und Kostenrechnung.
Der aus der Aufwandsrechnung in die Kostenrechnung eingehende *Zweckaufwand* (Betriebsaufwand, kostengleicher Aufwand) wird dort als *Grundkosten* (aufwandsgleiche Kosten; Kosten, zugleich Aufwand) bezeichnet. Der durch die Grundkosten nicht abgedeckte Wertverzehr der Kostenrechnung, die *Zusatzkosten (kalkulatorische Kosten)* muss von dieser autonom, also unabhängig von der Aufwandsrechnung ermittelt werden.

Hinweis:
In der angloamerikanischen Rechnungslegung wird nicht so streng wie nach der deutschen Rechnungslegungsterminologie zwischen Aufwand und Kosten unterscheiden. Daher werden auch innerhalb der IFRS-Vorschriften beide Begriffe unsystematisch verwendet.

Aufwands- und Ertragskonsolidierung
Die Konsolidierung von Aufwendungen und Erträgen verfolgt das Ziel, den Konzern als ein einziges Unternehmen erscheinen zu lassen. Alle internen Umsätze, anderen Erträge und Aufwendungen und konzerninternen Gewinntransfers müssen voll eliminiert werden, da sie aus der Konzernsicht als nicht vorhanden gelten. Dabei muss u. a. beachtet werden, ob das empfangende Unternehmen die Vermögenswerte noch bei sich im Bestand hat oder bereits (zum Teil) veräußert hat. Sollten die Vermögenswerte den Konzernkreis verlassen haben, gelten die Umsätze auch aus der Konzernperspektive als realisiert.

Aufwandsrückstellung
⇒Rückstellung

Aufwendungen
⇒Ansatzgrundsätze für Aufwendungen und Erträge

Aufwendungen für Ingangsetzung und Erweiterung des Geschäftsbetriebs
Bei den Aufwendungen für die Ingangsetzung und Erweiterung des Geschäftsbetriebs handelt es sich bspw. um Aufwendungen für den Aufbau eines Verwaltungssystems, Erschließungskosten neuer Märkte, Kosten einer Werbekampagne bei Aufbau eines neuen Geschäftsgebiets. Dürfen Kapitalgesellschaften in Deutschland gemäß Handelsrecht diese Aufwendungen als Bilanzierungshilfe aktivieren (siehe dazu § 269 HGB), verbieten IFRS dagegen deren Ansatz und schreiben deren erfolgswirksame Verbuchung in der ⇒Gewinn- und Verlustrechung vor (IAS 38.69 (a)).

Aufwendungen und Erträge, Ansatzgrundsätze
In Übereinstimmung mit dem IFRS Grundkonzept der ⇒bilanzorientierten Sichtweise werden Erträge *(income)* und Aufwendungen *(expenses)* im ⇒IASB Framework als wirtschaftliche Nutzenzu- bzw. -abnahmen während einer Berichtsperiode definiert (F. 70). Die Erfassung von Erträgen und Aufwendungen hat korrespondierend mit entsprechenden Reinvermögensänderungen zu erfolgen (F. 92). Neben realisierten Gewinnen und Verlusten können demnach auch (unrealisierte) Bewertungserfolge in das Perio-

denergebnis einfließen. Ein Erfolgsausweis ist jedoch nur dann zulässig, wenn es wahrscheinlich ist, dass mit einem Ertrag oder mit einer Aufwendung ein wirtschaftlicher Nutzenzufluss bzw. ein -abfluss verbunden ist und wenn die Höhe der Erträge bzw. Aufwendungen verlässlich bewertet werden kann (F. 83).
Von den Begrifflichkeiten ist nach F. 74 ff. zu unterscheiden:

- Der Begriff „income" umfasst Erträge aus der laufenden, sachzielbezogenen Geschäftstätigkeit (revenues), z. B. Umsatzerlöse, Zinserträge, Mieteinnahmen etc. und nicht sachzielbezogenen Einzelgewinne (gains), z. B. ⇒Buchgewinne aus dem Abgang von Anlagevermögen, Bewertungsgewinne etc.
- Der Begriff „expenses" umfasst Aufwendungen aus der laufenden, sachzielbezogenen Geschäftstätigkeit, z. B. Personalaufwand, Materialaufwand, Abschreibungen etc. und nicht sachzielbezogene Einzelverluste (losses), z. B. ⇒Buchverluste, Bewertungsverluste etc.
- Während die sachzielbezogen Erträge/Aufwendungen in der ⇒GuV nur brutto, d. h. unsaldiert ausgewiesen werden dürfen, sind Gains und Losses zumeist netto, d. h. saldiert auszuweisen (F. 74–.80).

Erträge und Aufwendungen, die periodenübergreifend anfallen, sind gemäß dem ⇒Periodenabgrenzungsprinzip zu erfassen (F. 95 ff.). Aufwendungen werden nach dem *Matching*-Prinzip unmittelbar mit den sachlich zugehörenden Erträgen in der GuV erfasst (F. 95). Aufwendungen, die in keinem mittelbaren oder unmittelbaren Zusammenhang mit zukünftigen Erträgen stehen, sind als Sofortaufwand zu erfassen (F. 97). Die Anwendung des *Matching*-Prinzips ist nur insofern zulässig, als keine Abgrenzungsposten bilanziert werden, die nicht die Definitionen von Vermögenswerten und Schulden erfüllen. Das *Matching*-Prinzip spielt daher nach IFRS eine eher untergeordnete Rolle.

Hinweise:
Die allgemeinen Ansatzkriterien für Erträge und Aufwendungen, sind erheblich ermessensbehaftet und erscheinen zur Lösung konkreter Bilanzierungsprobleme zu wenig konkretisierbar. In den Detailvorschriften werden daher relevante Erfolgserfassungszeitpunkte für viele Sachverhalte in den IFRS Standards und Interpretation einzelfallbezogen geregelt (Beispiel: Aktivierung von ⇒Entwicklungskosten).

Ausländischer Geschäftsbetrieb (foreign operations)
Ein Unternehmen, das ein ⇒Tochterunternehmen, ein ⇒assoziiertes Unternehmen, ein ⇒gemeinschaftlich geführtes Unternehmen oder eine Niederlassung des berichtenden Unternehmens ist, dessen Geschäftstätigkeit in einem anderen Land angesiedelt ist oder sich auf ein anderes Land als das Land des berichtenden Unternehmens erstreckt (IAS 21.8). Für ausländische Geschäftsbetriebe gibt IAS 21 spezielle Vorschriften zur ⇒Währungsumrechnung vor.

Ausleihungen
⇒Forderung

Aussenverpflichtungen
⇒Rückstellungen
⇒Schulden

Außerordentliches Ergebnis
⇒Gewinn- und Verlustrechnung

Available-for-Sale
⇒Finanzinstrument

Badwill
Gegenteil von ⇒Goodwill. Siehe auch ⇒Geschäfts- oder Firmenwert, Begriff

Balance between benefit and cost
⇒Wirtschaftlichkeit

Barwert, einer Schuld
Barwert einer ⇒Schuld ist der auf den aktuellen Zeitpunkt abgezinste künftige Zahlungsmittelabgang, der voraussichtlich notwendig ist, um die Schuld im gewöhnlichen Geschäftsverlauf zu tilgen (F. 100 d).

Barwert, eines Vermögenswerts
Barwert eines ⇒Vermögenswerts ist die Summe aller auf den aktuellen Zeitpunkt abgezinsten Netto-Cashflows aus diesem Vermögenswert, die in Zukunft anfallen und bei einem unterstellten gewöhnlichen Geschäftsverlauf voraussichtlich erzielt werden (F. 100 d).

BASEL II
Überbegriff für alle Eigenkapitalvorschriften für Wertpapierfirmen und Banken, die vom Basler Ausschuss für Bankenaufsicht vorgeschlagen wurden und ab 1. Januar 2007 in den EU-Mitgliedsstaaten gemäß EU-Richtlinie 2006/49/EG befolgt werden müssen. Diese Eigenkapitalvorschriften bezwecken eine ausreichende Eigenkapitalausstattung von Wertpapierfirmen und Banken und eine Sicherung allgemeingültiger Wettbewerbsbedingungen im Rahmen der Kreditvergabe und des Kredithandels.

Basis of Conclusions
⇒Grundlage für Schlussfolgerungen

Beherrschung
⇒Control

Beitragsorientierte Versorgungspläne (Defined Contribution Plans)
⇒Pensionen und ähnliche Verpflichtungen

Beizulegender Zeitwert
⇒Fair value

Benchmark Treatment
⇒Wahlrechte nach IFRS

Bestandsveränderungen
Unter dieser Position wird in der ⇒Gewinn- und Verlustrechnung bei Anwendung des ⇒Gesamtkostenverfahrens (GKV) die bilanzielle Veränderung der Bestände an Unfertigen und Fertigen Erzeugnissen bzw. an Unverrechneten Lieferungen und Leistungen ausgewiesen. Die Bestandsveränderung wird aus dem Vergleich des Anfangs- mit dem Endbestand einer Periode ermittelt und wird der Gesamtleistung des Unternehmens zugerechnet. Nicht zu dieser Position gehören die Veränderungen der Roh-/ Hilfs- und Betriebsstoffe und der Handelswaren, da diese direkt auf dem zutreffenden Bestandskonto gebucht werden (Ausweis in der ⇒Gewinn- und Verlustrechnung unter Materialaufwand).

Bestimmbare Nutzungsdauer
⇒Nutzungsdauer

Beteiligung, Bilanzierung im Einzelabschluss
Gemäß IAS 27.37 werden die Anteile an ⇒Tochterunternehmen, ⇒assoziierten Unternehmen und ⇒Joint Ventures entweder mit ihren ⇒Anschaffungskosten oder zum ⇒fair value nach IAS 39 angesetzt. Für jede Art von Anteilen gelten die gleichen Bilanzierungs- und Bewertungsmethoden. Werden diese Anteile auch im Konzernabschluss gemäß IAS 39 zum fair value bilanziert, so muss diese Vorgehensweise auch im Einzelabschluss Anwendung finden.

Siehe auch ⇒Finanzinstrumente.

Betriebliches Rechnungswesen
Überbegriff für alle Verfahren, Prozesse und Einrichtungen zur zahlenmäßigen und mengenmäßigen Erfassung der betrieblichen Geschäftsvorfälle und Transaktionen einzelner Abrechnungsperioden. Grundsätzlich unterscheidet man zwischen *internen* und *externen* Rechnungswesen:

Das *interne Rechnungswesen* erfüllt die Funktionen der Dokumentation, Kontrolle, Planung, Vorgabe und Steuerung des Betriebsgeschehens. Die Ausgestaltung des internen Rechnungswesens orientiert sich an interne Adressaten (z. B. Unternehmensleitung, Bereichsleitung), folgt betriebswirtschaftlichen Überlegungen und ist gesetzlich weitgehend ungeregelt. Im internen Rechnungswesen werden *objektive* Informationen über die wirtschaftliche Lage des Unternehmens ermittelt und verarbeitet. Wichtige Instrumente des internen Rechnungswesens sind Wirtschaftlichkeitsrechnungen, Investitionsrechnungen, ⇒Controlling, Liquiditätsrechnungen sowie ⇒Kosten- und Leistungsrechnung.
Das *externe Rechnungswesen* beruht im Gegensatz zum internen Rechnungswesen auf gesetzlichen Grundlagen. Unternehmen sind gesetzlich verpflichtet Rechenschaft über die betrieblichen Abläufe zu legen. So müssen Unternehmen nach den Vorschriften der Steuergesetzgebung das zu versteuernde Einkommen ermitteln (= Aufstellung der Steuerbilanz). Das Handelsrecht (⇒HGB) regelt hingegen, welche Informationen über die Entwicklung der wirtschaftlichen Lage des Unternehmens für unternehmensexterne (z. B. Aktionäre, Gläubiger, Geschäftsapartner, Arbeitnehmer, Öffentlichkeit) im ⇒Abschluss zur Verfügung gestellt und nach welchen Ansatz- und Bewertungsvorschriften der verwendbare Bilanzgewinn ermittelt werden müssen (= Aufstellung der Handelsbilanz). In Deutschland wird die Steuerbilanz aufgrund des § 5 Abs. 1 EStG fixierten Maßgeblichkeitsgrundsatzes weitgehend aus der Handelsbilanz abgeleitet (⇒Maßgeblichkeit). Da das externe Rechnungswesen auf gesetzlichen Grundlagen beruht und für externe Adressaten gedacht ist, werden tendenziell *subjektive* gefärbte Informationen über die wirtschaftliche Lage eines Unternehmens bereitgestellt (z. B. in der Steuerbilanz Tendenz des sich „arm Rechnens", in der Handelsbilanz Tendenz des sich „reich Rechnens").
Aufgrund der unterschiedlichen Funktionen und Zielsetzungen des internen und externen Rechnungswesens werden diese in Deutschland traditionell voneinander losgelöst und sehr häufig auch organisatorisch und personell getrennt. Im Zuge der fortschreitenden Verbreitung der internationalen Rechnungslegungsvorschriften wird jedoch zunehmend eine ⇒Konvergenz von internen und externen Rechnungswesen diskutiert.

Bevorzugte Methode
⇒Wahlrechte nach IFRS

Bewertungseinheiten
⇒Hedge Accounting

Bilanz
Die Bilanz (englisch: statement of financial position oder balance sheet) hat die Aufgabe, Information über die Vermögenslage eines Unternehmens zu vermitteln. In der Bilanz erfolgt eine Gegenüberstellung der ⇒Vermögenswerte (Aktiva = Mittelverwendung) sowie des ⇒Eigenkapitals und ⇒Fremdkapitals (Passiva = Mittelherkunft) zum Abschlussstichtag (Bestandsrechnung).
Detaillierte Gliederungsvorschriften für die Bilanz – vgl. § 266 HGB – kennt das IFRS-Regelwerk nicht.
Grobe Gliederungsvorgaben werden dennoch in IAS 1 gemacht. So müssen zunächst folgende allgemeine Kriterien erfüllt werden:
Wesentlichkeit/Entscheidungsrelevanz: Gleichartige Posten, die für den Abschlussleser *wesentlich* sind müssen gesondert dargestellt werden (IAS 1.29). Weitere Bilanzposten sind zu bilden, sofern sie für das Verständnis der Vermögenslage relevant sind (IAS 1.69).
So könnte bspw. das Sachanlagevermögen bei einem kleinen Dienstleistungsunternehmen in einer Position zusammengefasst werden, bei einem großen Industrieunternehmen ist eine detaillierte Untergliederung des Sachanlagevermögens sicherlich wesentlich.
Stetigkeit: Die Bilanz-Gliederung muss periodenübergreifend stetig beibehalten werden, außer eine andere Gliederung ist informativer oder neue spezifische Standard-/Interpretationsvorschriften erfordern eine Abweichung (IAS 1.27 f.).
Verrechnungsverbot: Vermögenswerte und Schulden dürfen nicht saldiert werden, außer spezifische Vorschriften

(⇒Saldierungsverbot) erfordern dies (IAS 1.32).

Angabe von Vorjahreswerten: Für alle Beträge sind prinzipiell Vorjahreswerte anzugeben (IAS 1.36).

Sonderfälle/Hinweise: Dem HGB-Vorschriften vergleichbare Sonderfälle (z. B. § 247 Abs. 3 S. 2, § 250 HGB) gibt es unter IFRS nicht (so dürfen bspw. →Aufwendungen für Ingangsetzung und Erweiterung des Geschäftsbetriebs nach IAS 38.69 (a) nicht aktiviert werden). Auch größenabhängige Erleichterungen (vgl. § 266 Abs. 1 S. 2 und 3 HGB) oder rechtsformspezifische Gliederungsvorschriften (vgl. § 264 c HGB) kennt das IFRS-Regelwerk (noch) nicht.

IAS 1.68 und IAS 1.68A führt lediglich bestimmte Mindestpositionen der Bilanz an:

Aktiva:

- Sachanlagevermögen (Property, Plant, Equipment)
- Als Finanzinvestition gehaltenes Immobilienvermögen (Investment Property)
- Immaterielles Vermögen (Intantigble Assets)
- Finanzielle Vermögenswerte (Financial Assets)
- Equity-Beteiligungen (investments accounted for using the equity method)
- Landwirtschaftliche Vermögenswerte (biological assets)
- Vorräte (Inventories)
- Forderungen aus Lieferungen und Leistungen und sonstige Forderungen (trade and other receivables)
- Zahlungsmittel (cash & cash equivalents)
- Latente Steueransprüche (deferred tax assets)
- Laufende Steueransprüche (current tax assets)
- Der Gesamtbetrag der (zu Gruppen zusammengefassten zur Veräußerung stehenden Vermögenswerte von zur Veräußerung stehenden Vermögenswerten (assets classified held-for-sale).

Passiva:

- Verbindlichkeiten aus Lieferungen und Leistungen und sonstige Verbindlichkeiten (trade and other payables)
- Rückstellungen (provisions)
- Finanzielle Verbindlichkeiten (financial liabilities)
- Latente Steuerverpflichtungen (deferred tax liabilities)
- Laufende Steuerschulden (current tax liabilities)
- Nennkapital (issued capital)
- Kapitalrücklagen (capital attributable to equity holders of the parent)
- Gewinnrücklagen (reserves attributable to equity holders of the parent)
- Der Gesamtbetrag der (zu Gruppen zusammengefassten) zur Veräußerung stehenden Schulden von zur Veräußerung stehenden Vermögenswerten (liabilities classified held-for-sale). Diese können wahlweise auch nur im Anhang angegeben werden (IFRS 5.38)

Die **Reihenfolge der Gliederung und die Bezeichnungen** kann das Unternehmen selbst festlegen, speziell um branchenspezifischen Herausforderungen gerecht zu werden oder die Vermögenswerte und Schulden geeignet nach ihrer Größe, Art oder Funktion zu ordnen (IAS 1.71).

IFRS Bilanzen folgen jedoch zumeist der im angelsächsischen Raum üblichen Gliederung nach **abnehmender Liquidität bzw. Fristigkeit**.

Die Bilanzpositionen sind nach IAS 1.51 in ⇒kurzfristige und ⇒langfristige Vermögenswerte und Schulden zu untergliedern (außer die Aufspaltung nach zu- oder abnehmender Liquidität ist informativer). Das bedeutet, dass z. B. Gewährleistungsrückstellungen, Darlehensverbindlichkeiten oder Ausleihungen in lang- und kurzfristige Teile aufzugliedern sind.

Zu jeder Bilanzposition ist ferner anzugeben, welche Beträge davon innerhalb von 12 Monaten erwartungsgemäß zu Zahlungen führen (IAS 1.52).

Eine Besonderheit gilt es im Zusammenhang mit dem Bilanzgewinn und Gewinnvortrag/Verlustvortrag (vgl. § 266 Abs. 3 HGB) zu beachten: Da ein IFRS-Abschluss nicht die Aufgabe der Ausschüttungsbemessung erfüllt, kann der Saldo aus Gewinn/Verlust-Vorträgen und Bilanzgewinn unter der Position „Rücklagen" (Retained Earnings) in Summe ausgewiesen werden. Die Trennung in Jahresergebnis, Summe der Gewinnrücklagen und Gewinn/Verlustvorträge hat dann im **Eigenkapitalspiegel** zu erfolgen (vgl. IAS 1.96–97).

KONZERN-BILANZ
zum 31. Dezember 2007

AKTIVA	Anhang	2007 TEUR	2006 TEUR	IAS 1.46 (d), (e)
Langfristige Vermögenswerte				IAS 1.51
Sachanlagen	11	400 €	384 €	IAS 1.68 (a)
Als Finanzinvestition gehaltene Immobilien	12	112 €	85 €	IAS 1.68 (b)
Immaterielle Vermögenswerte	12	78 €	58 €	IAS 1.68 (c)
Anteile an einem assoziierten Unternehmen	14	10 €	8 €	IAS 1.68 (e), IAS 28.38
Zur Veräußerung verfügbare Finanzinvestitionen	16	27 €	21 €	IAS 1.68 (d), IFRS 7.8 (d)
sonstige finanzielle Vermögenswerte	17	45 €	38 €	IAS 1.68 (d), IFRS 7.8 (c)
Aktive latente Steuern	7	5 €	4 €	IAS 1.68 (n), IAS 1.70
		675 €	518 €	
Kurzfristige Vermögenswerte				IAS 1.51, IAS 1.57
Vorräte	20	318 €	253 €	IAS 1.68 (g)
Forderungen aus Lieferungen und Leistungen und sonstige Forderungen	21	352 €	267 €	IAS 1.68 (h), IFRS 7.8 (c)
Geleistete Anzahlungen		6 €	6 €	IAS 1.69
Derivative Finanzinstrumente	32	5 €	3 €	IAS 1.68 (d), IFRS 7.8 (a)
Zahlungsmittel und kurzfristige Einlagen	22	208 €	167 €	IAS 1.68 (i)
		889 €	698 €	
Vermögenswerte einer Veräußerungsgruppe, die als zur Veräußerung gehalten klassifiziert wird	8	164 €		IAS 1.68 (a), IFRS 5.38
		1.053 €	696 €	
BILANZSUMME		1.728 €	1.212 €	

PASSIVA	Anhang	2007 TEUR	2006 TEUR	IAS 1.46 (d), (e)
Auf die Anteilseigner des Mutterunternehmens entfallendes Eigenkapital				
Gezeichnetes Kapital	23	281 €	247 €	IAS 1.68 (p), IAS 1.75 (e)
Aktienaufgeld		79 €	2 €	IAS 1.68 (p), IAS 1.75 (e)
Eigene Anteile	23	-9 €	-9 €	IAS 1.68 (p), IAS 1.75 (e)
Andere Kapitalrücklage	23	3 €	3 €	IAS 1.68 (p), IAS 1.75 (e)
Gewinnrücklagen		486 €	324 €	IAS 1.68 (p), IAS 1.75 (e)
Sonstige Rücklagen	23	8 €	-1 €	IAS 1.68 (p), IAS 1.75 (e)
Rücklagen einer Veräußerungsgruppe, die als zur Veräußerung gehalten klassifiziert wird	8	2 €		IAS 1.68 (p), IAS 1.75 (e)
		850 €	566 €	
Minderheitsanteile		8 €	9 €	IAS 1.68 (o), IAS 27.33
Summe Eigenkapital		858 €	575 €	
Langfristige Schulden				IAS 1.51
Verzinsliche Darlehen	24	190 €	212 €	IAS 1.68 (l)
Wandelbare Vorzugsaktien	24	34 €	33 €	IAS 1.68 (l)
Rückstellungen	25	25 €	1 €	IAS 1.68 (k)
Zuwendungen der öffentlichen Hand	26	42 €	17 €	IAS 1.69, IAS 20.24
Rückstellungen für Pensionen und ähnliche Verpflich	19	14 €	7 €	IAS1.68 (k), IAS 1.75 (d)
Sonstige Schulden		4 €	4 €	IAS 1.69, IAS 20.24
Passive latente Steuern	7	59 €	23 €	IAS 1.68 (n), IAS 1.70
		368 €	297 €	
Kurzfristige Schulden				IAS 1.51, IAS 1.60
Schulden aus Lieferungen und Leistungen und sonstige Schulden	27	247 €	258 €	IAS 1.68 (j)
Verzinsliche Darlehen	24	30 €	32 €	IAS 1.68 (l), IFRS 7.8 (f)
Sonstige finanzielle Verbindlichkeiten	28	4 €	4 €	IAS 1.68 (l), IFRS 7.8 (e)
Zuwendungen der öffentlichen Hand	26	2 €	2 €	IAS 1.69, IAS 20.24
Ertragsteuerschuld		52 €	43 €	IAS 1.68 (m)
Rückstellungen	25	6 €	1 €	IAS 1.68 (k)
		340 €	340 €	
Schulden in Verbindung mit zur Veräußerung gehaltenen Vermögenswerten	8	162 €		IAS 1.68 (b), IFRS 5.38
		502 €	340 €	
Summe der Schulden		870 €	637 €	
BILANZSUMME		1.728 €	1.212 €	

Quelle: Entnommen aus E&Y, International GAAP: Good Group (International) Limited; im Internet abrufbar unter http://www.ey.nl/?pag=2027&publicatie_id=2414.

Mangels detaillierter Gliederungsvorgaben werden nach IAS 8.12 (⇒Bilanzierungs- und Bewertungsmethoden, Auswahl) allgemeine anerkannte Bilanzgliederungsschemas aus der Praxis maßgeblich. Hier setzen sich aber die Vorstellungen der großen Wirtschaftsprüfungsgesellschaften durch, wie z. B. im Internet veröffentliche IFRS-Musterabschlüsse zeigen. Auch der Deutsche Standardisierungsrat (DRS) hat eine beispielhafte IFRS-Bilanz veröffentlicht (vgl. RIC 1).

Die oben stehende Abbildung zeigt eine solche Musterbilanz mit Hinweisen auf die entsprechenden Bilanzierungsvorschriften.

Bilanzansatzgrundsätze
⇒Vermögenswert
⇒Schuld

Bilanzgliederung
⇒Bilanz

Bilanzierungs- und Bewertungsmethoden, Auswahl

Nach den Regelungen des IAS 8 sind bei der Erstellung eines IFRS-Abschlusses grundsätzlich alle ⇒Rechnungslegungsstandards und ⇒Interpretationen unter Berücksichtigung der jeweiligen ⇒Anwendungsleitlinien anzuwenden (IAS 8.7). Sofern für einen Geschäftsvorfall oder Ereignis keine spezifischen IFRS-Vorschriften vorliegen oder Zweifelsfragen bestehen (d. h. es liegt eine Regelungslücke vor), hat der Bilanzierende nach IAS 8.10 nach eigenem Ermessen Bilanzierungs- und Bewertungsmethoden (Accounting Policies) zu entwickeln; dabei müssen die Grundsätze der ⇒Entscheidungsrelevanz und der ⇒Vertrauenswürdigkeit beachtet werden. IAS 8 gibt zudem maßgebliche Auslegungsmethoden vor, die in fester Reihenfolge anzuwenden sind (siehe Abbildung folgende Seite).

Von einmal gewählten Bilanzierungs- und Bewertungsmethoden *(accounting policies)* darf periodenübergreifend nicht abgewichen werden *(Grundsatz der ⇒Methodenstetigkeit)*. Die Auswirkungen ähnlicher Geschäftsvorfälle müssen im Jahresabschluss periodenübergreifend auf unveränderte Art und Weise dargestellt werden *(Grundsatz der ⇒Darstellungsstetigkeit)*. Ferner sollen angewandte Bi-

1. Gibt es Regelungen für vergleichbare Fälle?	Zunächst sind die Regelungen and Anwendungsleitlinien von Standards und Interpretationen für ähnliche oder verwandte Bilanzierungssachverhalte heranzuziehen (IAS 8.11 (a)).
2. Welche IFRS-Prinzipien sind relevant?	Sofern die bestehenden Regelungen nicht anwendbar sind, muss der betreffende Sachverhalt auf der Grundlage der Definitionen, Ansatzgrundsätze und Bewertungskonzepte des IASB Frameworks bilanziert werden (IAS 8.11 (b)).

3. Was sagen Kommentierung / Fachliteratur / US GAAP / DRS?
Neben den verbindlichen IFRS-Vorschriften und Prinzipien können auch die Regelungen anderer Standardsetzer herangezogen werden - sofern diese ein ähnliches theoretisches Rahmenkonzept für die Entwicklung von Rechnungslegungsstandards verwenden. Auch allgemein anerkannte Branchenpraktiken sowie relevante Fachliteratur können beachtet werden, jedoch unter dem Vorbehalt, dass diese mit IFRS vereinbar sind (IAS 8.12).

Aber:

Alle Bilanzierungs- und Bewertungsmethoden müssen entscheidungsrelevant und vertrauenswürdig sein (IAS 8.10)

lanzierungs- und Bewertungsmethoden, evtl. Methodenänderungen sowie deren quantitative Auswirkungen offen gelegt werden *(Grundsatz der ⇒Offenlegung von Bilanzierungs- und Bewertungsmethoden)*

Hinweise
Die praktische Umsetzbarkeit dieser Auslegungsmethoden ist teilweise unklar:
- Die allgemeinen Grundprinzipien des IASB Framework sind zu abstrakt, um bei der Auswahl, Entwicklung und Anwendung von Bilanzierungs- und Bewertungsmethoden helfen zu können.
- Die in IAS 8.11 f. genannten Auslegungsmethoden werden nicht präzisiert.
- Bei der in Punkt 3 angeführten ‚Systemanalogie' ist fragwürdig, wie weitgehend das Management recherchieren sollte um die Anwendbarkeit systemfremder Regelungen, branchenspezifischer Bilanzierungspraktiken oder Fachmeinungen abzuwägen. Mit der ‚Systemanalogie' entsteht auch eine Gefahr der „Unterwanderung" der IFRS-Prinzipien mit systemfremden Bilanzierungs- und Bewertungsmethoden. So wird in der Praxis bei IFRS-Regelungslücken oder Praxisproblemen häufig auf die gängige HGB-Kommentierung oder BFH-Rechtsprechung zurückgegriffen.

Bilanzierungsfehler
Auslassungen oder fehlerhafte Darstellungen in den ⇒Abschlüssen eines berichtenden Unternehmens für eine oder mehrere Perioden, die sich aus einer nicht- oder fehlerhaften Verwendung zuverlässiger Informationen ergeben haben,
a) die zu dem Zeitpunkt, zu dem die Abschlüsse für die entsprechenden Perioden zur Veröffentlichung genehmigt wurden, zur Verfügung standen und
b) von denen man vernünftigerweise hätte erwarten können, dass sie eingeholt und bei der Aufstellung und Darstellung der entsprechenden Abschlüsse berücksichtigt worden wären.

Die Fehler sind nach IAS 8 so anzupassen, als wären die Abschlüsse immer richtig erstellt worden und die Fehler nie passiert. Die betroffenen Werte in der neuen Bilanz sind entsprechend anzupassen und die Gegenbuchung in der Gewinnrücklage zu berücksichtigen.

Bilanzorientierte Sichtweise
In den letzten Jahren ist mit dem zunehmenden ⇒Fair value Accounting ein eindeutiger Trend beim IASB erkennbar, eher bilanzorientierte IFRS Vorschriften zu entwickeln. Die sog. bilanzorientierte

Sichtweise („asset/liability approach") hat insbesondere in den 60er Jahren des 20. Jh. in den USA die Bilanzdiskussion bestimmt. Anhänger der bilanzorientierten Sichtweise betrachten eine (zumindest partielle) Zeitwertbilanzierung als Möglichkeit, den als besonders informativ angesehenen kapitaltheoretischen (ökonomischen) Gewinn *(„economic income")* zu approximieren. Zeitwerte sollen die Markteinschätzung bzgl. der Höhe, der Struktur und des Risikos der zukünftigen Zahlungsströme aus einer Bilanzposition reflektieren und insofern eine über den Markt objektivierte Ermittlung von Ertragswertkomponenten ermöglichen. Bei bilanzorientierten Bilanzierungsvorschriften wird daher eine möglichst betriebswirtschaftlich relevante bilanzielle Darstellung von Vermögenswerten und Schulden in den Mittelpunkt gestellt. In ⇒Gewinn- und Verlustrechnung soll der Periodenerfolg sämtliche Wertveränderungen am Bilanzvermögen widerspiegeln:

- Werterhöhungen von Vermögenswerten *(assets)* oder Wertminderungen von Schulden *(liabilities)*, die nicht auf Kapitaleinlagen oder -entnahmen beruhen, führen zu Erträgen *(revenues)*.
- Wertabnahmen von Vermögenswerten oder Werterhöhungen von Schulden, die nicht auf Kapitalentnahmen oder -einlagen beruhen, führen zu Aufwendungen *(expenses)*.

Da nach der bilanzorientierten Sichtweise sämtliche Wertveränderungen erfolgswirksam erfasst werden sollen, müssen neben realisierten Erträgen und Aufwendungen auch unrealisierte Erfolge aus Wertveränderungen in das Periodenergebnis einfließen.

Bilanzpolitik nach IFRS

Mit Bilanzpolitik möchten Unternehmen allgemein günstige Ausgangsbedingungen für das Verhältnis des Unternehmens zu Externen schaffen. Durch bilanzpolitische Maßnahmen werden zielgerichtet die gegebenen Freiheiten der Rechnungslegungsvorschriften genutzt, um das Verhalten der ⇒Abschlussadressaten zu beeinflussen. Dabei können sehr unterschiedliche Ziele verfolgt werden: Im Rahmen der informationsorientierten IFRS-Bilanzierung (⇒IFRS, Zielsetzung) zielen bilanzpolitische Maßnahmen vor allem darauf ab, die Unternehmenslage so darzustellen, wie es für die Manager und/oder das Unternehmen in der jeweiligen Situation am günstigsten ist (während im deutschen HGB-Abschluss aufgrund der Verknüpfung zur Steuerbilanz häufig steuerliche Überlegungen im Vordergrund stehen). Bilanzpolitik muss nicht unbedingt etwas „negatives" sein: So besteht mit ⇒fachlichem Ermessen die Möglichkeit, die ⇒Vermögens-, Finanz- und Ertragslage zutreffender zu vermitteln. Bilanzpolitik kann man somit auch als ein „Instrument der Kommunikation des Unternehmens mit seiner Umwelt" (Stein, 1993, S. 992) verstehen. Bilanzpolitik kann aber sicherlich zur bewussten *Manipulation oder Täuschung* von Abschlussadressaten missbraucht werden. Da die Ermessens- und Gestaltungsspielräume in den Rechnungslegungsvorschriften oftmals subjektive Entscheidungen abverlangen, können die Regeln häufig weit gedehnt oder interpretiert werden, so dass zwischen zulässiger Bilanzpolitik und bewusster Bilanzmanipulation zwangsweise eine gewisse „Grauzone" entsteht.

Unter IFRS ist die Grenze zur bewussten Bilanzmanipulation auf jeden Fall dann überschritten, wenn durch bilanzpolitische Maßnahmen gegen den Grundsatzes des ⇒fair presentation/true and fair view verstoßen wird.

Instrumente der Bilanzpolitik unter IFRS sind Sachverhaltsgestaltungen, Wahlrechte und Ermessenspielräume (⇒Wahlrechte nach IFRS).

Bilanzrechtsmodernisierungsgesetz, BilMoG

Das Bundeskabinett hat am 21.05.2008 den Entwurf eines Gesetzes zur Modernisierung des Bilanzrechts (BilMoG) beschlossen. Aktuell ist das Inkrafttreten des Gesetzes für den 1. Januar 2009 vorgesehen. Wesentliche Ziele des Gesetzes sind

- Eine Entlastung kleiner und mittelständischer Unternehmen von vermeidbarem Bilanzierungsaufwand. So entfällt die Bilanzierungspflicht für

Einzelkaufleute, die bestimmte Umsatz- und gewinnschwellenwerte nicht überschreiten. Ausserdem werden die Größenklassen, die nach § 267 HGB darüber entscheiden, welche Informationspflichten ein Unternehmen treffen, deutlich angehoben.

- Eine Verbesserung der Aussagekraft von ⇒HGB Abschlüssen. Die HGB Vorschriften werden reformiert und den ⇒IFRS Vorschriften in wesentlichen Teilen angeglichen. Damit soll sichergestellt werden, dass kleine und mittelständische Unternehmen (KMU) auch weiterhin den ⇒Einzelabschluss nach IFRS aufstellen müssen, sondern wesentlich kostengünstiger und einfacher die HGB Bilanzierung beibehalten werden. Die HGB-Einzelbilanz bleibt weiterhin Grundlage für die Steuerbemessung und Ausschüttungsbemessung (⇒Abschlussfunktionen).

Mit folgenden Anpassungen des deutschen Bilanzrechts an IFRS soll insbesondere die Aussagekraft von HGB-Abschlüssen verbessert werden:

- Selbst geschaffene ⇒immaterielle Vermögenswerte sollen zukünftig aktivierungsfähig sein (Aufhebung des Aktivierungsverbots für nicht entgeltlich erworbenes immaterielles Anlagevermögen nach § 248 (2) HGB)
- Erfolgswirksame ⇒Fair value Bewertung von ⇒Finanzinstrumenten; unrealisierte Bewertungserfolge aus der Zeitbewertung dürfen jedoch nicht ausgeschüttet werden (Ausschüttungssperre)
- Realistischere Bewertung von ⇒Rückstellungen: Zukünftige Kostenentwicklung müssen stärker berücksichtigt werden.
- Abschaffung nicht „zeitgemäßer" Wahlrechte (z. B. Einschränkung der Passivierung von ⇒Aufwandsrückstellungen)
- Ansatzpflicht von aktiven ⇒latenten Steuern
- Verpflichtende ⇒Abzinsung von langfristigen ⇒Rückstellungen mit einem von der Deutschen Bundesbank ermittelten Durchschnittszinssatz.
- Obgleich mit dem BilMoG weiterhin die HGB Bilanzierung im ⇒Einzelabschluss auch in naher Zukunft beibehalten werden kann, erhöht sich der Druck auf mittelständische Unternehmen, sich mit IFRS zu befassen: So ist der deutsche Gesetzgeber mit einem selbst auferlegten Ziel einer Angleichung des HGB an IFRS gezwungen, die laufenden raschen Veränderungen der IFRS Vorschriften zügig ins deutsche Bilanzrecht nachzuziehen. Ausserdem ist absehbar, dass sich Bilanzierungspraxis zur konkreten Umsetzung der neuen Gesetzesvorschriften sehr stark an die Originalverlautbarungen des IASB orientieren wird (z. B. bei der Aktivierung von ⇒Entwicklungskosten).

Bilanzrechtsreformgesetz
Bilanzrechtsreformgesetz ist die Umsetzung der EU-Verordnung „Nr. 1606/2002 betreffend die Anwendung internationaler Rechnungslegungsstandards" in Deutschland und wurde vom Gesetzgeber Ende 2004 verabschiedet. Vor allem die Ergänzung des Handelsrechts um § 315a HGB ermöglicht es den deutschen nicht kapitalmarktorientierten Konzernmutterunternehmen, auf die Publizität für Informationszwecke nach HGB zu verzichten und nach IFRS zu berichten. Für kapitalmarktorientierte Konzernmutterunternehmen ist die Berichterstattung nach IFRS dagegen zur Pflicht geworden.

Biltrolling
Der Ausdruck „Biltrolling" wird in der aktuellen Fachdiskussion häufig als plakativer Ausdruck für eine Angleichung von externer Bilanzbuchhaltung und internem Rechnungswesen (bzw. ⇒Controlling) im Zuge der Einführung von IFRS verwendet. Siehe auch ⇒Konvergenz von internem und externen Rechnungswesen.

Biological Assets
⇒Landwirtschaftliche Produkte

Bis zur Endfälligkeit gehaltene Finanzinvestitionen
⇒Finanzinstrumente

Boni und Skonti
⇒Erlösschmälerungen

Bonusprogramme
⇒Kundenbindungsprogramme

Buchhaltung
Innerhalb des traditionell gegliederten betrieblichen Rechnungswesens hat die Finanzbuchhaltung (oder auch Geschäfts- oder Bilanzbuchhaltung genannt) die Aufgabe, den Vorschriften des Handels- und Steuerrechts entsprechend die laufenden Geschäftsvorfälle zu erfassen und mindestens einmal jährlich durch eine Bilanz sowie Gewinn- und Verlustrechnung (zum Teil ergänzt durch einen Geschäftsbericht) den Erfolg und die Erfolgsaussichten aufzuzeigen.

Buchverluste/-gewinne
Buchverluste oder Buchgewinne können heim Verkauf eines Anlagegegenstandes dann entstehen, wenn der Buchwert höher (niedriger) ist als der erzielte Verkaufserlös. Diese Differenz zwischen Buchwert und Verkaufserlös wird als Aufwand (Ertrag) netto in der GuV-Rechnung erfasst.

Nach IAS 1.34 (a) wird ein Buchverlust (-gewinn) folgendermaßen ermittelt:

Veräußerungserlöse
– Buchwert
– evtl. Veräußerungsaufwendungen
= Buchverlust (Buchgewinn).

Buchverluste/-gewinne zählen zu der Gruppe der ⇒Einzelgewinnen (gains) und Einzelverlusten (losses).

Buchwert
Als Buchwert (carrying amount) bezeichnet man den Wert, mit dem Vermögenswerte (nach Abzug aller kumulierten Abschreibungen und aller kumulierten Wertminderungsaufwendungen) und Verpflichtungen in der Bilanz ausgewiesen werden. Der Wert ergibt sich aus der Einhaltung der Buchungs- und Bewertungsvorschriften der IFRS.

Business Combinations
⇒Unternehmenszusammenschlüsse, Unternehmenserwerb

Capex
Angloamerikanischer Ausdruck für Auszahlungen für Investitionen ins ⇒Anlagevermögen (Capital Expenditures = Capex).

Carrying amount
⇒Buchwert

Cash Based Accounting
Unter Cash Based Accounting versteht man eine Bilanzierungspraxis, wonach bei hoher Unsicherheit über die Realisierbarkeit von Umsatzerlösen vom Grundsatz der ⇒Periodenabgrenzung abgewichen wird. ⇒Erträge werden solange nicht erfasst, bis die Zahlungseingänge tatsächlich erfolgen. Gewinne werden erst dann realisiert, wenn die Zahlungseingänge die Auftragskosten übersteigen (Kostendeckungsprinzip). Eine ähnliche Vorgehensweise ist bei ⇒Auftragsfertigung nach IAS 11.32 ff. anzuwenden, falls die künftigen Erfolge aus einem Fertigungsauftrag nicht verlässlich ermittelt werden kann (⇒Percentage of Completion Methode).

Cash Flow aus Finanzierungstätigkeit
Bestandteil des ⇒Cash Flow Statement. Bei der Berechnung des Cash Flows aus der Finanzierungstätigkeit werden die Ein- und Auszahlungen berücksichtigt, die das Unternehmen mit den Eigen- und Fremdkapitalgebern innerhalb einer Berichtsperiode getätigt hat (IAS 7.17).

	Eigenkapitalzuführungen durch Einzahlungen
-	Anzahlungen an die Eigenkapitalgeber
+	Einzahlungen aus der Aufnahme von Krediten
-	Auszahlungen aus der Aufnahme von Krediten
=	Cash Flow aus Finanzierungstätigkeit

Die betrieblich bedingten Zinszahlungen sind dem ⇒Cash Flow aus laufender Tätigkeit zuzuordnen.

Cash Flow aus Investitionstätigkeit
Bestandteil des ⇒Cash Flow Statement. Im Rahmen des Cash Flow aus Investitionstätigkeit sind Desinvestitionen und Investitionen zu berücksichtigen, wie z. B. Zahlungen aus dem Abgang von Vermögenswerten des Sachanlagevermögens und Zahlungen für die Anschaffung von neuen Sachanlagen (IAS 7.16):

	Einzahlungen aus den Abgängen von Sachanlagen (materielle, immaterielle Vermögenswerte)
-	Auszahlungen für Investitionen in neue Sachanlagen (materielle, immaterielle Vermögenswerte)
+	Einzahlungen aus Abgängen von Vermögenswerten des Finanzvermögen
+	Einzahlungen aus dem Verkauf von Tochterunternehmen
-	Auszahlungen für den Erwerb von Tochterunternehmen
=	Cash Flow aus Investitionstätigkeit

Unternehmen in der Wachstumsphase werden eher ein negatives Ergebnis aus der Cash Flow Rechnung für die Investitionstätigkeit haben. Ein positives Ergebnis könnte dagegen als ein Warnsignal für mögliche Unternehmensschrumpfung gelten, die Zahlungsströme aus der Investitionstätigkeit sollten in den nachfolgenden Berichtsperioden genauer beobachtet werden.

Cash Flow aus laufender (operativer) Geschäftstätigkeit
Bestandteil des ⇒Cash Flow Statement. Die Ermittlung der Cash Flows aus laufender oder operativer Tätigkeit kann anhand der *direkten* (Erfassung und Ausweis von Ein- und Auszahlungen) oder der *indirekten* (Berechnung anhand der Anpassung von einigen Bilanz- und Erfolgsrechnungsgrößen um die zahlungsunwirksamen Geschäftsvorgänge) Methode stattfinden (IAS 7.18). In der Praxis wird hauptsächlich die zweite Methode angewendet.
Direkte Ermittlungsmethode:

	Kundeneinzahlungen
-	Auszahlungen an Arbeitnehmer/Lieferanten
+/-	Cash Flows, die weder Investitions- noch Finanzierungstätigkeit zugeordnet sind
-	Gezahlte Ertragsteuern
=	Cash Flow aus laufender Tätigkeit

Indirekte Ermittlungsmethode:

	Ergebnis vor Steuern (entnommen aus der GuV)
+/-	Abschreibungen / Zuschreibungen auf Sachanlagen
+/-	Zunahme / Abnahme der Rückstellungen
+/-	Aufwendungen / Erträge, die zahlungswirksam waren
-/+	Gewinn / Verlust aus Veräußerung des Sachanlagevermögens
-/+	Zunahme / Abnahme von Vorräten, Forderungen aus Lieferung und Leistung und sonstigen Vermögenswerten, die weder Investitions- noch Finanazierungstätigkeit zugeordnet sind
+/-	Zunahme / Abnahme von Verbindlichkeiten aus Lieferung und Leistung und anderen Passivposten, die weder Investitions- nocht Finanzierungstätigkeit zugeordnet sind
-	Gezahlte Ertragssteuern
=	Cash Flow aus laufender Tätigkeit

Cash Flow Hedge
⇒Hedge Accounting

Cash Flow Statement
Kapitalflussrechnung stellt ein Pflichtbestandteil eines nach IFRS erstellten Abschlusses dar (IAS 1.8) und besteht aus zwei Rechenteilen: zuerst wird die Veränderung des Fonds – bestehend aus ⇒Zahlungsmittel und ⇒Zahlungsmitteläquivalenten – bestimmt. Anschließend wird in einer Ursachenrechnung die Veränderung des Fonds innerhalb einer Berichtsperiode erläutert. Diese Ursachenrechnung, die von vielen als die tatsächliche Kapitalflussrechnung angesehen wird, erklärt in drei Rechnungsbestandteilen die Finanzbewegungen eines Unternehmens aus der laufenden Tätigkeit, aus der Investitions- und aus der Finanztätigkeit. Für keinen der Rechnungsteile wird genaues Gliederungsschema vorgegeben.

Cash Flow, Begriff
Cash Flows werden in IAS 7.6 als Zuflüsse oder Abflüsse von liquiden Mitteln (⇒Zahlungsmittel und ⇒Zahlungsmitteläquivalente) definiert. Informationen über Cash Flows sind insofern entscheidungsrelevant, als sie Auskünfte über den im Betrachtungszeitraum erwirtschafteten finanzwirtschaftlichen Überschuss der Betriebstätigkeit geben.

Cash Generating Unit
⇒Zahlungsmittelgenerierende Einheit

Clean Surplus
⇒Kongruenzprinzip

Comparability
⇒Vergleichbarkeit

Completed Contract Methode
⇒Percentage of Completion Methode

Completeness
⇒Vollständigkeit

Components Approach
⇒Komponentenansatz

Comprehensive income
⇒Periodengesamterfolg

Conceptual Framework
⇒IASB Framewok

Conservatism
⇒Vorsichtsprinzip

Consistency
⇒Stetigkeitsprinzip

Constructive Obligations
⇒Rückstellungen

Contingent consideration
⇒Earn-Out Klausel

Contingent liability
⇒Eventualverpflichtung

Control
Gem. IAS 27 und IFRS 3 wird Beherrschung oder Control als die Möglichkeit definiert, die Finanz- und Geschäftspolitik eines Unternehmens oder eines Geschäftsbetriebs zu bestimmen, um aus dessen Tätigkeiten Nutzen zu ziehen. Erwirbt ein Unternehmen mehr als die Hälfte der Stimmrechte eines anderen Unternehmens, so kann gem. IFRS 3.19 widerlegbar vermutet werden, dass ein solcher Besitz zur Beherrschung führt. Aber auch wenn weniger als die Hälfte der Stimmrechte erworben wird, können einige Indizien dafür sprechen, dass die Beherrschung erlangt wurde, wenn die Möglichkeit besteht

- über mehr als die Hälfte der Stimmrechte des anderen Unternehmens kraft einer mit anderen Investoren geschlossenen Vereinbarung zu verfügen; oder
- die Finanz- und Geschäftspolitik des anderen Unternehmens gemäß einer Satzung oder einer Vereinbarung zu bestimmen; oder
- die Mehrheit der Mitglieder des Geschäftsführungs- und/oder
- Aufsichtsorgans oder eines gleichwertigen Leitungsgremiums des anderen Unternehmens zu ernennen oder abzuberufen; oder
- die Mehrheit der Stimmen bei Sitzungen des Geschäftsführungs- und/oder Aufsichtsorgans oder eines gleichwertigen Leitungsgremiums des anderen Unternehmens zu bestimmen.

Einige andere Hinweise auf ein mögliches Beherrschungsverhältnis sind auch in SIC 12 aufgezählt (⇒Zweckgesellschaft).
Bei der Überprüfung der Beherrschungsverhältnisse ist besonders auf die ⇒Minderheitenrechte zu achten.
Im deutschen Bilanzrecht wird das Control-Konzept in § 290 Abs. 2 HGB definiert.
Im Dezember 2008 verabschiedete das ⇒IASB den Entwurf ED „Consolidated Financial Statements". Der neue Standard soll IAS 27 und SIC-12 ersetzen und die Control Definition neu gestalten.

Controlling
Einen eindeutigen, treffsicheren deutschsprachigen Ausdruck für die Worte Controlling/Controller gibt es bisher nicht. Controlling ist deshalb als ein Arbeitsbegriff aufzufassen, dessen Inhalt in der Praxis vielfältig und unterschiedlich ausgelegt wird. Man führt Controlling und Controller auf die französischen Worte contrerôle = Gegenrolle beziehungsweise Gegenspirale, compter = zählen zurück, zum großen Teil aber auch auf die angelsächsischen Worte to control = steuern, lenken, beherrschen, regeln und roll = Liste.
Wir verstehen Controlling als ein funktionsübergreifendes Steuerinstrument, das den unternehmerischen Entscheidungs- und Steuerungsprozess durch zielgerichtete Informationener- und -verarbeitung unterstützt. Der Controller sorgt dafür, dass ein wirtschaftliches Instrumentarium zur Verfügung steht, das vor allem durch systematische Planung und der damit notwendigen Kontrolle hilft, die aufgestellten Unternehmungsziele zu erreichen. Inhalt der Zielvorgaben können alle quantifizierbaren Werte des Zielsystems sein.
Das Konzept des Controllings sollte in der umfassenden Transparenz und der rationalen Betrachtungsweise sämtlicher betrieblicher Teilbereiche bestehen. Nicht einzelne Bereiche werden geplant und gelenkt, sondern die Koordination von Bereichsplänen und deren Verwirklichung im Hinblick auf das Gesamtziel der Unternehmung steht im Mittelpunkt. Somit schafft auch Controlling den zum Teil notwendigen Ausgleich auseinanderstrebender Interessen einzelner betrieblicher Bereiche (z. B. Produktion und Verkauf).

Controlling und IFRS
Ein fest im Unternehmen verankertes, effektives ⇒Controlling ist eine Grundvoraussetzung für die Einführung der Rechnungslegung nach IFRS, da die IFRS-Vorschriften häufig dem ⇒Management Approach folgen und ⇒fachliches Ermessen und damit eine ⇒Konvergenz von internen und externen Rechnungswesen erfordern.

Einfluss der IFRS auf verschiedene Controlling-Instrumente
Planrechnungen: Durch die unterschiedlichen Ansatz-/Bewertungsvorschriften sind Vergleiche mit dem Vorjahren nur schwer möglich. Neue verbindliche Abschlussbestandteile wie Kapitalflussrechnung müssen in der operativen Planung und Budgetierung berücksichtigt werden.
Abweichungsanalysen: Die stärkere Bewertung zu Zeitwerten nach IFRS kann zu größeren Abweichungen zwischen Istwerten und Planwerten führen. Es muss daher auch die Planung nach IFRS erfolgen.
Erfolgscontrolling: Für ein aussagekräftiges Erfolgscontrolling ist weiterhin eine ⇒Kosten- und Leistungsrechnung erforderlich. Dabei ist zu beachten, dass aufgrund der von HGB verschiedenen Ansatz- und Bewertungsvorschriften Unterschiede bei den Aufwendungen und Erträgen bestehen (z. B. Aktivierung von Entwicklungsaufwendungen, Realisierung von Zeitwerterfolgen).
Kennzahlensysteme: Die Umstellung führt teilweise zu einer deutlichen Verschiebung bei den betrieblichen Kennzahlen (z. B. Eigenkapitalrendite, Return on Investment, Anlagenintensität, Fristenkongruenz etc.)
Strategische Planung: Neue Bestandteile des Jahresabschlusses aber auch die höhere Unternehmenstransparenz/Unternehmensvergleichbarkeit durch IFRS sowie die dynamische Fortentwicklung der IFRS-Vorschriften müssen im Rahmen der strategischen Planung berücksichtigt werden (z. B. im Rahmen der Pensionswirtschaft).

Benchmarking: Die höhere Vergleichbarkeit der publizierten Unternehmenszahlen soll das Benchmarking erleichtern.
Portfolioanalyse: Segmentberichterstattung erleichtert den Vergleich strategischer Geschäftsfelder verschiedener Unternehmen.

Core-Earnings
Angloamerikanischer Ausdruck für die Gewinne aus dem Kerngeschäft bzw. aus den Hauptaktivitäten eines Geschäftes.

Corporate Governance
Angloamerikanischer Ausdruck für das Zusammenspiel aller rechtlichen, institutionellen und allgemeinen Geschäftsübungen, die Einfluss auf die rechtliche und tatsächliche Aufgabenverteilung zwischen Aufsichtsrat, Vorstand und Unternehmenseignern haben und insofern die strukturellen Rahmenbedingungen für die gesamte Unternehmensführung („Corporate Governance") sowie für die einzelnen Führungs- und Controllingfunktionen festlegen. In Deutschland haben nach § 161 AktG Vorstand und Aufsichtsrat einer börsennotierten Gesellschaft jährlich offenzulegen, inwiefern den vom Bundesminister der Justiz bekannt gemachten Empfehlungen der „Regierungskommission Deutscher Corporate Governance Kodex" entsprochen wurde. Der Kodex beschreibt überwiegend die rechtliche Situation der Leitung und Kontrolle von Unternehmen, wie sie sich nach Auffassung der Regierungskommission im Wesentlichen unmittelbar aus dem Gesetz ergibt. Daneben enthält der Kodex Empfehlungen (z. B. zur Offenlegung der Vorstandsgehälter), die über die gesetzlichen Regelungen des AktG hinausgehen.

Cost Model
⇒Anschaffungswertmethode

Cost of Conversion
⇒Herstellungskosten

Damnum

Differenz zwischen Auszahlungs- und höherem Rückzahlungsbetrag bei einer Kreditaufnahme. Der erstmalige Ansatz des Darlehens erfolgt mit dem geringeren Auszahlungsbetrag. Basierend auf der ⇒Effektivzinsmethode wird der Auszahlungsbetrag über die Darlehensdauer aufgezinst, bis er die Höhe des Rückzahlungsbetrags erreicht hat. Ggf. sind die Nominalzinsen zu berücksichtigen.

Darlehensverbindlichkeiten

Darlehensverbindlichkeiten gehören unter IFRS zu den ⇒finanziellen Verbindlichkeiten, da sie auf einer vertraglichen Verpflichtung beruhen, liquide Mittel oder andere ⇒finanzielle Vermögenswerte an ein anders Unternehmen abzugeben. Aus diesem Grund besteht für Darlehensverbindlichkeiten ein Wahlrecht, diese nach drei alternativen Methoden zu bewerten (siehe ⇒Finanzinstrumente):

- Bewertung zu fortgeführten Anschaffungskosten mit Anwendung der ⇒Effektivzinsmethode. Der erstmalige Bilanzansatz erfolgt in diesem Fall zum ⇒fair value zuzüglich evtl. direkt zurechenbarer Transaktionskosten (IAS 39.43)
- Erfolgswirksame Bewertung zum ⇒fair value (allerdings nur eingeschränkt möglich). Der erstmalige Bilanzansatz erfolgt in diesem Fall zum fair value ohne Transaktionskosten, so dass diese aufwandswirksam erfasst werden (IAS 39.43).
- Für Darlehensverbindlichkeiten, die als ⇒Grundgeschäft im Rahmen eines Sicherungsgeschäfts designiert wird, sind die speziellen Bewertzungsvorschriften des ⇒Hedge Accounting maßgeblich.

Der fair value einer Darlehensverbindlichkeit entspricht deren Nominalwert abzgl. eines ⇒Disagios und zzgl. eines ⇒Agios, falls die Darlehensverbindlichkeit marktüblich verzinst wird. Bei einer nicht marktgerechten Verzinsung entspricht der fair value dem Barwert der zukünftigen Zahlungsströme. Als Abzinsungsfaktor ist ein Marktzins ähnlicher Finanzinstrumente mit vergleichbaren bewertungsrelevanten Faktoren wie Laufzeit, Bonität, Währung etc. herangezogen werden. Der Differenzbetrag zwischen Nominalwert und (niedrigeren) fair value ist im Normalfall als Ertrag zu erfassen (IAS 39.AG64).

Darlehensverbindlichkeiten sind für den Bilanzausweis in einenm lang- und kurfristigen Teil aufzugliedern (⇒Bilanz).

Darstellungsstetigkeit

Nach dem Grundsatz der Darstellungsstetigkeit bzw. Ausweisstetigkeit müssen die Auswirkungen ähnlicher Geschäftsvorfälle in den Bestandteilen des ⇒Abschlusses periodenübergreifend auf unveränderte Art und Weise ausgewiesen werden (F. 39). Der Grundsatz der Darstellungsstetigkeit ist ein Unterprinzip des Grundsatzes der ⇒Vergleichbarkeit

Hinweise

Vom *Grundsatz der Darstellungsstetigkeit* sind nur dann Abweichungen zulässig, wenn nach einer wesentlichen Veränderung der betrieblichen Umstände andere Darstellungsmethoden aussagefähiger sind. Daneben können neue Standard- oder Interpretationsvorschriften ein Abweichen von einmal gewählten Darstellungsmethoden erzwingen (IAS 1.27 (a), (b)). Durchbrechungen vom Grundsatz der Darstellungsstetigkeit ergeben sich auch aus den Vorschriften zur Bilanz- und GuV-Gliederung: Die in IAS 1 angeführten Mindestinhalte der ⇒Bilanz und ⇒GuV sowie die angegebene Gliederungsformate sind nicht verbindlich: Es sind weitere Positionen auszuweisen oder andere Gliederungsformate anzuwenden, wenn damit die Entscheidungsfindung der Adressaten verbessert wird (IAS 1.69; IAS 1.71 (b); IAS 1.83).

Decision Usefulness

⇒Entscheidungsrelevanz

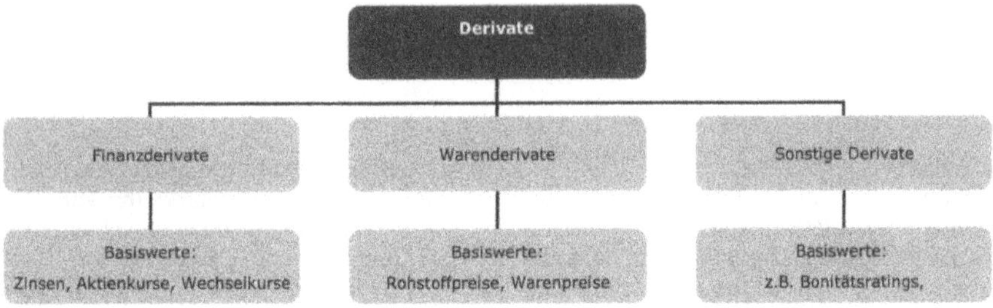

Quelle: Schwarz, Christian: Derivative Finanzinstrumente und hedge accounting, S. 12.

Deferred taxes
⇒Latente Steuern

Depreciation
⇒Planmäßige Abschreibung

Derivat
Unter einem Derivat (vom lateinischen Begriff *derivare* = ableiten, umleiten) versteht man ein vertragliches Recht,
- dessen Wert von Basiswerten, wie Zinsen, Marktpreise, Währungskurse abgeleitet wird;
- dessen Erwerb keine oder nur eine geringe Anschaffungsauszahlung erfordert; und
- dessen Erfüllung zu einem späteren Zeitpunkt erfolgt (IAS 39.9).

In der Praxis werden Derivate am häufigsten in Form von innovativen ⇒Finanzinstrumenten, wie Termingeschäfte (z. B. Futures, Forwards) oder Optionsgeschäften gehandelt. Derivate werden üblicherweise im Rahmen von Sicherungsgeschäften verwendet (siehe ⇒Hedge Accounting).
Die oben stehende Abbildung zeigt, von welchen Basiswerten der Wert von Derivaten abhängen kann.

Derivative Finanzinstrumente
⇒Derivat

Derivativer Firmenwert
⇒Geschäfts- oder Firmenwert, Begriff

Deutsche Prüfstelle für Rechnungslegung, DPR
Die Deutsche Prüfstelle für Rechnungslegung DPR e.V. ist eine öffentliche Prüfstelle, die überprüft, ob die ⇒Abschlüsse von ⇒kapitalmarktorientierten Unternehmen ordnungsgemäß gemäß den relevanten Rechnungslegungsvorschriften erstellt werden (⇒Enforcement). Die Aufgaben der DPR werden in §§ 342b – 342e HGB beschrieben. Tätig wird die DPR nicht nur bei konkreten Anhaltspunkten für einen Verstoß gegen Rechnungslegungsvorschriften, sie kann auch stichprobenweise ohne besonderen Anlass die Abschlüsse entsprechender Unternehmen überprüfen.

Deutsche Rechnungslegungsstandards, DRS
Gemäß § 342 HGB kann in Deutschland das Bundesministerium (BMJ) der Justiz einen privatrechtlich organisierten ⇒Standardsetzer anerkennen und ihm folgende Aufgaben übertragen:
- Entwicklung von Empfehlungen zur Anwendung der Grundsätze über die Konzernrechnungslegung,
- Beratung des BMJ bei Gesetzgebungsverfahren zu Rechnungslegungsvorschriften und
- Vertretung der Bundesrepublik Deutschland in internationalen Standardsetzern.

Für die Konzernrechnungslegung betreffende Empfehlungen dieses Gremiums, die vom BMJ bekanntgemacht werden, besteht nach § 342 HGB Abs. 2 die Vermutung, dass sie Grundsätze ordnungsmäßiger Buchführung (GoB) darstellen und damit allgemeinverbindlich sind.
Diese Aufgaben übernimmt das im Jahr 1998 gegründete Deutsche Rechnungslegungs Standards Committee (DRSC). Organisatorisch sind in das DRSC der Deutsche Standardisierungsrat (DRS)

und das Rechnungslegungs Interpretations Committee (RIC) eingebunden. Diese beiden Institutionen entwickeln und veröffentlichen Deutsche Rechnungslegungs Standards (DRS) und Rechnungslegungs Interpretationen (RICs).
Aufgrund der bisherigen Gesetzeslage sind DRS und RICs bei Regelungslücken der HGB-Konzernabschlussvorschriften zu beachten (z. B. Aufstellung des Konzernlageberichts nach DRS 15, Segmentberichterstattung nach DRS 3, Kapitalflussrechnung nach DRS 2). DRS/RICs finden u. U. auch bei der Bilanzierung Anwendung, wenn sie sich mit spezifischen HGB Vorschriften befassen, die nach IFRS ungeregelt sind (bspw. der nach § 289 HGB für mittelgroße und große Kapitalgesellschaft zwingend aufzustellende ⇒Lagebericht).

DGC Deutsche Gesellschaft für angewandtes Controlling
DGC Deutsche Gesellschaft für angewandtes Controlling, seit 1987 eigenständiges, branchenübergreifendes und funktionsübergreifendes Beratungs- und Seminarhaus mit den Beratungs- und Schulungsschwerpunkten ⇒Kosten- und Leistungsrechnung, ⇒Controlling, ⇒IFRS und Zoom®-Organisationsklimauntersuchungen.

Dienstleistungen, Erlöse aus
⇒Erlöse

Dienstleistungsauftrag
⇒Percentage of Completion Methode

Dienstzeitaufwand (Service Cost)
⇒Pensionen und ähnliche Verpflichtungen
⇒Anwartschaftsbarwertverfahren

Disagio
⇒Damnum

Discontinued Operations
⇒aufgegebener Geschäftsbereich

Discounted Cash Flow Methode, DCF Methode
Die DCF-Methode bestimmt den ökonomischen Wert eines Unternehmens, Geschäftsbereichs oder Vermögensteiles auf der Basis des periodenübergreifenden Cash Flows. Zur Berechnung des Eigentümerwerts, werden die freien Cash Flows prognostiziert und mit einem risikoadäquaten Kalkulationszinssatz auf den Bewertungsstichtag diskontiert. Der Diskontsatz entspricht dabei den unternehmensspezifischen Gesamtkapitalkosten.
Die DCF-Methode beurteilt danach, ob die erwirtschaftete Barwertsumme der Cash Flows größer Null und somit wertschaffend bzw. werterhöhend ist.
Unter IFRS ist die DCF-Methode u. U. bei der Ermittlung des ⇒Fair value sowie zur Bestimmung des ⇒erzielbaren Betrags im Rahmen des ⇒Impairmenttests anzuwenden.
Leitlinien zur Anwendung der DCF Methode enthalten IAS 36.Appendix A und IAS 39. AG 74 ff.

Dividende
Teil des Gewinns, den eine Aktiengesellschaft an ihre Aktionäre ausschüttet. Der Vorschlag über die Höhe der Zahlung wird vom Vorstand gemacht und von der Hauptversammlung entweder bestätigt oder abgelehnt. Dividendenzahlung kann unterbleiben, wenn die Aktiengesellschaft z. B. mit einem großen Investitionsvorhaben rechnet.

Dividendeneinkünfte
⇒Erlöse

Drohverlustrückstellung
Hat ein Unternehmen einen belastenden Vertrag (onerous contract), ist die gegenwärtige vertragliche Verpflichtung als ⇒Rückstellung anzusetzen und zu bewerten (IAS 37.66). Vor der Bildung einer Drohverlustrückstellung ist allerdings zu prüfen, ob ein Wertminderungsbedarf für die mit der vertraglichen Verpflichtung verbundenen Vermögenswerte besteht.

DRSC
⇒Deutsche Rechnungslegungs Standards, DRS

Due Diligence
Angloamerikanischer Ausdruck für eine „nach verkehrsüblicher Sorgfalt" durchgeführte ⇒Unternehmensbewertung, die

in der Praxis zumeist im Rahmen einer geplanten Unternehmenstransaktion durchgeführt wird. Der Begriff „Due Diligence" kommt ursprünglich aus dem US-amerikanischen Kapitalmarktrecht (securities laws), und zwar dem „Securities Act" von 1933, der die erstmalige Emission von Wertpapieren sowie die dafür notwendigen Registrierungsangaben regelt. Nach Section 11 des „Securities Act" von 1933 haftet auch der Wirtschaftsprüfer gegenüber dem Ersterwerbern von Wertpapieren für alle von ihm unterschriebenen irreführenden Registrierungsangaben. Der Wirtschaftsprüfer kann sich der Haftung mit einer „Due Diligence" entziehen, wenn er dokumentieren kann, dass die Unternehmensbewertung und Prüfung mit verkehrsüblicher Sorgfalt durchgeführt worden ist.

Due Process
Unter Due Process versteht man ein formelles Standardsetzungsverfahren des IASB, das aus mehreren Schritten besteht:
- Projektvorschlag und Aufnahme ins Arbeitsprogramm des IASB,
- Informationssammlung und weitere Vorarbeiten,
- Veröffentlichung eines ersten Diskussionspapiers (Discussion Document),
- Auswertung von eingereichten Stellungnahmen und Beratung,
- Veröffentlichung eines Exposure Draft,
- Auswertung von eingereichten Stellungnahmen, Beratung und u. U. Modifikation vom Exposure Draft,
- Veröffentlichung eines neuen IFRS.

Durchschnittsmethode
Gem. IAS 2 werden bei Anwendung der Durchschnittsmethode die Anschaffungs- oder Herstellungskosten von Vorräten als durchschnittlich gewichtete Kosten ähnlicher Vorräte zu Beginn der Periode und der Anschaffungs- oder Herstellungskosten ähnlicher, während der Periode gekaufter oder hergestellter Vorratsgegenstände ermittelt. Der gewogene Durchschnitt kann je nach den Gegebenheiten des Unternehmens auf Basis der Berichtsperiode oder gleitend bei jeder zusätzlich erhaltenen Lieferung berechnet werden.

Earnings per Share

Der Kennzahl „Gewinn je Aktie" wird international höhere Bedeutung beigemessen, denn sowohl nach IFRS (IAS 33) als auch nach US-GAAP (SFAS 128) ist diese ein verpflichtender Bestandteil eines Jahresabschlusses. Nach HGB sind weder die Publizität noch die Berechnungsmethode bisher vorgeschrieben. Es existiert jedoch eine gemeinsame Empfehlung von der Deutschen Vereinigung für Finanzanalyse und Asset Management und von der Schmalenbach Gesellschaft.

Bei der Berechnung der Kennzahl wird zwischen unverwässerten (basic) und verwässerten (diluted) EPS unterschieden. Dabei wird unter Verwässerung eine Reduzierung des Ergebnisses je Aktie bzw. eine Erhöhung des Verlusts je Aktie aufgrund der Annahme verstanden, dass bei wandelbaren Instrumenten eine Wandlung stattfindet, dass Optionen oder Optionsscheine ausgeübt, oder dass Stammaktien unter bestimmten Voraussetzungen emittiert werden.

Das unverwässerte Ergebnis je Aktie ist mittels Division des den Stammaktionären des Mutterunternehmens zustehenden Periodenergebnisses durch die gewichtete durchschnittliche Anzahl der innerhalb der Berichtsperiode im Umlauf gewesenen Stammaktien zu ermitteln. Zur Berechnung des verwässerten Ergebnisses je Aktie hat ein Unternehmen das den Stammaktionären des Mutterunternehmens zurechenbare Periodenergebnis sowie die gewichtete durchschnittliche Anzahl im Umlauf befindlicher Stammaktien um alle Verwässerungseffekte potenzieller Stammaktien zu bereinigen.

Earn-out Klausel

Häufig wird bei ⇒Unternehmenszusammenschlüssen abgesehen von Zahlung des Kaufpreises auch eine variable Verpflichtung vereinbart. So verpflichtet sich z. B. der Käufer zur Zahlung eines bestimmten Geldbetrags wenn der Börsenkurs der Unternehmensaktie nach zwei Jahren um 20% steigt oder das ⇒EBIT sich nach drei Jahren um 40% verbessert.

EBIT

Angloamerikanischer Ausdruck für Geschäftsergebnis vor Zinsen und Steuern (Earnings before interest and taxes). International bedeutende Erfolgskennzahl, da unterschiedliche Finanzierungsformen und unterschiedliche Steuergesetze keinen eine Vergleichbarkeit behindernden Einfluss auf diese Kennzahl haben.

EBITDA

Angloamerikanischer Ausdruck für Geschäftergebnis vor Zinsen, Steuern und Abschreibungen (Earnings before interest, taxes, depreciation and amortisation). International inzwischen noch weiter verbreitete Erfolgskennzahl als EBIT, da nicht nur die unterschiedlichen Finanzierungsformen und Steuergesetze, sondern auch die Vergleichbarkeit behindernde unterschiedliche Abschreibungsmethoden (insbesondere des Goodwill) bei dieser Kennzahl außen vor gelassen werden. Somit handelt es sich bei EBITDA um eine Cash Flow-Größe.

Economic Value Added, EVA

International übliche wertorientierte Kennzahl.

Der EVA (Economic Value Added) ist ein absoluter Wert. Er multipliziert die Differenz zwischen dem Geschäftsergebnis und den Kapitalkosten eines Unternehmens (=Spread) mit dem betriebsnotwendigen Kapital. Der EVA zeigt, wie hoch die Wertsteigerung einer Sparte, einer Investition, eines Projekts oder eines Geschäftsbereichs tatsächlich ist. Ein Wert entsteht nur, wenn der EVA positiv ist. Ein negativer EVA ist wertvernichtend. Häufig wird er zur leistungsabhängigen Bezahlung von Führungskräften verwendet.

Effektivitätstest

⇒Hedge Accounting

Effektivzinsmethode

Beipiel:
Ausgabe einer Darlehensforderung mit 3-jähriger Laufzeit
Nominalbetrag = 100
Disagio = 10
Anschaffungsnebenkosten = 0,05
Nominalzins = 6%

1. Effektivzinsermittlung

AK	*Zins 01*	*Zins 02*	*Zins+Tilgung 03*	*Effektivzins*
-90,05	6	6	106	10%

2. Buchwert-Ermittlung

Jahr	*amort. AK*	*effek. Zinsertrag*	*Zahlungen*	*Buchwert*
1	90,1	9,0	-6,0	93,1
2	93,1	9,3	-6,0	96,4
3	96,4	9,6	-106,0	0,0

Buchungssätze:

0	Anleihe		90,1	
		Bank		90,1
1	Bank		6,0	
	Anleihe		3,0	
		Zinsertrag		9,0
2	Bank		6,0	
	Anleihe		3,3	
		Zinsertrag		9,3
3	Bank		106,0	
		Zinsertrag		9,6
		Anleihe		96,4

Effektivzinsmethode
Die Effektivzinsmethode (effective interest method) ist ein Verfahren zur Berechnung der fortgeführten Anschaffungskosten eines finanziellen Vermögenswerts oder einer finanziellen Verbindlichkeit und zur Zuordnung von Zinserträgen oder Zinsaufwendungen auf die jeweiligen Perioden (IAS 39.9). Beispiel: siehe Abbildung oben.

Efforts-expended-method
⇒Percentage of Completion Methode

EFRAG
European Financial Reporting Advisory Group ist eine Gruppe von Rechnungslegungsexperten, die die Europäische Kommission in Angelegenheit der Rechnungslegung und der Übernahme der vom IASB verabschiedeten Standards (⇒Endorsement) berät.

Eigenkapital
Der Begriff „Eigenkapital" (equity) wird im Framework als der nach Abzug aller Schulden verbleibende Restbetrag der Vermögenswerte des Unternehmens definiert. Demnach hat das Eigenkapital einen Residualcharakter, soll aber für Informationszwecke in der externen Berichterstattung in gezeichnetes Kapital, Kapital-, Satzungs- und Gewinnrücklagen unterteilt werden.

Sie auch ⇒Eigenkapital, Abgrenzung zur finanziellen Verbindlichkeit, ⇒Eigenkapitalveränderungsrechnung.

Eigenkapital, Abgrenzung zur finanziellen Verbindlichkeit
Ein Eigenkapitalinstrument ist gem. IAS 32 gegeben, wenn die nachfolgenden Bedingungen erfüllt sind:

(a) Das Finanzinstrument beinhaltet keine vertragliche Verpflichtung,
- flüssige Mittel oder einen anderen finanziellen Vermögenswert an ein anderes Unternehmen abzugeben; oder
- finanzielle Vermögenswerte oder finanzielle Verbindlichkeiten mit einem anderen Unternehmen zu potenziell nachteiligen Bedingungen für den Emittenten auszutauschen.

(b) Kann das Finanzinstrument in den Eigenkapitalinstrumenten des Emittenten erfüllt werden, handelt es sich um:
- ein nicht derivatives Finanzinstrument, das keine vertragliche Verpflichtung seitens des Emittenten beinhaltet, eine variable Anzahl eigener Eigenkapitalinstrumenten abzugeben; oder
- ein Derivat, das vom Emittenten nur durch den Austausch eines festen Betrags an flüssigen Mitteln oder anderen finanziellen Vermögenswerten gegen eine feste Anzahl eigener Eigenkapitalinstrumente erfüllt wird. In diesem Sinne beinhalten die Eigenkapitalinstrumente eines Emittenten keine Instrumente, die selbst Verträge über den künftigen Empfang oder die künftige Abgabe von Eigenkapitalinstrumenten des Emittenten darstellen.

Eine vertragliche Verpflichtung, einschließlich einer aus einem Derivat entstehenden vertraglichen Verpflichtung, die zum künftigen Empfang oder zur künftigen Abgabe von Eigenkapitalinstrumenten des Emittenten führen wird oder kann, jedoch nicht die vorstehenden Bedingungen (a) und (b) erfüllt, ist kein Eigenkapitalinstrument.

Eigenkapitalspiegel
⇒Eigenkapitalveränderungsrechnung

Eigenkapitalveränderungsrechnung
In einer Eigenkapitalveränderungsrechnung werden Transaktionen mit Unternehmenseignern dargestellt, wie z. B. Dividendenausschüttung oder Kapitalherabsetzung oder -erhöhung. Die Veränderung des Eigenkapitals basiert aber auch entweder auf bereits in der GuV erfassten oder direkt im Eigenkapital verbuchten und ergebnisneutralen Erfolgen (⇒other comprehensive income). Die direkte erfolgsneutrale Erfassung im Eigenkapital ist nach HGB nicht zulässig. Grundsätzlich erfolgt die Darstellung der Veränderung des Eigenkapitals nach IAS 1.96 f. auf dem folgenden Weg:

	Anfangsbestand des Eigenkapitals
+/−	Anpassungen wegen retrospektiver (⇒Änderung der Bilanzierungsmethode)
+/−	Anpassungen wegen Behebung von ⇒Bilanzierungsfehlern der Vergangenheit
=	modifizierter Anfangsbestand des Eigenkapitals
+/−	Gesamteinkommen (⇒Gesamteinkommenrechnung)
+	Kapitalerhöhung durch Gesellschafter
−	Auszahlungen an Gesellschafter
=	Endbestand des Eigenkapitals

Dabei soll beachtet werden, dass das Eigenkapital in seinen Teilen (z. B. gezeichnetes Kapital, Kapitalrücklagen, Gewinnrücklagen usw.) dargestellt werden muss.

Eigenleistungen
Sind für das eigene Unternehmen bestimmte Leistungen, die im eigenen Unternehmen erstellt werden (zum Beispiel selbst erstellte Maschinen und Anlagen, selbst durchgeführte Reparaturen, Wartungsarbeiten, Marketingkonzept der eigenen Marketingabteilung usw.).
Man unterscheidet aktivierungspflichtige und nicht aktivierungspflichtige Eigenleistungen.

Einzelabschluss
Der Einzelabschluss muss nach deutschem Bilanzrecht von allen bilanzierungspflichtigen Unternehmen nach den ⇒Grundsätzen ordnungsmäßiger Buchführung (GoB) und nach ⇒HGB erstellt werden. Für die Bedeutung von ⇒IFRS für deutsche Einzelabschlüsse ⇒IFRS, Hintergründe und Rahmenbedingungen. Der ⇒Konzernabschluss von ⇒kapitalmarktorientierten Unternehmen muss nach IFRS aufgestellt werden (⇒Bilanzrechtsreformgesetz).

Einzelbewertungsgrundsatz
Der Einzelbewertungsgrundsatz besagt, dass ⇒Vermögenswerte und ⇒Schulden

grundsätzlich einzeln zu bewerten sind. Bei IFRS lässt sich der Einzelbewertungsgrundsatz implizit aus den allgemeinen ⇒Ansatzkriterien für ⇒Vermögenswerte und ⇒Schulden des ⇒IASB Frameworks sowie aus verschiedenen Einzelregeln (z.B. IAS 2.29; IAS 11.8; IAS 11.9; IAS 16.43; IAS 36.66) ableiten. Allerdings gilt dieser Grundsatz aufgrund Ausnahmevorschriften nur eingeschränkt.
Beispiele solcher Ausnahmen sind die Anwendung von ⇒Verbrauchfolgeverfahren bei der ⇒Vorratsbewertung nach IAS 2.25, Feststellung des ⇒Impairment Tests beim ⇒Anlagevermögen auf Ebene von ⇒Zahlungsmittelgenerierenden Einheiten nach IAS 36.66 und ⇒Hedging nach IAS 39.71 ff.

Einzelgewinne (gains)
⇒Ansatzgrundsätze von Aufwendungen und Erträgen

Einzelkosten
Nach ihrer Zuordenbarkeit oder Zurrechenbarkeit kann man zwischen Einzelkosten (direkte Kosten, direct cost) und ⇒Gemeinkosten (indirekte Kosten, indirect cost/overhead cost) sowie Sondereinzelkosten unterscheiden. Inwieweit im Einzelnen die Unterteilung der Kostenarten nach Einzel-, Gemein- und Sondereinzelkosten möglich ist, hängt weitgehend davon ab, wie exakt die Kostenerfassung bereits in der Kostenartenrechnung erfolgt (⇒Kosten- und Leistungsrechnung). Einzelkosten können einem bestimmten Kostenträger (Leistung, Produkt, Auftrag, Kunde) direkt zugerechnet werden, da sie für diesen Kostenträger ganz genau und leicht erfasst werden können.
Beispiel: In erster Linie die Personalkosten, vor allem die Fertigungslöhne (Voraussetzung sind auf den Kostenträger bezogene Zeitaufschreibungen) und die Kosten des Fertigungsmaterials (Voraussetzung: auf die Kostenträger bezogene Materialentnahmebelege).
Auch eine Vielzahl anderer Kostenarten kann unter Umständen durch exakte Aufschreibungen und ein entsprechendes Belegwesen direkt auf einzelne Kostenträger bezogen werden (zum Beispiel auch Energiekosten; Fremdleistungen etc.).

Einzelverluste (losses)
⇒Ansatzgrundsätze von Aufwendungen und Erträgen

Einzelwertberichtigungen auf Vorräte und Forderungen
⇒Vorratsbewertung
⇒Forderungen, Bewertung

Endkonsolidierung
Die Endkonsolidierung eines Tochterunternehmens ist dann vorzunehmen,
- wenn das Tochterunternehmen entweder komplett veräußert/liquidiert wird und aus dem Konzernkreis ausscheidet oder
- wenn das Tochterunternehmen nicht mehr unter der Kontrolle (⇒Control) des Mutterunternehmens steht und z. B. nach Verkauf von einem bestimmten Anteil und Beibehaltung des maßgeblichen Einflusses nachfolgend at equity (⇒Equity Methode) zu berücksichtigen ist.

Im Einzelabschluss des Mutterunternehmens stellt der Veräußerungserfolg den Unterschiedsbetrag zwischen Veräußerungspreis und dem fortgeführten Beteiligungsbuchwert (⇒share deal). Bei der Endkonsolidierung wird aus Konzernsicht unterstellt, dass keine Beteiligung, sondern einzelne Vermögenswerte, Schulden und Goodwill des Tochterunternehmens veräußert werden (⇒asset deal). Daher ergibt sich der Veräußerungserfolg als die Differenz zwischen dem Veräußerungspreis und dem Nettovermögen einschließlich Goodwill zu fortgeführten Konzernbuchwerten.

Endorsement
Anerkennungsverfahren von IFRS in der Europäischen Union, das aus mehreren Schritten besteht und den Internationalen Standards, die vom IASB als privatwirtschaftliche Institution veröffentlicht wurden, eine rechtliche Kraft in der EU verleiht.
Über ein besonderes EU-Rechtsetzungsverfahren – der Komitologie – werden IFRS durch die EU anerkannt. Die EU-

Kommission legt den Vorschlag für die die Anerkennung (oder Ablehnung) eines IFRS einem Regelungsausschuss (Accounting Regulatory Committee – ARC) vor. Dieser Regelungsausschuss besteht aus Vertretern der Mitgliedstaaten unter Vorsitz der EU-Kommission. Sofern das ARC dem Anerkennungsvorschlag (Regelfall) zustimmt, werden von der EU-Kommission die erforderlichen Schritte für die Anwendung des Rechnungslegungsstandards in den EU-Mitgliedsstaaten durchgeführt. Sollte das ARC den Vorschlag der EU-Kommission ausnahmsweise nicht zustimmen, muss sich der EU-Rat mit dem Vorschlag befassen. Der Rat kann dem Kommissionsvorschlag zustimmen oder mit qualifizierter Mehrheit ablehnen. Ein Technischer Ausschuss (EFRAG – European Financial Reporting Advisory Group), bestehend aus Sachverständigen aus den Mitgliedstaaten übernimmt bei der Einführung der IAS/IFRS in der EU mit seiner Technical Expert Group (EFRAG-TEG) eine beratende Funktion für die EU-Kommission. Die EFRAG soll auch mit dem IASB in Kontakt stehen, um schon bei der Entwicklung eines neuen oder Änderung eines bestehenden IFRS auf Interessen der EU hinzuwirken.

Enforcement
Durchsetzung der Rechnungslegung. Nachdem die Rechnungslegungslegungsstandards entwickelt und verabschiedet wurden, muss dafür Sorge getragen werden, dass sie auch tatsächlich angewendet werden. Für die Durchsetzung der Standards sorgen z. B. solche Institutionen wie die ⇒Deutsche Prüfstelle für Rechnungslegung (DPR) oder die ⇒SEC.

Entkonsolidierung
⇒Endkonsolidierung

Entscheidungsnützliche Informationen
⇒Entscheidungsrelevanz

Entscheidungsrelevanz
Der Grundsatz der Entscheidungsrelevanz gehört, zusammen mit dem Grundsatz der ⇒Verlässlichkeit zu den wichtigsten beiden IFRS-Grundsätzen. Die im Abschluss dargestellten Informationen müssen entscheidungsrelevant sein. Informationen sind entscheidungsrelevant, wenn sie dazu beitragen, vergangene, aktuelle und zukünftige Ereignisse zu beurteilen oder vergangene Erwartungen zu bestätigen bzw. zu berichtigen (F. 26). Entscheidungsrelevante Abschlussdaten müssen für Abschlussleser zur Prognose des zeitlichen Anfalls, der Höhe und der Struktur von zukünftigen Zahlungsströmen eines Unternehmens geeignet sein (IAS 1.7). Die Prognosekraft vergangenheitsorientierter Daten soll durch die Art ihrer Darstellung erhöht werden: Bspw. durch eine getrennte Darstellung atypischer oder seltener Erfolgsbestandteile (F. 28).

Hinweise:
Zahlreiche IFRS-Einzelfallregelungen machen Bilanzierungs- oder Offenlegungspflichten explizit vom Kriterium der Entscheidungsrelevanz abhängig, ohne dass dieses Kriterium konkretisiert wird – daran ist zu erkennen, dass es sich um ein ganz zentrales IFRS-Prinzip handelt. Im Übrigen unterliegt aber die Auslegung des Grundsatzes der Entscheidungsrelevanz ausschließlich dem Ermessen des Bilanzierenden im Einzelfall.

Entsorgungskosten
⇒Rückbauverpflichtungen

Entsorgungsverpflichtung
⇒Rückbauverpflichtungen

Entwicklungsphase
⇒Forschungs- und Entwicklungskosten

Equity Methode
Ein Unternehmen hat seine Anteile an einem ⇒assoziierten Unternehmen, an einem ⇒gemeinschaftlich geführten Unternehmen und an einem Unternehmen, an dem es mehr als die Hälfte der Stimmrechte hält, einen ⇒maßgeblichen Einfluss, aber keine ⇒Beherrschung ausüben kann, nach der Equity Methode zu bilanzieren.
Bei der Equity Methode werden keine Vermögenswerte und Schulden des nach dieser Methode in den Abschluss einzubeziehenden Unternehmens ausgewiesen. Vielmehr handelt es sich um die sog. „one line consolidation", indem der Be-

teiligungsbuchwert entsprechend der Entwicklung des anteiligen Eigenkapitals des Beteiligungsunternehmens fortgeschrieben wird. Grundsätzlich wird eine Equity-Beteiligung i. R. d. Erstkonsolidierung mit ihren Anschaffungskosten als Einzelbetrag (Beteiligungsbuchwert) angesetzt. In einer Nebenrechnung wird eine ⇒Kaufpreisallokation durchgeführt, deren Ergebnisse jedoch im Abschluss nicht ersichtlich sind.
Die Ermittlung des Beteiligungsbuchwerts in nachfolgenden Berichtsperioden basiert auf einer erfolgswirksamen (a bis f) und erfolgsneutralen (g bis k) Fortschreibung:

a	+/–	anteiliger Jahresergebnis
b	+/–	Ergebniseffekt aus der Fortschreibung der Anpassungen an die konzerneinheitliche Bilanzierung
c	+/–	Ergebniseffekt aus der Fortschreibung i. R. d. PPA aufgelöster stiller Reserven bzw. Lasten
d	–/+	Impairmentbetrag bei Goodwillwertminderung/Auflösung eines negativen Unterschiedsbetrags
e	–/+	Eliminierung von Zwischenergebnissen aus „Downstream"-Transaktionen und „Upstream"-Transaktionen bei Gegenbuchung im Beteiligungsbuchwert
f	+/–	Zuschreibungen/Wertminderungen
g	–	ausgeschüttete Gewinne
h	+/–	anteilige erfolgsneutrale Eigenkapitalveränderung
i	+/–	Differenzen aus Währungsumrechnung
j	+	Kapitaleinzahlungen
k	–	Kapitalrückzahlungen

Erreicht der Beteiligungsbuchwert den Wert „0", müssen weitere Verluste in einer Nebenrechnung erfasst werden. Die künftigen Gewinne können erst dann erfolgswirksam i. R. d. Fortschreibung berücksichtigt werden, wenn die Verluste in der Nebenrechnung ausgeglichen sind.
Zu Berücksichtigung von Zwischenergebnissen und anschließender periodengerechter Ergebnisrealisierung vgl. ⇒Zwischenergebniseliminierung bei Equity Beteiligungen.

Equity-Beteiligungen
⇒Equity-Methode

Ergebnis
⇒Gewinn- und Verlustrechnung

Ergebnis je Aktie
⇒Earnings per Share

Erhaltungsaufwand
⇒Abgrenzung Erhaltungs- und Herstellungsaufwand

Erlöse
In IAS 18 finden sich differenzierende Vorschriften für die Erlösvereinnahmung aus sachzielbezogenen
- Verkäufen von Produkten oder Waren (IAS 18.14–.19; mit einigen Anwendungsbeispielen im Appendix A.1–.9)
- Dienstleistungen (IAS 18.20–.28; mit einigen Anwendungsbeispielen im Appendix A.10–.19)
- Zins-, Lizenz- und Dividendeneinkünften (IAS 18.29–.34, mit einigen Anwendungsbeispielen im Appendix A.20).

Erlöse (revenues) werden nach IAS 18.9 f. allgemein definiert als beizulegender Zeitwert (fair value) der erhaltenen oder noch zu erhaltenen Gegenleistung, die ein Unternehmen aus dem sachzielbezogenen Verkauf, Vermietung und Verpachtung von Produkten, Waren und Dienstleistungen nach Abzug von Umsatzsteuer und ⇒Erlösschmälerungen erhält.

Erlöse aus dem Verkauf von Produkten oder Waren:
Nach IAS 18.14 müssen zur Umsatzrealisation von sachzielbezogenen Produkt- oder Warenverkäufen folgende Kriterien kumulativ erfüllt sein, die bei normalen Verkaufsgeschäften i. d. R. auch erfüllt sein dürften:
- Maßgebliche Chancen und Risiken, die mit dem Eigentum der Ware oder des Produktes verbunden sind, wurden an dem Käufer übertragen.
- Dem Verkäufer verbleiben weder eine bestehende unternehmerische Verantwortung, wie sie gewöhnlich mit

dem Eigentum verbunden ist, noch eine effektive Verfügungsmacht über die verkauften Waren/Produkte.
- Die Höhe der Erlöse lässt sich verlässlich bestimmen.
- Es ist wahrscheinlich, dass dem Unternehmen aus der Transaktion ein wirtschaftlicher Nutzen zufließt.
- Die mit dem Verkaufsgeschäft im Zusammenhang stehenden Kosten lassen sich verlässlich bestimmen (Ausdruck des ⇒Matching-Prinzips).

Erlöse aus der Erbringung von Dienstleistungen:
Erlöse aus der Erbringung von Dienleistungen werden nach der ⇒Percentage of Completion Methode vereinnahmt, sofern der am Bilanzstichtag erreichte Fertigstellungsgrad der Dienstleistung und die eigenen Kosten der Fertigstellung verlässlich ermittelt werden können. Kann eine dieser Voraussetzungen nicht erfüllt werden, dürfen Erlöse nur bis zu Höhe der vom Kunden erstatteten Aufwendungen vereinnahmt werden (⇒Cash Based Accounting). Aus Praktikabilitätsgründen wird der Umsatz von einer nicht bestimmbaren Anzahl von Serviceleistungen normalerweise gleichmäßig über den vereinbarten Zeitraum verteilt (IAS 18.25).

Erlöse aus Zinsen, Lizenzen und Dividenden:
- Zinserträge werden nach der ⇒Effektivzinsmethode vereinnahmt.
- Lizenzerträge werden entsprechend dem wirtschaftlichen Gehalt des Lizenzvertrages periodengerecht verteilt vereinnahmt werden. Mit der Bildung von Angrenzungsposten soll dem wirtschaftlichen Gehalt entsprochen werden.
- Dividendenerträge werden zu dem Zeitpunkt vereinnahmt, zu dem das Anrecht auf die Dividendenzahlung durch die rechtsverbindliche Entscheidung für eine Dividendenzahlung, entsteht Dies gilt nicht bei der ⇒Equity-Methode.

Erlösschmälerungen
Bruttoerlöse - Erlösschmälerungen = Nettoerlöse. Das heißt, alle Abzüge wie Boni, Rabatte, Skonti, sonstige Nachlässe und Gutschriften usw. sind Erlösschmälerungen.
Für bilanzielle Erfassung von Erlösschmälerungen sind unter IFRS folgende Anwendungsvorschriften relevant:
Nach IAS 1.34 i.V.m IAS 18.10 sind Erlöse (revenues) in der ⇒GuV netto, d. h. nach Abzug von Erlösschmälerungen auszuweisen.

Besonderheit bei nachträglichen Erlösschmälerungen (z. B. Jahresbonus):
Bei nachträglich gewährten Kaufpreisminderungen, z. B. durch Jahresboni, gilt es folgendes zu beachten: Sofern die Höhe nachträglich entstehender Erlösschmälerungen (z. B. Jahresbonus) nicht verlässlich bestimmt werden kann, dürfte in strenger Auslegung des IAS 18.14 (e) kein Umsatz ausgewiesen werden, da ja eine verlässliche Schätzung der Kosten eine Voraussetzung für die Erlösvereinnahmung ist (⇒Erlöse). Stattdessen müsste i. H. d. fair value der erbrachten Gegenleistung eine ⇒Rückstellung passiviert werden.

Ermessensspielräume
⇒Wahlrechte nach IFRS

Eröffnungsbilanz
⇒Umstellung auf IFRS

Ersatzinvestitionen und Kosten für Großinspektionen/ Großreparaturen
Nach IAS 16.13 f. sind die (wesentlichen) Kosten für regelmäßig auszuwechselnde Teile des ⇒Sachanlagevermögens (z. B. Filteranlagen, Befeuerungsanlagen, Stuhlreihen von Bildungseinrichtungen) gesondert zu aktivieren und gemäß dem ⇒Komponentenansatz gesondert abzuschreiben. Das Gleiche gilt für die Kosten von Großinspektionen/Großreparaturen, sofern diese Kosten die allgemeinen Ansatzkriterien für ⇒Vermögenswerte erfüllen. Ggf. vorhandene Restbuchwerte aus früheren Ersatzinvestitionen oder vorhergehenden Inspektionskosten werden vor der Aktivierung ausgebucht. Die Aktivierung erfolgt unabhängig davon, ob die Kosten der Großinspektionen bereits bei der Inbetriebnahme der Anlage bekannt sind. Es reicht aus, wenn die Inspektionskosten aus vergleichbaren Inspektionen geschätzt werden können.

IFRS Abschluss zum Zeitpunkt	t_1	t_2	t_3	t_4	t_5	t_6	t_7	t_8	Gesamt
Abschreibung Hochofen	12,5	12,5	12,5	12,5	12,5	12,5	12,5	12,5	100
Abschreibung Filteranlage	12	12	12	12	12	12	12	12	96
Gesamtaufwand	**24,5**	**24,5**	**24,5**	**24,5**	**24,5**	**24,5**	**24,5**	**24,5**	**196**
Buchwert Filteranlage	12	0	12	0	12	0	12	0	
Ausgaben für Großinspektion		-24		-24		-24		-24	-96
Angaben in TEUR									

Die Ergebnisauswirkungen dieser Vorgehensweise werden anhand eines Beispiels veranschaulicht:

Beispiel:
Bei einem Hochofen mit Anschaffungskosten von 124.000 € in t_0 muss im Rahmen von Großinspektionen alle zwei Jahre (jeweils zu Beginn des darauf folgenden Geschäftsjahres) eine Filteranlage ausgetauscht werden. Die gesamte Nutzungsdauer der Anlage beträgt acht Jahre, das Unternehmen schreibt den Hochofen linear ab. Die Inspektionskosten belaufen sich während dieser Zeit unverändert auf 24.000 TEUR.
Das Unternehmen identifiziert nun die Filteranlage gemäß dem ⇒Komponentenansatz als wesentliche Komponente des Hochofens und schreibt sie entsprechend gesondert linear ab. Da die Filteranlage alle zwei Jahre runderneuert wird, beträgt deren planmäßige Nutzungsdauer zwei Jahre. Das Unternehmen schätzt die Inspektionskostenkomponente im Zeitpunkt der Inbetriebnahme des Hochofens anhand vergleichbarer Inspektionskosten auf 24.000 € ein. Die planmäßigen Abschreibungen für den Hochofen ohne Befeuerungsanlage betragen nun 100.000/8 = 12.500 TEUR. Die planmäßigen Abschreibungen für die Befeuerungsanlage belaufen sich demgemäß auf 24.000/2 = 12.000 TEUR (siehe Abbildung oben).
Die Ausgaben für den regelmäßigen Austausch der Filteranlage werden über die Abschreibungen periodisiert.

Erstmalige Anwendung von IFRS
⇒Umstellung auf IFRS

Erstmaliger Anwender
⇒Umstellung auf IFRS

Ertrag, Begriff und Abgrenzung zu Leistungen
Die von einem Unternehmen innerhalb einer Abrechnungsperiode geschaffenen beziehungsweise zur Verfügung gestellten Sachgüter und Dienste und zwar unabhängig davon, ob sie dem Betriebszweck dienen oder nicht (der gesamte in Geld bewertete Wertzugang einer Periode). Die *Bewertung der abgesetzten Leistungen* erfolgt zu *realisierten Marktpreisen*, die noch nicht verkauften Bestände werden nach dem *Niederstwertprinzip* bewertet.
In der ⇒Kosten- und Leistungsrechnung ist nur der Anteil des Ertrags, der dem Prozess der betrieblichen Leistungserstellung und Verwertung entstammt (Wertzuwachs in Form erstellter Güter und Dienstleistungen), ist der so genannte *Betriebsertrag*. Der Betriebsertrag entspricht der Betriebsleistung als dem Resultat der betrieblichen Tätigkeit. Betriebserträge können sowohl absatzbestimmte Leistungen wie auch Eigenleistungen sein.

Hinweis:
In der angloamerikanischen Rechnungslegung wird nicht so streng wie nach der deutschen Rechnungslegungsterminologie zwischen Ertrag und Leistung unterscheiden. Daher werden auch innerhalb der IFRS-Vorschriften beide Begriffe unsystematisch verwendet.

Erträge
⇒Ansatzgrundsätze für Aufwendungen und Erträge

Ertragssteuerrückstellungen/ -verbindlichkeiten
⇒Ertragsteuern

Ertragsteuern
Zu den Ertragsteuern (income taxes) zählen alle in- und ausländischen Steuern auf den steuerpflichtigen Gewinn (Körperschaftsteuer, Gewerbesteuer, Solidaritätszuschlag, Kapitalertragsteuer). Nach IAS 12.5 setzt sich das in der ⇒Gewinn- und Verlustrechnung auszuweisende Ertragsteuerergebnis aus folgenden Bestandteilen zusammen:
- Der effektive Steueraufwand/Steuerertrag (current tax) laut Steuerbilanz.
- Latenter Steueraufwand/Steuerertrag (⇒latente Steuern).

Soweit die effektiven Ertragsteuern für die aktuelle oder für frühere Perioden noch nicht bezahlt wurden, sind in der ⇒Bilanz Ertragsteuerschulden auszuweisen (für evtl. Überzahlungen sind Erstattungsansprüche zu aktivieren) (IAS 12.12). Der Bewertung von Ertragsteuerrückstellungen ist der für das laufende Geschäftsjahr gültige bzw. mit aller Voraussicht gültige Steuersatz anzuwenden (IAS 12.46 ff.) Eine saldierter Ausweise von Ertragssteueransprüchen und Ertragsteuerschulden ist nur dann möglich, wenn beide auf dasselbe Steuersubjekt entfallen (IAS 12.71 f.).

Erwartete Transaktion
⇒Hedge Accounting

Erwerbsmethode
⇒Purchase Method

Erzielbarer Betrag
Der Impairment Test gem. IAS 36 besteht aus zwei Schritten. Zuerst wird geprüft, ob es Hinweise für eine Wertminderung gibt. Kann diese Frage mit „ja" beantwortet werden, so wird im nächsten Schritt ermittelt, wie hoch eine Abschreibung ausfällt. Der Abschreibungsbedarf ergibt sich aus dem Vergleich zwischen dem Buchwert des Vermögenswerts und seinem erzielbaren Betrag (recoverable amount). Dieser wird als das Maximum aus Nettoveräußerungspreis (fair value less costs to sell) und ⇒Nutzungswert (value in use) definiert.

Eventualforderung
Eventualforderungen (contingent assets) entstehen normalerweise aus ungeplanten oder unerwarteten Ereignissen, durch die dem Unternehmen die Möglichkeit eines Zuflusses von wirtschaftlichem Nutzen entsteht. Ein Beispiel ist ein Anspruch, den ein Unternehmen in einem gerichtlichen Verfahren mit unsicherem Ausgang durchzusetzen versucht. Eventualforderungen dürfen nicht in der Bilanz angesetzt werden. Ist die Realisation von Erträgen jedoch so gut wie sicher, ist der betreffende Vermögenswert nicht mehr als Eventualforderung anzusehen und dessen Ansatz ist angemessen. Ist dagegen ein Zufluss wirtschaftlichen Nutzens nur wahrscheinlich geworden, hat das Unternehmen eine Eventualforderung im Anhang anzugeben.

Eventualschulden
Eine Eventualschuld (contingent liability) ist:
- eine mögliche Verpflichtung, die aus vergangenen Ereignissen resultiert und deren Existenz durch das Eintreten oder Nichteintreten eines oder mehrerer unsicherer künftiger Ereignisse erst noch bestätigt wird, die nicht vollständig unter der Kontrolle des Unternehmens stehen, oder
- eine gegenwärtige Verpflichtung, die auf vergangenen Ereignissen beruht, jedoch nicht erfasst wird, weil:
- ein Abfluss von Ressourcen mit wirtschaftlichem Nutzen mit der Erfüllung dieser Verpflichtung nicht wahrscheinlich ist, oder
- die Höhe der Verpflichtung nicht ausreichend verlässlich geschätzt werden kann.

Eine Eventualschuld darf nicht bilanziert werden (⇒Rückstellungen). Über eine Eventualschuld ist im Anhang zu berichten, sofern die Möglichkeit eines Abflusses von Ressourcen mit wirtschaftlichem Nutzen nicht unwahrscheinlich ist.

Excess Billings
⇒Percentage of Completion Methode

Excess Cost
⇒Percentage of Completion Methode

Expenses
⇒Ansatzgrundsätze für Aufwendungen und Erträge

Exposure Draft
Bevor ein IFRS verabschiedet wird, veröffentlicht das IASB einen Exposure Draft (ED). Dieser stellt den vom IASB favorisierten Lösungsansatz dar und steht der Öffentlichkeit innerhalb eines bestimmten Zeitraums (etwa drei Monate) zur Kommentierung zur Verfügung.

Externes Rechnungswesen
⇒Betriebliches Rechnungswesen

Fachliches Ermessen

Unter IFRS wird für viele Bilanzierungssachverhalte explizites fachliches Ermessen („professional judgement") der Bilanzierenden gefordert. Damit die jeweiligen wirtschaftlichen Situationen der Unternehmen bilanziell sachgerecht abgebildet werden können, sollen die bilanzierenden Unternehmen weitgehende Ermessensspielräume in Form von flexiblen und interpretationsbedürftigen Vorschriften erhalten. Ziel ist es, dass die Unternehmen eine Art ‚individuelle Botschaft' oder ein ‚Stück subjektive Selbstdarstellung' preisgeben. Die ⇒Abschlussadressaten sollen im Idealfall das Unternehmen sozusagen mit der Brille des Managements sehen können (dies wird in den Erläuterungen im F. 11 deutlich).

Eine ähnliche Zielsetzung wie das Prinzip des professional judgement bezweckt auch der sog. ⇒Management Approach, durch den IFRS an vielen Stellen geprägt sind.

Beispiele:

Professional judgement wird in den IFRS zunächst in den Fällen notwendig, in denen Bilanzierungsregeln und Grundsätze nicht eindeutig vorgegeben, unscharf formuliert oder Abbildungsspielräume eingeräumt werden. Häufig verlangen IFRS jedoch ausdrücklich das fachliche Ermessen der Bilanzierenden: So etwa bei der Identifizierung von ⇒cash generating unit oder bei der Schätzung der künftigen Zahlungsströme zur Bestimmung des unternehmensspezifischen ⇒Nutzungswerts (*value in use*) eines ⇒Vermögenswertes nach IAS 36. Nach IAS 1.47 sowie IAS 1.72 wird bei der Frage, ob eine über die Mindestangaben hinausgehende, tiefere Untergliederung der ⇒Gewinn- und Verlustrechnung und der ⇒Bilanz notwendig ist, professional judgement verlangt. Nach IAS 37.36 soll bei der Rückstellungsbilanzierung der Betrag passiviert werden, der der „besten Schätzung" des fiktiven Ablösebetrages der Verpflichtung am Bilanzstichtag entspricht. Gefordert wird das Urteilsvermögen auch bei Regelungslücken, denn nach IAS 8.10 muss das Management nach eigenem Ermessen solche Bilanzierungs- und Bewertungsmethoden entwickeln und anwenden, die für die Jahresabschlussadressaten entscheidungsrelevant (*relevant*) und Weise vertrauenswürdig (*reliable*) sind: Erhebliches *judgement* wird auch bei allen Bilanzierungssachverhalten erforderlich, bei denen die maßgeblichen IFRS-Vorschriften eine Beurteilung nach der ⇒wirtschaftlichen Betrachtungsweise verlangen.

Fair Presentation

⇒Fair presentation/True and Fair View

Fair Presentation/True and Fair View

Innerhalb der IFRS hat der Grundsatz der Fair presentation/True and fair view zentrale Bedeutung. IAS 1.13 fixiert diesen als ein übergeordnetes Rechnungslegungsprinzip innerhalb des Regelwerks der IFRS. Dieser Grundsatz ist daher sowohl bei der Abschlusserstellung als auch bei der Abschlussprüfung zu beachten. Nach IAS 1.13 erfordert eine *fair presentation* prinzipiell eine glaubwürdige Darstellung der Geschäftsvorfälle und Sachverhalte in Übereinstimmung mit den im ⇒IASB Framework niedergeschriebenen Definitionen und Ansatzkriterien. Allerdings gilt dieser Grundsatz nur eingeschränkt als ⇒*overriding principle*: Das IASB unterstellt, dass durch eine regelkonforme Rechnungslegung – ggf. um Zusatzangaben ergänzt – bei nahezu allen Sachverhalten eine *fair presentation* erzeugt wird (IAS 1.13). Ein Abweichen von den Standards oder Interpretationen soll auf extrem seltene Fälle beschränkt bleiben, bei denen das Management der Auffassung ist, die Abschlussdaten seien andernfalls so irreführend, dass sie im Konflikt mit den im IASB Framework beschriebenen Informationsfunktion des Jahresabschlusses stehen (IAS 1.17).

Um dies zu beurteilen, soll das Management einzelfallbezogen abwägen,

a) warum mit der relevanten Bilanzierungsvorschrift das Informationsziel des Frameworks nicht erreicht werden kann
b) und ob die spezifischen Umstände des betreffenden Sachverhaltes von denjenigen anderer Unternehmen abweichen, die bei solchen Sachverhalten regelkonform vorgehen. Falls andere Unternehmen für betreffende Sachverhalte die relevanten Bilanzierungsvorschriften umsetzen, besteht eine widerlegbare Vermutung, dass eine regelkonforme Anwendung nicht irreführend ist (IAS 1.22).

Ein *overriding* hängt zudem davon ab, ob dies unter den nationalen rechtlichen Rahmenbedingungen überhaupt zulässig ist (IAS 1.17). Die rechtlichen Rahmenbedingungen wären z. B. aus deutscher Sicht § 264 Abs. 2 S. 2 HGB, wonach ein *overriding* unzulässig ist oder auf europäischer Ebene die europäischen Bilanzrichtlinien und die EuGH-Rechtsprechung, die zur Vermittlung eines True and Fair View in Ausnahmefällen ein Abweichen von Einzelvorschriften erlauben. Falls ein *overriding* nach der nationalen Jurisdiktion jedoch nicht zulässig ist, fordert IAS 1.21 als Ausgleich für den Informationsmangel weitgehende ergänzende Zusatzangaben.
Nach IAS 1.15 erfordert eine *fair presentation* aber stets
- eine Auswahl und Anwendung von Bilanzierungs- und Bewertungsmethoden in Übereinstimmung mit IAS 8,
- eine Darstellung der Informationen, einschließlich der Bilanzierungs- und Bewertungsmethoden auf eine Weise, die zu *entscheidungsrelevanten, vertrauenswürdigen, vergleichbaren* und *verständlichen* Informationen führt; und
- gegebenenfalls eine Bereitstellung von über die Anforderungen der IFRS hinausgehenden Zusatzangaben, um es den Adressaten zu ermöglichen, die Auswirkungen einzelner Geschäftsvorfälle und Ereignisse auf die Vermögens- und Ertragslage zu verstehen.

Durch eine sinnvolle Auslegung von auslegungsbedürftigen Begriffen und Regeln soll der Abschluss ein den tatsächlichen Verhältnissen entsprechendes Bild der →Vermögens-, Finanz- und Ertragslage widerspiegeln und damit möglichst informativ werden.

Fair value
Der beizulegende Zeitwert (fair value) entspricht dem Betrag, zu dem sachverständige und zum Geschäftsabschluss geneigte unabhängige Parteien unter fairen Marktbedingungen einen →Vermögenswert tauschen oder eine →Schuld ausgleichen werden (z. B. IAS 2.6; IAS 16.6; IAS 39.9).
Ursprünglich stammt der Wertbegriff des fair value aus dem US-amerikanischen Wertpapierrecht: Vor allem bei Schadenersatzklagen von Minderheitsaktionären im Zusammenhang mit M&A-Transaktionen muss einzelfallbezogen geklärt werden, an welchem „fairen Wert" sich die Schadensersatzansprüche der Aktionäre bemessen können.
Der fair value wird unter IFRS aufgrund des zunehmenden ⇒Fair value Accounting immer mehr zum zentralen Wertmaßstab. Eine einheitliche Methodik zur Wertermittlung wird im IFRS Regelwerk nicht vorgegeben, in den einzelnen Standards finden sich (teilweise widersprüchliche) einzelfallbezogene Leitlinien zur Fair value Ermittlung (z. B. IFRS 3.B16; IAS 16.32; IAS 39.AG69 ff.; IAS 40.38 ff.; IAS 41.15 ff.)
Bevorzugt sollen nach den einzelfallbezogenen Leitlinien fair values aus den aktuellen Preisen auf ⇒aktiven Märkten (z. B. Börsen) abgeleitet werden. So weit das nicht möglich ist, sollen Näherungswerte bestimmt werden, bspw. aus Marktpreisen weniger liquider Märkte, aus Preisen vergleichbarer oder früherer Transaktionen für ähnliche ⇒Vermögenswerte und ⇒Schulden. Sofern solche Näherungswerte nicht bestimmbar sind, soll der fair value mit sachgerechten Rechenverfahren wie dem DCF-Verfahren oder Optionspreismodellen geschätzt werden (vgl. Abbildung nächste Seite).

Fair value Accounting
Eine wesentliche Neuerung bei der Umstellung von ⇒HGB auf IFRS ist die sehr viel häufigere Bewertung von ⇒Vermögenswerten und ⇒Schulden zum beizulegenden Zeitwert (⇒fair value). Kon-

IFRS-Leitlinien zur Fair Value Bestimmung

zeptionell lässt sich das „Fair value Accounting" mit der tendenziellen ⇒Bilanzorientierung der IFRS erklären. Mit einer marktnahen Bewertung soll ein möglichst zutreffendes Bild der effektiven Vermögenslage des Unternehmens vermittelt werden. Das Fair value Accounting ist auch ein Beispiel für die unter IFRS oft verlangte ⇒Konvergenz von internem und externem Rechnungswesen, da bei der Ermittlung des fair value Prognosen und Ermessentscheidungen erforderlich sind, die jenen des internen ⇒Controlling gleichen.
Konzeptionell entspricht der fair value dem einzigen „fairen" Marktpreis eines Bewertungsobjekts, der sämtliche bewertungsrelevanten Faktoren widerspiegelt. Nach der bisherigen Überzeugung der angelsächsischen ⇒Standardsetzer ist der fair value im Grundsatz der entscheidungsrelevanteste und verlässlichste Wertmaßstab für →Vermögenswerte und →Schulden. Dieser theoretische Anspruch kann aber nur für Vermögenswerte und Schulden hinreichend erfüllt werden, die auf ausreichend liquiden und auf ⇒aktiven Märkten gehandelt werden (z. B. börsennotierte Wertpapiere). Keinen oder nur geringen Informationsgehalt haben fair values von Positionen, die bis zum Ende ihrer Nutzungsdauer im Unternehmen verbleiben sollen (z. B. Sachanlagen) oder für die eine verlässliche Bewertung nicht möglich ist (das gilt z. B. für viele ⇒immaterielle Vermögenswerte). Daher werden unter IFRS tendenziell ⇒Vermögenswerte und ⇒Schulden, die einem Marktrisiko ausgesetzt sind, zum fair value und alle anderen Positionen nach dem ⇒Anschaffungswertprinzip bewertet (sog. „mixed model approach").
Auch wenn das Fair value Accounting für bestimmte Sachverhalte sicherlich einen hohen Informationsgehalt haben kann, so dürfen nicht die Probleme unterschätzt werden, die damit verbunden sind:
Sofern keine verlässlichen Marktpreise verfügbar sind, müssen die *fair value* – Bestimmungsleitlinien der IFRS auf Wertermittlungsmethoden ausweichen, die mehr oder weniger große Schätzungen des Bilanzierenden erforderlich machen: Je weiter sich die Wertfindung von ⇒aktiven Märkten entfernt, desto mehr wird der →*fair value* zum subjektiven und für bilanzpolitische Missbräuche anfälligen Schätzwert. Ausserdem erhöht das Fair value Accounting die Ergebnis- und Eigenkapitalvolatilität des Jahresabschlusses, da einerseits keine stillen Reserven zu Erfolgsglättung aufgelöst werden können, andererseits nicht beeinflussbare Marktwertveränderungen das operative Ergebnis beeinflussen und damit den echten Leistungserfolg des Unternehmens verzerren. Eine Beurteilung des Betriebsergebnisses wird auch durch die unterschiedlichen IFRS Vorschriften und Wahlrechte zur Erfolgserfassung von Zeitwertdifferenzen erschwert. So können Gewinne/Verluste aus der fair value Bewertung je nach Bilanzposition sofort

ergebniswirksam (z. B. Wertpapiere des Handeslbestandes), verzögert ergebniswirksam (z. B. Bewertung der Pensionsverpflichtung bei Anwendung der ⇒Korridormethode), vorübergehend ins Eigenkapital (z. B. bei der ⇒Währungsumrechnung) oder niemals ergebniswirksam in Eigenkapital erfasst (z. B. als Wahlrecht bei der Erfassung von ⇒versicherungsmathematischen Gewinnen/ Verlusten). Aus diesem Grund sind die ⇒Eigenkapitalveränderungsrechnung und die ⇒Gesamteinkommenrechnung unter IFRS wichtige Abschlussbestandteile, um die Eigenkapitalveränderungen transparent zu machen.
Erhebliche Unterschiede bestehen in den IFRS-Einzelvorschriften hinsichtlich des relevanten Marktes (je nach Sachverhalt Beschaffungsmarkt oder Absatzmarkt), der Berücksichtigung von Transaktionskosten, der Anwendung von ⇒DCF-Verfahren sowie der notwendigen ⇒Verlässlichkeit der fair values.
Problematisch ist das Fair value Accounting auch, wenn wirtschaftlich zusammenhängende Positionen unterschiedlich bewertet werden (⇒Hedge Accounting).
Mit dem ⇒Bilanzrechtsmodernisierungsgesetz (BilMoG) soll das Fair Value Accounting zumindest für ⇒Finanzinstrumente teilweise auch im ⇒HGB eingeführt werden. Unklar ist noch, inwiefern Fair values zukünftig evtl. auch Grundlage zur Gewinnausschüttung und Besteuerung sein werden.
Das Fair Value Accounting wird zunehmend kritisiert, vor allem es für die jüngste Bankenkrise mit verantwortlich gemacht wird. Hintergrund ist, dass viele langfristige ⇒Finanzinstrumente mit sofortiger Ergebniswirksamkeit zum fair value bewertet werden und damit auch bei einer nur vorübergerhenden Wertminderung abgeschrieben werden müssen.

Fair Value Hedge
⇒Hedge Accounting

Fair Value Methode
⇒Renditeliegenschaften
⇒Landwirtschaftliche Erzeugnisse

Fair Value Option
⇒Finanzinstrumente

Fair Value Through Profit or Loss
⇒Finanzinstrumente

Fair value, Wertermittlung
⇒Fair value

Faithful Representation
⇒Zutreffende Darstellung

Faktische Verpflichtung
⇒Rückstellung

FASB
Das Financial Accounting Standards Board wurde 1972 gegründet und übernahm von der ⇒SEC die Aufgabe der Entwicklung und Herausgabe von Rechnungslegungsvorschriften für private US-amerikanische Unternehmen. Folgende Verlautbarungen werden vom FASB veröffentlicht: Statements of Financial Accounting Standards (SFAS), Statements of Financial Accounting Concepts (SFAC), Interpretationen mit Beschreibung der Behandlung auslegungsbedürftiger Einzelprobleme, Technical Bulletins, die sich auf Rechnungslegungsprobleme einzelner Branchen beziehen, und FASB Staff Positions (FSP).

Fehler aus früheren Perioden
⇒Bilanzierungsfehler

Fertigstellungsgrad
⇒Percentage of Completion Methode

Fertigungsauftrag
⇒Percentage of Completion Methode

Festwert
⇒Vorratsbewertung

Festwertmethode
⇒Vorratsbewertung

FIFO
Gem. IAS 2 geht das FIFO-Verfahren (First-in-First-out) von der Annahme aus, dass die zuerst erworbenen bzw. erzeugten Vorräte zuerst verkauft werden und folglich die am Ende der Berichtsperiode verbleibenden Vorräte diejenigen sind, die unmittelbar vorher gekauft oder hergestellt worden sind.

Finance Lease
Ein Finanzierungsleasing (finance lease) liegt nach IAS 17.8 vor, wenn der Leasinggeber sowohl alle Risiken als auch alle Chancen, die mit einem Vermögenswert verbunden sind, auf den Leasingnehmer übertragen hat. Dabei versteht man gem. IAS 17.7 unter Risiken Verlustmöglichkeiten auf Grund von ungenutzten Kapazitäten oder technischer Überholung und Renditeabweichungen auf Grund geänderter wirtschaftlicher Rahmenbedingungen. Chancen können Erwartungen eines Gewinn bringenden Einsatzes im Geschäftsbetrieb während der wirtschaftlichen Nutzungsdauer des Vermögenswertes und eines Gewinnes aus einem Wertzuwachs oder aus der Realisation eines Restwertes sein (IAS 17.7). Siehe (auch zur Bilanzierung) ⇒Leasing.

Financial Statement
⇒Abschluss

Finanzergebnis
Nach herrschender IFRS-Bilanzierungspraxis werden in der ⇒Gewinn- und Verlustrechnung u. a. folgende Ergebnisbestandteile zum Finanzergebnis zusammengefasst:.
- Das Ergebnis aus Beteiligungen at equity
- Laufende Erträge und Aufwendungen aus der Kapitalbeschaffung und -anlage
- Gewinne und Verluste aus dem Verkauf oder der Umbewertung von Wertpapieren
- Aufzinsung von Rückstellungen gem. IAS 37.60
- Aufwandswirksame Auflösung der aktivischen Abgrenzung eines nicht wahrgenommenen Skontos (IAS 2.18, IAS 16.23).
- Als Wahlrecht der Zinsaufwand aus der Bewertung von Pensionsrückstellungen (IAS 19.119); kann alternativ als Personalaufwand gezeigt werden
- Mangels Regelung als Wahlrecht Ergebnisse aus der Währungsumrechnung.

Finanzielle Erträge und finanzielle Aufwendungen sollten nicht saldiert in der ⇒Gewinn- und Verlustrechnung ausgewiesen werden (IFRS 7.20; IFRS 7.IG13).

Finanzielle Verbindlichkeit
Zu finanziellen Verbindlichkeiten zählen gemäß IAS 32:
(a) eine vertragliche Verpflichtung:
- flüssige Mittel oder einen anderen finanziellen Vermögenswert an ein anderes Unternehmen abzugeben; oder
- finanzielle Vermögenswerte oder finanzielle Verbindlichkeiten mit einem anderen Unternehmen zu potenziell nachteiligen Bedingungen auszutauschen; oder

(b) einen Vertrag, der in eigenen Eigenkapitalinstrumenten des Unternehmens erfüllt werden wird oder kann und bei dem es sich um nachfolgende Sachverhalte handelt:
- ein nicht derivatives Finanzinstrument, das eine vertragliche Verpflichtung des Unternehmens beinhaltet oder beinhalten kann, eine variable Anzahl von Eigenkapitalinstrumenten des Unternehmens abzugeben; oder
- ein derivatives Finanzinstrument, das auf andere Weise als durch den Austausch eines festen Betrags an flüssigen Mitteln oder anderen finanziellen Vermögenswerten gegen eine feste Anzahl von Eigenkapitalinstrumenten des Unternehmens erfüllt werden wird oder kann. In diesem Sinne beinhalten die Eigenkapitalinstrumente eines Unternehmens keine Instrumente, die selbst Verträge über den künftigen Empfang oder die künftige Abgabe von Eigenkapitalinstrumenten des Unternehmens darstellen.

Sie auch ⇒Kategorien von finanziellen und nicht-finanziellen Verbindlichkeiten im Überblick

Finanzieller Vermögenswert
Zu finanziellen Vermögenswerten zählen gemäß IAS 32:
(a) flüssige Mittel;

(b) ein als Aktivum gehaltenes Eigenkapitalinstrument eines anderen Unternehmens;

(c) ein vertragliches Recht:
- flüssige Mittel oder andere finanzielle Vermögenswerte von einem anderen Unternehmen zu erhalten; oder

- finanzielle Vermögenswerte oder finanzielle Verbindlichkeiten mit einem anderen Unternehmen zu potenziell vorteilhaften Bedingungen auszutauschen; oder

(d) einen Vertrag, der in eigenen Eigenkapitalinstrumenten des Unternehmens erfüllt werden wird oder kann und bei dem es sich um Folgendes handelt:
- ein nicht derivatives Finanzinstrument, das eine vertragliche Verpflichtung des Unternehmens beinhaltet oder beinhalten kann, eine variable Anzahl von Eigenkapitalinstrumenten des Unternehmens zu erhalten; oder
- ein derivatives Finanzinstrument, das auf andere Weise als durch den Austausch eines festen Betrags an flüssigen Mitteln oder anderen finanziellen Vermögenswerten gegen eine feste Anzahl von Eigenkapitalinstrumenten des Unternehmens erfüllt werden wird oder kann. In diesem Sinne beinhalten die Eigenkapitalinstrumente eines Unternehmens keine Instrumente, die selbst Verträge über den künftigen Empfang oder die künftige Abgabe von Eigenkapitalinstrumenten des Unternehmens darstellen.

Finanzierung des IASB
⇒IFRS, Kritik an der Finanzierung des IASB

Finanzierungsleasing
⇒Finnce Lease

Finanzierungssaldo (Funded Status)
⇒Pensionen und ähnliche Verpflichtungen

Finanzinstrument
Ein Finanzinstrument (financial instrument) ist ein Vertrag, der gleichzeitig bei dem einen Unternehmen zu einem ⇒finanziellen Vermögenswert und bei dem anderen Unternehmen zu einer ⇒finanziellen Verbindlichkeit oder einem Eigenkapitalinstrument führt. IAS 39 differenziert zwischen vier unterschiedlichen Kategorien von Finanzinstrumenten:
- Erfolgsam zum ⇒fair value bewertete finanzieller Vermögenswerte oder finanzielle Verbindlichkeiten („fair value through profit or loss"),
- Bis zur Endfälligkeit gehaltene Finanzinvestitionen als nicht derivative finanzielle Vermögenswerte mit festen oder bestimmbaren Zahlungen sowie einer festen Laufzeit, die das Unternehmen bis zur Endfälligkeit halten will und kann („held-to-maturity"),
- Kredite und Forderungen als nicht derivative finanzielle Vermögenswerte mit festen oder bestimmbaren Zahlungen, die nicht in einem aktiven Markt notiert sind,
- Zur Veräußerung verfügbare finanzielle Vermögenswerte als jene nicht derivativen finanziellen Vermögenswerte („available-for-sale"), die als zur Veräußerung verfügbar klassifiziert sind und nicht als Kredite und Forderungen, bis zur Endfälligkeit gehaltene Investitionen oder finanzielle Vermögenswerte, die erfolgswirksam zum beizulegenden Zeitwert bewertet werden, eingestuft sind.

Die wahlweise Zuordnung von Finanzinstrumenten in die Kategorie „fair value through profit or loss" (sog. „Fair Value Option") ist nur unter erschwerten Bedingungen möglich:
- Die Zuordnung in diese Kategorie muss bereits bei der erstmaligen bilanziellen Erfassung schriftlich dokumentiert werden; die Zuordnung muss für Finanzinstrumente einheitlich erfolgen (IAS 39.AG4G).
- Die Anwendung der Fair Value Option muss zu aussagefähigeren Informationen führen, weil damit
  - o Inkonsistente Bewertungen vermieden werden; oder
  - o Das interne Risikocontrolling die Finanzinstrumente auf Fair Value Basis steuert und dem Management berichtet (IAS 39.9).

Die Tabelle auf der folgenden Seite fasst die übliche Kategorisierung und Bewertung von Finanzinstrumenten zusammen.

Firm Commitment
⇒Hedge Accounting

Wertpapiere, die weniger als 20% Stimmrechte bzw. „maßgeblichen Einfluss" verkörpern (IAS 39.9)	
Designation als Financial Assets at fair value through profit or loss (nur im Ausnahmefall möglich)	Erfolgswirksame Zeitbewertung zum Fair Value
Held-for-trading investments: spekulative Schuld- und Dividendenpapiere	Erfolgswirksame Zeitbewertung zum Fair Value
Held-to-maturity investments: Bis zur Endfälligkeit gehaltene Schuldpapiere (Anleihen, Ausleihungen)	Bewertung zu fortgeführten Anschaffungskosten (AK)
Available-For-Sale-investments: Schuld- und Dividendenpapiere, für die Verwendung noch offen ist	(Zunächst) erfolgsneutrale Zeitbewertung (Gegenbuchung im Eigenkapital); bei Veräußerung erfolgswirksame Ausbuchung („Receycling")
Loans and receivables: Ausleihungen und Forderungen	Im Normalfall Bewertung zu fortgeführten Anschaffungskosten
Verbindlichkeiten	

Wertpapiere, die mehr als 20% Stimmrechte bzw. „maßgeblichen Einfluss" verkörpern (IAS 27, 28, 31, 30)	
20 – 50 % Anteile: maßgeblicher Einfluss am assozierten Unternehmen	Im Konzernabschluss: Beteiligungsbewertung at equity (IAS 28.13); Beteiligungsbuchwert wird um Beteiligungsergebnis angepasst Im Einzelabschluss: Bilanzierung zu Anschaffungskosten oder nach IAS 39 (IAS 27.37)
> 50% Anteile: Konzernbeteiligung	Vollkonsolidierung, im Einzelabschluss nach IAS 39 (IAS 27.31)
Beteiligungen an Joint Ventures	Quotenkonsolidierung oder Equity-Methode (IAS 31.31)
Wertpapiere des Anlagevermögen, die veräußert werden sollen („Held-for-sale")	Bewertung zum Minimum aus Buchwert und Nettoveräußerungserlös (IFRS 5.15)

Forderungen
Forderungen können entweder auf Grundlage eines Vertrags (z. B. Forderungen aus Lieferungen und Leistungen aus einem Kaufvertrag) oder ohne vertragliche Grundlage (z. B. bestimmte gesetzliche Schadensersatzansprüche, die keines Vertrags bedürfen) entstehen.
Das Entstehen der Forderung fällt auf den Zeitpunkt, an dem das bilanzierende Unternehmen die geschuldete Lieferung und/oder Leistung aus einem Vertrag erbracht hat und aus seiner Sicht damit ein Anspruch auf die vereinbarte Gegenleistung entstanden ist. Die Zugangsbewertung findet zu ⇒Anschaffungskosten statt, die Folgebewertung hängt von der Art der Forderung ab. Es sind u. a. Bonitäts-, Ausfall- und Währungsrisiken zu berücksichtigen (in Form von ⇒pauschalierten Einzelwertberichtigungen und ⇒Einzelwertberichtigungen oder Wertminderungstest). Je nach Dauer erfolgt der Ausweis der Forderungen unter den lang- und kurzfristigen Vermögenswerten.

Forecasted Transaction
⇒Hedge Accounting

Foreign Operations
⇒Ausländischer Geschäftsbetrieb

Forschungs- und Entwicklungskosten
Manchmal ist es schwierig zu beurteilen, ob ein selbst geschaffener immaterieller Vermögenswert angesetzt werden darf, da es Probleme bei der Feststellung geben kann, ob und wann es einen identifizierbaren Vermögenswert gibt, der einen voraussichtlichen künftigen wirtschaftlichen Nutzen erzeugen wird und bei dem die verlässliche Bestimmung der Herstellungskosten möglich ist.
Um zu beurteilen, ob ein selbst geschaffener immaterieller Vermögenswert die Ansatzkriterien erfüllt, unterteilt ein Unternehmen den Erstellungsprozess des Vermögenswertes in:
(a) eine Forschungsphase; und
(b) eine Entwicklungsphase.

Ein aus der Forschung (oder der Forschungsphase eines internen Projektes) entstehender immaterieller Vermögenswert darf nicht angesetzt werden. Ausgaben für Forschung (oder in der Forschungsphase eines internen Projektes) sind in der Periode als Aufwand zu erfassen, in der sie anfallen. Beispiele für Forschungsaktivitäten sind:
- Aktivitäten, die auf die Erlangung neuer Erkenntnisse ausgerichtet sind;
- die Suche nach sowie die Abschätzung und endgültige Auswahl von Anwendungen für Forschungsergebnisse und anderem Wissen;
- die Suche nach Alternativen für Materialien, Vorrichtungen, Produkte, Verfahren, Systeme oder Dienstleistungen; und
- die Formulierung, der Entwurf sowie die Abschätzung und endgültige Auswahl von möglichen Alternativen für neue oder verbesserte Materialien, Vorrichtungen, Produkte, Verfahren, Systeme oder Dienstleistungen.

Ein aus der Entwicklung (oder der Entwicklungsphase eines internen Projektes) entstehender immaterieller Vermögenswert ist dann anzusetzen, wenn ein Unternehmen alle folgenden Nachweise erbringen kann:
- die technische Realisierbarkeit der Fertigstellung des immateriellen Vermögenswertes, damit er zur Nutzung oder zum Verkauf zur Verfügung stehen wird.
- seine Absicht, den immateriellen Vermögenswert fertig zu stellen sowie ihn zu nutzen oder zu verkaufen.
- seine Fähigkeit, den immateriellen Vermögenswert zu nutzen oder zu verkaufen.
- wie der immaterielle Vermögenswert einen voraussichtlichen künftigen wirtschaftlichen Nutzen erzielen wird.
- die Verfügbarkeit adäquater technischer, finanzieller und sonstiger Ressourcen, um die Entwicklung abschließen und den immateriellen Vermögenswert nutzen oder verkaufen zu können.
- seine Fähigkeit, die dem immateriellen Vermögenswert während seiner Entwicklung zurechenbaren Ausgaben verlässlich zu bewerten.

Beispiele für Entwicklungsaktivitäten sind:
- der Entwurf, die Konstruktion und das Testen von Prototypen und Modellen vor Aufnahme der eigentlichen Produktion oder Nutzung;
- der Entwurf von Werkzeugen, Spannvorrichtungen, Prägestempeln und Gussformen unter Verwendung neuer Technologien;
- der Entwurf, die Konstruktion und der Betrieb einer Pilotanlage, die von ihrer Größe her für eine kommerzielle Produktion wirtschaftlich ungeeignet ist; und
- der Entwurf, die Konstruktion und das Testen einer gewählten Alternative für neue oder verbesserte Materialien, Vorrichtungen, Produkte, Verfahren, Systeme oder Dienstleistungen.

Kann ein Unternehmen die Forschungsphase nicht von der Entwicklungsphase eines internen Projektes zur Schaffung eines immateriellen Vermögenswertes unterscheiden, behandelt das Unternehmen die mit diesem Projekt verbundenen Ausgaben so, als ob sie lediglich in der Forschungsphase angefallen wären.

Fortgeführte Anschaffungs- und Herstellungskosten
⇒Anschaffungswertmethode

Fortschrittsrelevante Kosten
Der Teil der angefallenen Projektkosten, die den tatsächlichen Fertigstellungsgrad eines Projektes widerspiegeln und daher in die Berechnung des Fertigstellungsgrades bei Anwendung der ⇒Percentage-of-Completion-Methode mit einbezogen werden.

Fremdkapital
⇒Eigenkapital, Definition und Abgrenzung zu finanziellen Verpflichtungen

Fremdkapitalkosten
Die Behandlung von Fremdkapitalkosten ist v. a. in IAS 23 geregelt. Danach sind Fremdkapitalkosten in der Periode ihres Entstehens als Aufwand geltend zu machen, es sei denn, sie können direkt der Herstellung oder Anschaffung von qualifizierten Vermögenswerten (⇒qualifying asset) zugeordnet werden. In diesem Fall sind sie als Teil des Werts von solchen Vermögenswerten zu aktivieren. Diese Vorgehensweise entspricht den amerikanischen Rechnungslegungsvorschriften US GAAP; nach HGB besteht ein Wahlrecht zwischen Aktivierung und Aufwanderfassung von Fremdkapitalkosten. Die direkt zuordenbaren Fremdkapitalkosten werden gänzlich und die nicht direkt zuordenbaren Fremdkapitalkosten anteilig dem ⇒qualifying asset zugerechnet und aktiviert, und zwar ab Beginn der Anschaffung bzw. der Herstellung. Ist der Zeitpunkt der eigenen Nutzungsmöglichkeit oder des Verkaufszustands erreicht, können danach keine Fremdkapitalkosten mehr bilanziert werden.

Fremdwährung
⇒Währungsumrechnung

Full Absorption Costs
⇒Herstellungskosten

Funded Plans
⇒Pensionen und ähnliche Verpflichtungen

Funktionale Währung
Im Rahmen der ⇒Währungsumrechnung von Fremdwährungsgeschäften und der ⇒Währungsumrechnung von Fremdwährungsabschlüssen muss jedes Unternehmen für sich selbst die funktionale Währung festlegen. Allgemein ist diese diejenige Währung, in welcher das Unternehmen wirtschaftlich rechnet, weil sie für das primäre wirtschaftliche Umfeld des Unternehmens relevant ist (IAS 21.9 f.). Folgende Hauptkriterien können für die Festlegung der funktionalen Währung herangezogen werden:
- In welcher Währung werden überwiegend Unternehmensgeschäfte abgewickelt?
- Welcher Währungsraum bestimmt hauptsächlich mit seinen Wettbewerbskräften oder Vorschriften die Preise von Gütern und Leistungen?
- Welche Währung hat den größten Einfluss auf Lohn-, Material- und sonstige Kosten und somit auf die kalkulierten Verkaufspreise von Gütern und Leistungen?
- Im Zweifel ist es die Währung, mit der der Geschäfsbetrieb finanziert wird und in der die Rücklagen aus operativer Geschäftstätigkeit angespart werden.

Weitere Kriterien werden in IAS 21.10.–.14 erläutert.
Bei strikter Befolgung des Konzeptes der funktionalen Währung müsste z. B. ein deutschen Handelsunternehmen, das seine Geschäfte primär in US $ abwickelt, seinen IFRS Abschluss eigentlich in US $ aufstellen (aber: Verstoß gegen § 244 HGB).

Funktionskosten
Wird die ⇒Gewinn- und Verlustrechnung nach dem ⇒Umsatzkostenverfahren aufgestellt, werden die ⇒Aufwendungen i. d. R. nach folgenden betrieblich Funktionen gegliedert:
- ⇒Umsatzkosten
- Kosten aus dem Betrieb ⇒Forschungs- und Entwicklungskosten
- ⇒Vertriebskosten
- Kosten aus dem Bereich ⇒Verwaltungskosten

Fusion
⇒Legal merger

Gains
⇒Ansatzgrundsätze für Aufwendungen und Erträge

Gängigkeitsabschreibungen
⇒Pauschalierte Einzelwertberichtigungen

Gemeinkosten
Gemeinkosten (indirect cost, overhead cost) sind Kosten, die dem einzelnen Kostenträger (Leistung, Produkt, Auftrag, Kunde) nur indirekt zugeordnet werden können (echte Gemeinkosten) bzw., wenn man den Aufwand nicht scheuen würde, zugerechnet werden könnten (unechte Gemeinkosten). Die meisten betrieblichen Kosten gehören zu den Gemeinkosten (z. B. Hilf- und Betriebsstoffen, Energiekosten, Versicherungen, Verwaltungskosten etc.). Sie werden im Rahmen der ⇒Kalkulation den Kostenträgern aufgrund bestimmter Bezugsgrößen (Einzelkosten, Fertigungszeiten etc.) zugerechnet.

Gemeinschaftlich geführtes Unternehmen
Ein Gemeinschaftsunternehmen (Joint Venture) ist eine Kooperationsform von zwei oder mehreren ökonomisch selbständigen Unternehmen. Gemeinschaftliche Führung ist die vertraglich vereinbarte Teilhabe an der Kontrolle der wirtschaftlichen Geschäftstätigkeit und existiert nur dann, wenn die mit dieser Geschäftstätigkeit verbundene strategische und betriebliche Politik die einstimmige Zustimmung der die Kontrolle teilenden Partnerunternehmen erfolgt. Die bilanzielle Abbildung des Gemeinschaftsunternehmens erfolgt anhand der Equity-Methode oder der Quotenkonsolidierung (mittlerweile ist die Abschaffung der letzten Methode geplant).

Generalnorm
⇒Fair Presentation/True and Fair View

Geringwertige Wirtschaftsgüter (GWG)
⇒Wesentlichkeit
⇒Planmäßige Abschreibung

Gesamteinkommensrechnung
Unter IFRS können Änderungen des ⇒Eigenkapitals zwischen Eröffnungsbilanz und Schlussbilanz folgende Ursachen haben (IAS 1.96):
1. Transaktionen zwischen Anteilseignern/Gesellschaftern und dem Unternehmen in Form von Kapitalerhöhungen/-rückzahlungen und Ausschüttungen
2. In der Periode erzieltes Gesamteinkommen, das sich aus ergebniswirksam erfassten Erfolgen und sonstigen, direkt im ⇒Eigenkapital erfassten Gewinnen und Verlusten zusammensetzt (⇒Other comprehensive income)
3. Änderungen von Bilanzierungs- und Bewertungsmethoden und ⇒Bilanzierungsfehler.

Da vor allem mit dem ⇒Fair Value Accounting häufig direkte Eigenkapitalbuchungen verbunden sind, müssen die Veränderungen des Eigenkapitals für den Abschlussleser transparent gemacht werden (unter HGB stellt sich diese Problematik im Regelfall nicht).
Nach der bisherigen Fassung des IAS 1 bestand ein Wahlrecht,
a) entweder beide Veränderungsursachen zusammen in der ⇒Eigenkapitalveränderungsrechnung
b) oder das Gesamteinkommen in einer separaten Gesamteinkommensrechnung, dem „statement of recognised income and expenses" darzustellen (IAS 1.96).

Ab 2009 gelten folgende geänderte Regelungen des IAS 1:
- In der Eigenkapitalveränderungsrechnung sollen nur noch die unter 1. beschriebenen Sachverhalte dargestellt und das Gesamteinkommen soll in der Eigenkapitalveränderungsrechnung nur noch als Saldogröße angeführt werden
- Die Aufstellung einer Gesamteinkommensrechnung (jetzt als „statement of comprehensive income" bezeichnet) ist nun verpflichtend.

Für das Verhältnis zwischen ⇒Gewinn- und Verlustrechnung und Gesamteinkommenrechnung sieht IAS 1 ein Wahlrecht vor:

a) Die Gewinn- und Verlustrechnung wird unverändert als eigenständige ⇒Abschlusskomponente erstellt. Der Jahresüberschuss oder Jahresfehlbetrag wird in die zusätzlich aufzustellende Gesamteinkommensrechnung übertragen. In der Gesamteinkommensrechnung werden der Jahresüberschuss/Jahresfehlbetrag und die einzelnen Bestandteile des ⇒other comprehensive income einzeln dargestellt (IAS 1.81) („two statement approach").
b) Alternativ kann nur noch eine Gesamteinkommsrechnung (Statement of comprehensive income") aufgestellt werden, in der die klassische Gewinn- und Verlustrechnung mit integriert wird. In dieser Rechnung müssen die Bestandteile der Gewinn- und Verlustrechnung und der other comprehensive income mit Zwischensummen gesondert dargestellt werden (IAS 1.82) („one statement approach").

Der Vorteil der Alternative b) ist, dass auf einen Blick erkannt werden kann, ob bspw. ein Jahresüberschuss durch negative unrealisierte, erfolgsneutrale Verluste überkompensiert wird, so dass das „Gesamteinkommen" in Summe negativ ist (allerdings kann der Jahresüberschuss unter IFRS auch bereit unrealisierte Gewinne/Verluste enthalten).
Ab 2009 müssen zudem für alle Bestandteile des ⇒other comprehensive income ein Vorsteuer- und Nachsteuerergebnis offengelegt werden (IAS 1.90).

Gesamtkostenverfahren
⇒Gesamtkostenverfahren vs. Umsatzkostenverfahren

Gesamtkostenverfahren vs. Umsatzkostenverfahren
Nach IAS 1.88 besteht ein ⇒Wahlrecht, die ⇒Gewinn- und Verlustrechnung nach dem Gesamtkostenverfahren (GKV) oder nach dem Umsatzkostenverfahren (UKV) aufzustellen; es soll dabei das Verfahren angewendet werden, das auf das Unternehmen bezogen entscheidungsrelevantere und verlässlichere Informationen vermittelt (wobei in IAS 1.92 unterstellt wird, dass normalerweise das Umsatzkostenverfahren informativer sei). Beim (in Deutschland weitaus verbreiteteren GKV) werden die Erträge und Aufwendungen nach Arten gegliedert (Umsatzerlöse, Bestandveränderungen, Eigenleistungen, sonstige betriebliche Erträge, Materialaufwand, Personalaufwand, Abschreibungen, sonstige betriebliche Aufwendungen etc.). Zur Ermittlung des Periodenerfolges werden somit die Gesamtaufwendungen der Abrechnungsperiode von den um die ⇒Bestandsveränderungen und ⇒Eigenleistungen korrigierten ⇒Umsatzerlösen abgezogen. Damit stellt dieses Verfahren weniger auf den Markterfolg als auf das Ausbringungsergebnis bzw. Gesamtleistung des Betriebes ab. Weil aber die Bestandsveränderungen/aktivierten Eigenleistungen zu anteiligen ⇒Herstellungskosten bewertet werden, ergibt sich derselbe Periodenerfolg wie beim Umsatzkostenverfahren (siehe Abbildung).

Beispielhafte Darstellung des Gesamtkostenverfahrens nach IAS 1.91:

	Umsatzerlöse (revenues)
+	Sonstige Erträge (other income)
+/–	Erhöhung/Verminderung des Bestandes an fertigen und unfertigen Erzeugnissen (change in inventories of finished goods and work in progress)
–	Materialaufwand und bezogene Leistungen (raw material and consumables used)
–	Personalaufwand (employee benefit expense)
–	Sonstige Aufwendungen (other expenses)
=	**Periodenergebnis (period profit)**

International verbreitet ist das UKV; das liegt vor allem daran, dass dieses Verfahren nach amerikanischen Rechnungslegungsvorschriften ⇒US GAAP) Anwendung findet. Beim UKV werden die Aufwendungen nach Funktionen (Funktionskosten) gegliedert; z. B. Kosten der Leistungserstellung (Umsatzkosten), Ver-

triebskosten, Verwaltungskosten, Forschungs- und Entwicklungskosten und Sonstiges. Beim an der *Marktleistung orientierten UKV wird ein* Bruttoergebnis vom Umsatz ermittelt, indem *von den Umsatzerlösen die Umsatzkosten der verkauften Produkte abgezogen* werden. Damit bleiben (Lager-) Leistungen und aktivierte Eigenleistungen, die der Betrieb zwar erbracht, jedoch noch nicht am Markt verwertet hat, im Bruttoergebnis vom Umsatz unberücksichtigt. Weil beim Umsatzkostenverfahren nicht bekannt ist, wie hoch die *Lagerbestände an Fertigerzeugnissen und die Eigenleistungen* sind und ob Veränderungen in der letzten Abrechnungsperiode erfolgten, dürfen in die Umsatzkosten nicht die gesamten Periodenselbstkosten verrechnet werden, sondern nur der Teil der ⇒Herstellungskosten, der auf die als Verkauf gebuchten Leistungen entfällt z. B. (Kosten der Beschaffungs- und Produktionsprozesse, fertigungsbezogene Verwaltungskosten). Allgemeine Definitionen für einzelne Funktionskosten gibt es unter IFRS jedoch nicht.
Um die Funktionskosten beim UKV ermitteln zu können, muss im Unternehmen eine aussagekräftige Kostenstellenrechnung (⇒Kosten- und Leistungsrechnung) installiert werden.

Beispielhafte Darstellung des Umsatzkostenverfahrens nach IAS 1.92:

Umsatzerlöse (revenues)
– Umsatzkosten (cost of sales)
= Bruttoergebnis vom Umsaz (gross profit)
+ Sonstige Erträge (other income)
– Vertriebskosten (distribution costs)
– Verwaltungskosten (administration expenses)
– Sonstige Aufwendungen (other expenses)
= **Periodenergebnis (period profit)**

Geschäfts- oder Firmenwert
⇒Goodwill

Geschäfts- oder Firmenwert, Abschreibung
⇒Goodwill Impairment

Geschäfts- oder Firmenwert, Begriff
Andere Begriffe für Firmenwert sind Geschäftswert oder ⇒Goodwill. Man versteht darunter die Wertkomponente, die sich aus Vorteilen hinsichtlich des Standortes des Managements, der Organisation der Kundenstruktur und anderen zusammensetzt. Den Firmenwert zu ermitteln ist äußerst kompliziert und erfolgt zweifach. Einmal in der Unternehmensbewertung und zum anderen im Bilanzrecht. Bei der Unternehmungsbewertung ist der Goodwill die Differenz zwischen Substanzwert und Ertragswert, wobei man mit Substanzwert den Betrag der zu Wiederbeschaffungs- beziehungsweise Wiederherstellungskosten bewerteten betriebsnotwendigen Gegenstände plus die mit Liquidationserlösen angesetzten nicht betriebsnotwendigen Gegenstände abzüglich aller Schulden meint. Es erfolgt also keine Einzelbewertung. Der Ertragswert ist hingegen eine Gesamtbewertung. Künftig zu erwartende Ausschüttungen an die Eigentümer werden mit einem Kalkulationszinssatz diskontiert. Bei der Bilanzierung unterscheidet man den entgeltlich erworbenen bzw. abgeleiteten Firmenwert (derivativer Firmenwert). Ein derivativer Firmenwert entspricht dem positiven Unterschiedsbetrag, um den der Kaufpreis eines Unternehmens die Summe der erworbenen Vermögenswerte abzüglich der Rückstellungen und Verbindlichkeiten zum Zeitpunkt der Übernahme übersteigt. Einen negativen Unterschiedsbetrag (der Kaufpreis eines Unternehmens ist geringer als Summe der erworbenen Vermögenswerte abzüglich der Rückstellungen und Verbindlichkeiten zum Zeitpunkt der Übernahme) bezeichnet man als ⇒Badwill. Dieser ist in der Regel sofort ertragswirksam zu erfassen.
Originärer Firmenwert entspricht dem selbstgeschaffenen Firmenwert, der den eigentlichen Goodwill darstellt; das heißt, der Käufer wäre bereit, z. B. wegen der Kundenstruktur, wegen vorbildlicher Qualität, Zuverlässigkeit, Organisationsform, Management usw. mehr zu zahlen, als an Substanzwert erkennbar ist.

Geschäftsbetrieb
Eine integrierte Gruppe von Tätigkeiten und Vermögenswerten, die mit dem Ziel geführt und geleitet werden,

a) den Investoren Dividenden zu zahlen oder
b) niedrigere Kosten oder sonstigen wirtschaftlichen Nutzen den Versicherungsnehmern oder Teilnehmern direkt und anteilig zukommen zu lassen.

Ein Geschäftsbetrieb besteht im Allgemeinen aus Ressourceneinsatz, darauf anzuwendenden Verfahren und den daraus resultierenden Leistungen, die gegenwärtig oder künftig verwendet werden, um Erträge zu erwirtschaften. Wenn ein Geschäfts- oder Firmenwert zu einer übertragenen Gruppe von Aktivitäten oder Vermögenswerten gehört, ist die übertragene Gruppe als ein Geschäft anzusehen.

Gewährleistung
Unter einer Gewährleistung (warranty) versteht man eine vertragliche Verpflichtung des Lieferanten bzw. leistenden Unternehmens, für Produktmängel zu haften und ggf. Nachbesserungen oder einen Ersatz zu erbringen. In Deutschland endet die gesetzliche Gewährleistungsfrist erst zwei Jahre nach dem Gefahrenübergang, teilweise können Fristen bis zu fünf Jahre vereinbart werden. Für Gewährleistungen müssen, sofern die Bilanzierungsvoraussetzungen erfüllt sind, ⇒Rückstellungen gebildet werden.

Gewinn je Aktie
⇒Earning per Share

Gewinn- und Verlustrechnung
Die Gewinn- und Verlustrechnung (GuV, englisch: statement of profit or loss oder income statement) hat die Aufgabe, Informationen über die Ertragslage eines Unternehmens bereit zu stellen. In der GuV wird der Gewinn oder Verlust einer Abrechnungsperiode (Bewegungsrechnung) durch Saldierung der ⇒Aufwendungen und ⇒Erträge ermittelt.
Detaillierte Gliederungsvorschriften für die GuV – vgl. dem § 275 HGB – kennt das IFRS-Regelwerk nicht.
Grobe Gliederungsvorgaben werden in IAS 1 angeführt. So müssen zunächst folgende allgemeine Kriterien erfüllt werden:

Wesentlichkeit/Entscheidungsrelevanz: Gleichartige Posten, die für den Abschlussleser *wesentlich* sind müssen gesondert dargestellt werden (IAS 1.29). Weitere GuV-Positionen sind zu bilden, sofern sie für das Verständnis der Ertragslage relevant sind (IAS 1.83).
Stetigkeit: Die Gliederung der GuV muss periodenübergreifend stetig beibehalten werden, außer eine andere Gliederung ist informativer oder neue spezifische Standard/Interpretationsvorschriften erfordern eine Abweichung (IAS 1.27 f.).
Verrechnungsverbot: Aufwendungen und Erträge dürfen nicht saldiert werden, außer spezifische Vorschriften (⇒Saldierungsverbot) erfordern dies (IAS 1.32).
Angabe von Vorjahreswerten: Für alle Beträge sind prinzipiell Vorjahreswerte anzugeben (IAS 1.36).
Die **Art der Anordnung und die Bezeichnungen** kann das Unternehmen selbst festlegen, speziell um branchenspezifischen Herausforderungen gerecht zu werden oder die Vermögenswerte und Schulden geeignet nach ihrer Größe, Art oder Funktion zu ordnen (IAS 1.83f).
Größenabhängige Erleichterungen (vgl. § 276 HGB) oder rechtsformspezifische Gliederungsvorschriften kennt das IFRS-Regelwerk (noch) nicht.
Nach IAS 1.81 müssen folgende Mindestpositionen in der GuV ausgewiesen werden:
- Umsatzerlöse (revenues)
- Finanzierungskosten (finance costs)
- Anteiliger Gewinn aus assoziierten Unternehmen und Joint-Venture-Gesellschaften die nach der Equity-Methode bewertet werden
- Steueraufwand (tax expense)
- Des Gesamtbetrags des Gewinns/Verlusts nach Steuern von aufgegebenen Geschäftsbereichen
- das Periodenergebnis (profit or loss).
- Zusätzlich ist in der GuV auszuweisen (IAS 1.82):
- Ergebnisanteil der Minderheitsgesellschafter
- Ergebnisanteil der Gesellschafter

Im Gegensatz zum HGB ist **ein separater Ausweis des außerordentlichen Ergebnisses** aufgrund der subjektiven Abgrenzungsspielräume unter IFRS **nicht erlaubt** (IAS 1.85).

Allerdings werden in IAS 1.87 verschiedene „unübliche" Sachverhalte beispielhaft angeführt, die ggf. einen separaten Ausweis (entweder in der GuV oder im Anhang) erfordern:
- außerplanmäßige Abschreibungen und Zuschreibungen von Sachanlagen und Vorräten
- Restrukturierungserfolge
- Veräußerungsgewinne/-verluste aus dem Abgang von Sachanlagen
- Einstellung/Aufgabe von Geschäftsgebieten
- Auflösung von Rückstellungen
- Verluste aus Rechtsstreitigkeiten
- Abgangserfolge aus Investitionen

IAS 1.88 lässt als **Wahlrecht** das ⇒**Gesamtkosten-** oder das ⇒**Umsatzkostenverfahren** zu. Es soll das Verfahren angewendet werden, das informativer (d. h. entscheidungsrelevanter und verlässlicher) ist.

Sonderfälle:
- Gesonderter Ausweis des Ergebnisses aus ⇒assets held for sale: Nach IFRS 5.33 müssen in der GuV die Erfolgsauswirkungen aus der Aufgabe von Geschäftsbereichen gesondert angegeben werden.
- Nachträgliche ⇒Fehlerkorrekturen, Änderungen von Bewertungsschätzungen: IAS 8.32–.48 führen hierfür spezielle GuV-Ausweisvorschriften und Ertragsrealisierungsvorschriften an.
- Unter IFRS werden zahlreiche unrealisierte Gewinne und Verluste aus der Bewertung zum beizulegenden Zeitwert (Fair value) ergebniswirksam erfasst (⇒Fair value Accounting, ⇒other comprehensive income). Um die unterschiedlichen Ergebnisbeiträge transparent zu machen, muss eine ⇒Eigenkapitalveränderungsrechnung als separater Abschlussbestandteil aufgestellt werden. Ab 2009 ist zudem die Aufstellung einer ⇒Gesamteinkommensrechnung verpflichtend, in der die Gewinn- und Verlustrechnung wahlweise integriert werden kann.

Mangels detaillierter Gliederungsvorgaben werden nach IAS 8.12 allgemeine anerkannte Gliederungsschemen aus der Praxis maßgeblich (⇒Bilanzierungs- und Bewertungsvorschriften, Auswahl). Hier setzen sich aber die Vorstellungen der großen Wirtschaftsprüfungsgesellschaften durch, wie z. B. im Internet veröffentliche IFRS-Musterabschlüsse.
Die Abbildung auf der nächsten Seite zeigt eine solche Muster-GuV nach dem Umsatzkostenverfahren mit Hinweisen auf die entsprechenden Bilanzierungsvorschriften.

Gewinne
⇒Ansatzgrundsätze für Aufwendungen und Erträge

Gewinnrücklagen
Bestandteil der Bilanzposition ⇒Eigenkapital, die die Summe der in der Vergangenheit nicht ausgeschütteten (einbehaltenen) Gewinne (retained earnings) eines Unternehmens zeigt. IFRS enthalten keine Vorschriften zur Verwendung des Bilanzgewinns, insofern können die Bestandteile der einzelnen Rücklagen frei definiert werden.

Gewinnverwendungsrechnung
⇒Bilanz

Gläubigerschutz
Das zentrale Interesse der Gläubiger besteht in der termingerechten Einzahlung von vertraglich vereinbarten Tilgungs- und Zinszahlungen. Die Gläubiger sind somit vor allem an den Informationen über die Kreditwürdigkeit des Schuldners interessiert. Der Gläubigerschutz kann z. B. durch Bildung von stillen Reserven und durch eine strenge Ausübung des Vorsichtsprinzips gewährleistet sein.

Going Concern
⇒Unternehmensfortführung

Goodwill
Der Goodwill stellt den positiven Unterschied zwischen dem Unternehmenskaufpreis und den neu bewerteten identifizierbaren Vermögenswerten und Schulden dar. Im Fall eines negativen Unterschiedsbetrags handelt es sich um den sog. Badwill (Grund für seine Entstehung könnte z. B. ein niedriger Kaufpreis („lucky buy") sein), der nach einer kritischen Überprüfung der Berechnung erfolgswirksam zu realisieren ist (⇒Geschäfts- oder Firmenwert, Begriff).

KONZERN-GEWINN-UND VERLUSTRECHNUNG Für den Zeitraum vom 1. Januar bis zum 31 Dezember 2007				
		2007	2006	
	Anhang	*TEUR*	*TEUR*	*IAS 1.46(d),(e)*
Fortzuführende Geschäftsbereiche				
Verkauf von Waren und Erzeugnissen		2.450	2.200	*IAS 18.35 (b),(i)*
Erbringung von Dienstleistungen		218	198	*IAS 18.35 (b),(ii)*
Mieterträge		18	16	*IAS 18.35 (c)*
Umsatzerlöse		2.686	2.414	*IAS 1.81 (a)*
Umsatzkosten	6,5	-1.500	-1.300	*IAS 1.88, IAS 1.92*
Bruttoergebnis vom Umsatz		1.186	1.114	*IAS 1.83, IAS 1.92*
Sonstige betriebliche Erträge	6,1	20	18	*IAS 1.92*
Vertriebskosten		-190	-165	*IAS 1.93*
Allgemeine Verwaltungskosten	6,5	-230	-207	*IAS 1.94*
Sonstige betriebliche Aufwendungen	6,2	-13	-11	
Betriebsergebnis		773	749	*IAS 1.83*
Finanzerträge	6,4	10	9	*IAS 1.81 (a)*
Finanzaufwendungen	6,3	-20	-16	*IAS 1.81 (b)*
Anteil am Gewinn assoziierter Unternehmen	14,0	5	4	*IAS 1.81 (c), IAS 28.38*
Ergebnis vor Steuern		768	746	*IAS 1.83*
Ertragsteueraufwand	7,0	-47	-42	*IAS 1.81 (d), IAS 12.77*
Ergebnis aus fortzuführenden Geschäftsbereichen		721	704	*IAS 1.83*
Aufgegebener Geschäftsbereich				
Ergebnis nach Steuern aus dem aufgegebenen Geschäftsbe	8,0	5	-4	*IAS 1.81 (e), IFRS 5.33 (a)*
PERIODENERGEBNIS		726	700	*IAS 1.81 (f)*
Davon entfallen auf:				
Anteilseigner der Mutunternehmens		658	594	*IAS 1.82 (b)*
Minderheitsanteile		68	106	*IAS 1.82 (a), IAS 27.33*
		726	700	

Quelle: Entnommen aus E&Y, International GAAP: Good Group (International) Limited.

Goodwill Impairment
Goodwill unterliegt nicht einer planmäßigen Abschreibung, sondern ist gem. IAS 36 jährlich auf Wertminderungsbedarf zu testen. Der ⇒Impairment test erfolgt auf Ebene einer ⇒Cash generating unit. Von der Zusammenlegung einer Cash generating unit kann abhängen, ob es zu einem Wertminderungsbedarf kommt oder nicht, wenn sich unterschiedliche Effekte innerhalb einer Einheit ausgleichen. Fallen die Gründe für eine Goodwillwertminderung weg, darf in Gegensatz zu den übrigen Vermögenswerten keine Zuschreibung erfolgen.

Grundgeschäft
Position, die mit einem Hedgegeschäft abgesichert werden soll ⇒Hedging.

Grundlage für Schlussfolgerungen
Zusätzlich zu einem verabschiedeten und veröffentlichten International Reporting Financial Standard wird auch eine sog. Grundlage für Schlussfolgerungen (Basis for Conclusion) veröffentlicht, in der der Entwicklungsprozess und die Gründe für die Entwicklung des Standards erklärt werden. Im Gegensatz zu einem IFRS hat eine Grundlage für Schlussfolgerungen keine verpflich-

tende, sondern lediglich eine erklärende Bedeutung.

Grundsätze ordnungsmäßiger Buchführung, GoB
Die Grundsätze ordnungsmäßiger Buchführung (GoB) sind grundlegende Ordnungsvorschriften und Regeln des deutschen Bilanzrechts, die angeben, wie Buchhaltung und Jahresabschluss zweckmäßigerweise gestaltet sein sollten. GoB sind nur teilweise gesetzlich kodifiziert (stehen also im HGB), teilweise konkretisieren sie gesetzliche Vorschriften. GoB sind grundlegende Bilanzierungsnormen, die sich in einem Prozess entwickeln, an dem nicht nur die betriebliche Praxis und die wirtschaftswissenschaftliche Theorie, sondern auch der Gesetzgeber und die Bilanzrechtsprechung teilnehmen. GoB bzw. das Zusammenspiel zwischen gesetzlichen Vorschriften und GoB haben in Deutschland eine lange Tradition: Im Regelfall drücken die Wirtschaftsgesetze GoB aus und widersprechen ihnen nicht. Im deutschen Bilanzrecht haben sich viele wichtige GoB herausgebildet, ein GoB mit überragender Bedeutung ist der Grundsatz der ⇒Vorsicht.
Das handelsrechtliche Vorsichtsprinzip zeigt sich u. a. in Gestalt des: Niederstwertprinzips: Bei der Bewertung bestehen Unsicherheiten, daher werden im handelsrechtlichem Jahresabschluss Vermögensgegenstände tendenziell niedrig (z. B. strenges Niederstwertprinzip beim Umlaufvermögen) und Schulden eher hoch geschätzt (z. B. Bilanzierung einer Drohverlustrückstellung).
Realisationsprinzips: Gewinne dürfen in der ⇒Gewinn- und Verlustrechnung erst dann ausgewiesen werden, wenn diese realisiert sind (d. h. die Ware wurde an den Kunden ausgeliefert oder die Dienstleistung wurde erbracht).

Gründungs- und Erweiterungsaufwendungen
⇒Immaterielles Anlagevermögen

Gruppenbewertung
⇒Vorratsbewertung

GuV-Gliederung
⇒Gewinn- und Verlustrechnung

GuV-Konsolidierung
⇒Aufwands- und Schuldenkonsolidierung

GuV-orientierte Sichtweise
Die ⇒Gewinn- und Verlustrechnung wird in angelsächsischen Ländern traditionell als wichtigster Informationsträger im Jahresabschluss betrachtet. Die besondere Bedeutung von Periodenerfolgen ist bereits daran zu erkennen, dass die Gewinn- und Verlustrechnung in US-amerikanischen Geschäftsberichten meistens vor der Bilanz angeordnet wird. Lange Zeit dominierten daher in der angelsächsischen Rechnungslegung eher sog. „GuV-orientierte" Theorieauffassungen („revenue/expense approach"). Befürworter der GuV-orientierten Sichtweise betrachten einen *periodengerecht* ermittelten Gewinn als zentralen Maßstab für die Beurteilung der Leistungsfähigkeit eines Unternehmens. Um zu vermeiden, dass zufällige Ein- oder Auszahlungshäufungen zu einer verzerrten Abbildung der Ertragslage führen, sollen Aufwendungen und Erträge unabhängig von den Zahlungszeitpunkten in der GuV erfasst werden (Grundsatz der Periodenabgrenzung bzw. *„accrual accounting"*). Nach der GuV-orientierten Sichtweise ist im Rahmen der Jahresabschlusserstellung stark auf das Urteilsvermögen des Bilanzierenden abzustellen. Der Bilanzierende soll die Möglichkeit haben, die Periodenerfolge von außerordentlichen oder unüblichen Bestandteilen zu befreien, um sie so zu möglichst nachhaltigen – die tatsächliche Ertragskraft anzeigende – Erfolgen zu ‚glätten'.
Seit einigen Jahren ist bei den internationalen ⇒Standardsetzern und auch beim ⇒IASB ein Trend zur ⇒bilanzorientierten Sichtweise zu beobachten, wie das zunehmende ⇒Fair value Accounting verdeutlicht. Einige ältere IFRS Vorschriften spiegeln jedoch noch die GuV-orientierte Sichtweise wider. Beispiele sind die ⇒Teilgewinnrelasisierung nach der Percentage of Completion-Methode (IAS 11) und die zumeist erflolgsneutralen Zugangsbewertungsvorschriften.

Handelsbilanz

⇒Bilanz, die im Rahmen des ⇒Einzelabschlusses in Deutschland nach § 242 (1) HGB jeder Kaufmann für den Schluss eines jeden Geschäftsjahres nach ⇒HGB aufzustellen hat. Hierbei kann es gegenüber der ⇒Steuerbilanz unterschiedliche Wertansätze, z. B. bei der Bewertung von Vermögensgegenständen oder Schulden kommen. In Deutschland sind Handelsbilanz und Steuerbilanz über die ⇒Maßgeblichkeit (§ 5 Abs. 1 EStG) miteinander verknüpft, so dass die Wertansätze der beiden Bilanzen weitgehend identisch sind.

Handelstag

Der Tag, an dem das Unternehmen die Verpflichtung zum Kauf oder Verkauf eines Vermögenswerts eingegangen ist (IAS 39.A55).

HB I

Übliche Bezeichnung der Handelsbilanz I, also der nach ⇒Local GAAP erstellten ⇒Handelsbilanz.

HB II

Übliche Bezeichnung für die Handelsbilanz II, also der nach konzerneinheitlichen Bilanzierungs- und Bewertungsvorschriften (z. B. nach IFRS) erstellten Abschlusszahlen. Über ggf. entsprechende Korrekturen wird von der nach ⇒Local GAAP erstellten HB I auf die HB II übergeleitet.

Hedge Accounting

Finanzwirtschaftliches Ausgangsproblem des Hedge Accounting:

Unternehmen werden oft mit externen, unkontrollierbaren Risiken konfrontiert, die die Geschäftsergebnisse erheblich beeinflussen können (bspw. können Wechselkurse wesentlich das operative Geschäftsergebnis von Vertriebsgesellschaften beeinflussen). Grundsätzlich ergeben sich Risiken für das operative Geschäftsergebnis aus zukünftigen Geldflüssen (z. B. Risiko, das aufgrund stark schwankender Rohstoffpreise die Preise der Erzeugnisse angepasst werden müssen) und aus Veränderungen von Zeitwerten (z. B. Wertabhängigkeit von Forderungen, Verbindlichkeiten, Vorräten und Wertpapieren von Wechselkursen, Rohstoffpreisen, Aktienkursen und Zinsen). Zunehmend gehen auch mittelständische Unternehmen dazu über, bestimmte risikobehaftete Geschäfte durch Sicherungsinstrumente (hedges) abzusichern.

Ziele von Sicherungsgeschäften (hedging)

Die Grundidee von Sicherungsgeschäften (hedging) ist es, offene Risikopositionen (Grundgeschäft, hedged item) durch den Aufbau einer dem gleichen Risiko unterliegenden, jedoch wertmäßig gegenläufigen Position (Sicherungsinstrument, hedging instrument) abzusichern. Im Idealfall werden so Veränderungen der einen Position durch gegenläufige Veränderungen der anderen Position kompensiert, so dass das Risiko des Grundgeschäfts ausgeglichen wird.

Als Sicherungsinstrumente eignen sich sowohl nicht-derivative ⇒Finanzinstrumente (z. B. Aktien, Flüssige Mittel, Anleihen, Schuldverschreibungen, Forderungen und Verbindlichkeiten) als auch ⇒Derivate (z. B. Termingeschäfte oder Optionsgeschäfte), wobei Derivate in der Praxis am häufigsten eingesetzt werden.

Bilanzielles Ausgangsproblem des Hedge Accounting

Um die Kompensationswirkung von Sicherungsgeschäften auch bilanziell abzubilden, muss gewährleistet sein, dass Grundgeschäft und Sicherungsinstrument gleich (paritätisch) bewertet werden. Viele abzusichernde Grundgeschäfte werden aber nach den normalen Ansatz- und Bewertungsvorschriften gar nicht bilanziert, wie das nachfolgende Beispiel verdeutlicht:

Die Budgetplanung für das kommende Geschäftsjahr eines Industrieunternehmens sieht einen sehr wahrscheinlichen Großauftrag in den USA mit einem Auftragswert von 1.000.000 US$ vor.

Aktueller Wechselkurs zum Zeitpunkt der Planungserstellung: **1 $ = 0,95 EUR**. Es wird ein fallender Dollarkurs erwartet. Im Juni des Folgejahres geht der US-Auftrag tatsächlich ein (aktueller Wechselkurs: **1 $ = 0,65 EUR**). Leistung und Lieferung werden vertraglich für Anfang Dezember des Jahres vereinbart. Es werden weiterhin stark schwankende Dollarkurse erwartet. Dem US-Kunden wird ein zweimonatiges Zahlungsziel gewährt, so dass die Zahlung voraussichtlich erst im Januar des darauffolgenden Jahres erfolgt.
Zum Zeitpunkt der Budgeterstellung kann der erwartete Großauftrag nicht bilanziert werden. Es handelt sich um eine nicht bilanzierungsfähige erwartete Transaktion (forecasted transaction). Im Juni des Folgejahres entsteht eine nicht bilanzierungsfähige feste Verpflichtung zur Leistungserfüllung (firm comittment). Erst im Dezember entsteht mit der Leistung und Lieferung ein bilanzierungspflichtiger Sachverhalt.

Um eine paritätische Bewertung von Grundgeschäft und Sicherungsinstrument zu gewährleisten, sind nach IAS 39 Grundgeschäfts und Sicherungsinstrument unter bestimmten Voraussetzungen als Bewertungseinheit zu bilanzieren (Hedge Accounting).

Voraussetzungen des Hedge Accounting nach IAS 39
Nicht alle Grundgeschäfte qualifizieren sich zur Absicherung. Nur für folgende Grundgeschäfte finden die speziellen Vorschriften des Hedge Accounting Anwendung (IAS 39.78 ff.):
- Einzelne oder zu Gruppen zusammengefasste
  - o Hochwahrscheinliche, erwartete einzelne Transaktionen, z. B. geplanter Kauf von Vorräten *(= forecasted transactions)*
  - o Nicht bilanzierte feste Verpfichtungen, z. B. Bestellungen *(=firm commitments)*
  - o Bilanzierte Vermögenswerte oder Schulden, z. B. Forderungen, Vorräte, Lieferantenverbindlichkeiten

Folgende Sachverhalte qualifizieren sich u. a. nicht:
- Allgemeines Geschäftsrisiko
- Im ⇒Konzernabschluss Transaktionen mit ausschließlich konzerninternen Geschäftspartnern

Damit Grundgeschäft und Sicherungsinstrument als Bewertungseinheit bilanziert werden kann, müssen im wesentlichen folgende Nachweispflichten vollständig erbracht werden:
- **Designation**: Zu Beginn der Absicherung werden das Grundgeschäft und das Sicherungsinstrument formal designiert sowie die Methode zur Effektivitätsmessung und das gesicherte Risiko dokumentiert.
- **Effektivitätstest:** Die Effektivität des Sicherungsgeschäfts muss verlässlich feststellbar sein. Der Erfolg aus dem Sicherungsgeschäft muss **hocheffektiv** sein, d. h. (Berechnung nach der Standardmethode):

$$\frac{\text{Prozentuale Veränderung des Sicherungsinstrument}}{\text{Prozentuale Veränderung des Grundgeschäfts}} = 0{,}8 - 1{,}25$$

- Die Effektivität der Sicherungsbeziehung muss laufend überwacht werden und seit der erstmaligen Designation fortbestehen.

Sofern diese Nachweiserfordernisse nicht erfüllt werden, sind für Grundgeschäft und Sicherungsinstrument die normalen Ansatz- und Bewertungsvorschriften maßgeblich. Ist der Nachweis möglich, sind die speziellen Vorschriften des Hedge Accounting nach IAS 39.85–.102 zu befolgen. Soweit die Sicherung hocheffektiv (d. h. zwischen 0,8–1,25 liegt) ist, wirkt das Grundgeschäft zusammen mit dem Sicherungsinstrument weitgehend erfolgsneutral, der Kompensationseffekt wird auch bilanziell abgebildet.
IAS 39 unterscheidet zwischen Fair Value Hedges und Cash Flow Hedges, die je nach Art des Grundgeschäft Anwendung finden.

Bilanzierung und Bewertung von Fair value Hedges
Bei der (teilweisen) Absicherung von Risiken aus Zeitwertveränderungen von
- festen Verpflichtungen (firm comittments); oder
- bilanzierten Vermögenswerten oder Schulden

greifen die Vorschriften für *fair value hedges*.

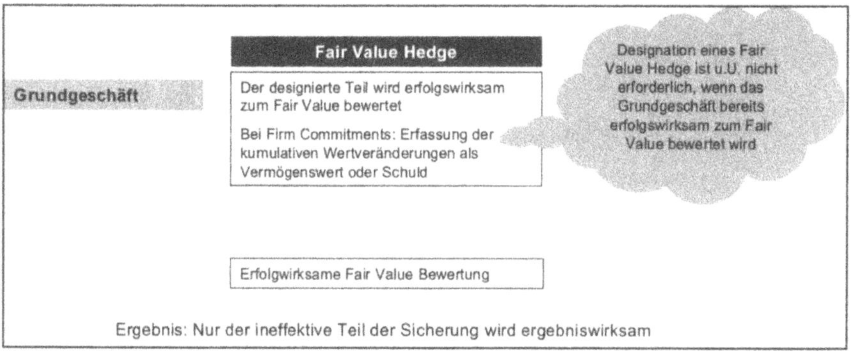

Die wesentlichen Regelungen dafür zeigt oben stehendes Schaubild.

Beispiel – Fair value Hedge:
Ein Unternehmen erwirbt am 01. Juni 15.000 Barrel Öl für 1.500.000 € (Preis: **100 €**/Barrel). Zur Sicherung des Ölpreises wird ein Ölpreisfuture über 10.000 Barrel der selben Marke eingegangen. Es werden also nur 2/3 der Ölmenge designiert. Die allgemeinen Voraussetzungen für Hedge Accounting werden erfüllt.
Am 30. Juni ist der Ölpreis auf **102 €**/ Barrel gestiegen; der Wert des Futures ist negativ und beträgt –20.000 €.
Da nur 2/3 designiert sind, kann nur 2/3 der Wertsteigerung (d.h. 20.000 €) beim Grundgeschäft erfasst werden.
Buchungssatz am Bilanzstichtag:

Vorräte an
Hedge-Ergebnis 20.000 (Ertrag)
Hedge-Ergebnis an
Sicherungsinstrument 20.000 (Aufwand)

Das Sicherungsgeschäft war effektiv (Effektivitätstest: 20.000/20.000 = 1,0); d.h. es entstand keine Ergebnikswirkung. Die Vorräte werden um 20.000 aufgewertet und stellen die neue Wertbasis für Abwertungen dar.

Bilanzierung und Bewertung von Cash Flow Hedges
Wenn Schwankungen zukünftiger erfolgswirksamer Zahlungsströmen, die ein Risiko für
- bilanzierte Vermögenswerte und Schulden; oder
- nicht bilanzierten hochwahrscheinlichen erwarteten Transaktionen (forecasted transactions)

abgesichert werden sollen, greifen die Vorschriften für *cash flow hedges*.
Die wesentlichen Regelungen zeigt unten stehendes Schaubild.
Bei Cash Flow Hedges muss der effektive Teil nach der buchmäßigen Effektivität bestimmt werden (vgl. Abbildung nächste Seite).

Beispiel – Cash Flow Hedge:
Ein Unternehmen hat im Rahmen der Vorratsplanung beschlossen, in acht Monaten 1.000 Barrel Kerosin zu erwerben.

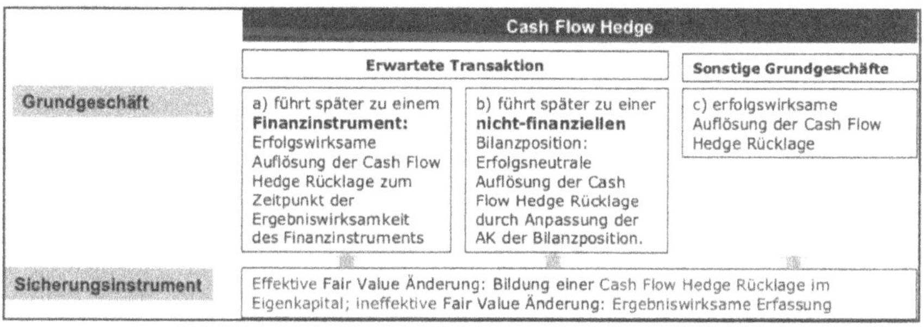

Cash Flow Hedge
Erwartete Transaktion
Sonstige Grundgeschäfte
Grundgeschäft
a) führt später zu einem Finanzinstrument: Erfolgswirksame Auflösung der Cash Flow Hedge Rücklage zum Zeitpunkt der Ergebniswirksamkeit des Finanzinstruments
b) führt später zu einer nicht-finanziellen Bilanzposition: Erfolgsneutrale Auflösung der Cash Flow Hedge Rücklage durch Anpassung der AK der Bilanzposition.
c) erfolgswirksame Auflösung der Cash Flow Hedge Rücklage
Sicherungsinstrument
Effektive Fair Value Änderung: Bildung einer Cash Flow Hedge Rücklage im Eigenkapital; ineffektive Fair Value Änderung: Ergebniswirksame Erfassung

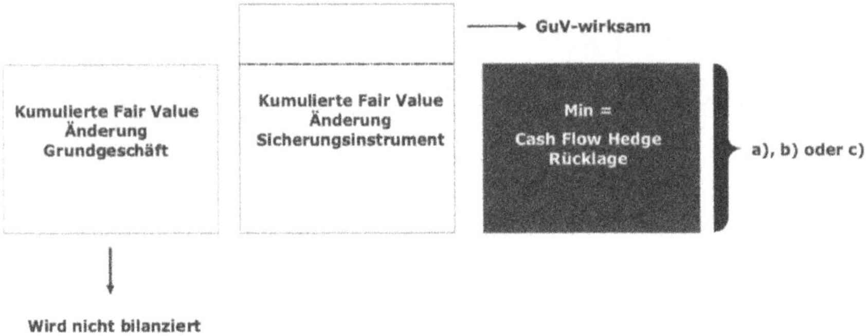

Da keine Derivate für Kerosin bestehen, sichert sich das Unternehmen mit einem Termingeschäft über den Kauf von 1.000 Barrel Rohöl gegen das Risiko steigender Kerosinpreise ab. Bis zum Bilanzstichtag haben sich die €-Preise folgendermaßen entwickelt:

	Designationstag	Bilanzstichtag
Kerosin (Grundgeschäft)	100 €	104 €
Rohöl (Sicherungsinstrument)	90 €	95 €

Beim Grundgeschäft handelt es sich um eine nicht bilanzierungsfähige erwartete Transaktion (forecasted transaction), die später zu einer nicht-finanziellen Bilanzposition (Kerosinvorräte) führt (Fall b). Die kumulierte Wertänderung des Grundgeschäftes beträgt 4.000 €; die kumulierte Fair value Änderung des Sicherungsinstruments beträgt 5.000 €. Aufgrund des Effektivitätstests werden der ineffektive Teil i.H.v. 1.000 € ertragswirksam erfasst („Overhedging"), der effektive Teil i.H.v. 4.000 € wird erfolgsneutral in eine Cash Flow Hedge Rücklage eingestellt.
Buchungssatz am Bilanzstichtag:

Derivat an
Cash Flow Hedge Rücklage 4.000
Derivat an Sonstiger Ertrag 1.000

Buchungssätze beim Kauf des Kerosins (8 Monate später): Die erwartete Transaktion führt zu einem nicht-finanziellen Vermögenswert (siehe Abbildung Fall b)), die Auflösung der Cash Flow Rücklahe mindert die Anschaffungskosten des Kerosins. Nach Auflösung der Sicherungsbeziehung sind für das Termingeschäft die Bertungsvorschriften für ⇒Finanzinstrumente maßgeblich.

Kerosin 104.000 an
Flüssige Mittel 104.000
Cash Flow Hedge Rücklage 4.000 an
Kerosin 4.000

Held for Trading
⇒Finanzinstrumente

Held-to-Maturity
⇒Finanzinstrumente

Herstellungsaufwand
⇒Abgrenzung Erhaltungs- und Herstellungsaufwand

Herstellungskosten
Bei den Herstellungskosten (cost of conversion) von selbsterstellten ⇒Sachanlagen, ⇒immateriellen Anlagen ⇒Vorräten und unfertigen Dienstleistungen gibt es (solange die aktuelle Fassung des ⇒Bilanzrechtsmodernisierungsgesetzes (BilMoG) noch nicht gesetzlich verabschiedet wurde) Unterschiede zwischen HGB und IFRS; denn während nach den Regelungen des § 255 Abs. 2 HGB lediglich die ⇒Einzelkosten als Pflichtbestandteile zu aktivieren sind, so ist unter IFRS ein zwingender Ansatz zu produktionsbezogenen Vollkosten (full absorbtion cost) erforderlich (IAS 2.12). Da aber in der ⇒Steuerbilanz die wichtigsten ⇒Gemeinkosten anzusetzen sind, ergaben sich für viele mittelständische Unternehmen, die eine Einheitsbilanz

erstellen, kaum Unterschiede zur IFRS-Bewertung. Die nachfolgende Abbildung fasst die wesentlichen Herstellungskostenbestandteile nach HGB und IFRS zusammen:

	IFRS	HGB
Materialeinzelkosten	Pflicht	Pflicht
Fertigungseinzelkosten	Pflicht	Pflicht
Sondereinzelkosten der Fertigung	Pflicht	Pflicht
Fixe und variable Materialgemeinkosten	Pflicht	Wahlrecht
Fixe und variable Fertigungsgemeinkosten	Pflicht	Wahlrecht
Werteverzehr des Anlagevermögen	Pflicht	Wahlrecht
Fertigungsbezogene Verwaltungskosten, Aufwendungen für soziale Einrichtungen und freiwillige Sozialleistungen und betriebliche Altersversorgung	Pflicht	Wahlrecht
Herstellungsbezogene Fremdkapitalkosten für qualifying assets	Pflicht	Wahlrecht
Allgemeine Verwaltungskosten	Verbot	Wahlrecht
Vertriebskosten	Verbot	Verbot
Lagerkosten (sofern Lagerung nicht Teil der Produktion ist)	Verbot	Verbot
Steuern vom Gewinn	Verbot	Verbot

Als Grundsatz sind alle Kosten zu aktivieren, die erforderlich sind, um den Gegenstand in die gegenwärtige Form zu bringen (IAS 2.10). Soweit sie erforderlich sind, müssen auch Kosten aus dem Nicht-Fertigungsbereich oder Kosten des Produktdesigns einbezogen werden (IAS 2.15). Die produktionsbezogenen Gemeinkosten sind auf Basis der ⇒Normalbeschäftigung zu aktivieren (keine Aktivierung von Kosten der Unterbeschäftigung/Leerkosten) (IAS 2.13). Verwaltungskosten müssen in nicht-produktionsbezogene Kosten (Aktivierungsverbot) und produktionsbezogene Kosten (Aktivierungspflicht) aufgeschlüsselt werden. Bei ⇒qualifying assets müssen zurechenbare Fremdkapitalkosten mit einbezogen werden (IAS 23). Die verpflichtende Aktivierung zu Vollkosten erfordert eine exakte ⇒Kalkulation und ⇒Kosten- und Leistungsrechnung.

Der Ansatz von Standardkosten (kalkulierte Normalkosten je Stück) oder des Verkaufspreises abzüglich eines Gewinnaufschlages ist erlaubt, wenn diese Methode die Ist-Kosten zutreffend widerspiegelt (IAS 2.21).

Besonderheiten ergeben sich vor allem bei Sachanlagen aus der ⇒Abgrenzung von Erhaltungs- und Herstellungsaufwand und aus der Aktivierung von ⇒Rückbauverpflichtungen.

Historische Anschaffungs- und Herstellungskosten

⇒Anschaffungswertmethode

Hochwahrscheinlich

Damit der Eintritt eines Sachverhalts hochwahrscheinlich ist, müssen deutlich mehr Gründe dafür als dagegen sprechen (in Prozent: Deutlich über 51%) (IFRS 5.A).

Humankapital

⇒Immaterielles Anlagevermögen

IAS
⇒IFRS

IASB
International Accounting Standards Board; Nachfolgeorganisation des 1973 auf Initiative des Berufstands der britischen Accountants in London gegründeten International Accounting Standards Committee (IASC). Hintergrund der Gründung des IASC war die Befürchtung der Briten, dass sich auf europäischer Ebene das von britischen Rechnungslegungsgepflogenheiten sehr abweichende kontinental-europäische Bilanzrecht durchsetzten könnte.
Das IASC wurde im April 2001 ***International Accounting Standards Board, IASB*** unbenannt. Es ist eine **privatrechtliche Organisation**, in der mittlerweile 153 Mitgliedsorganisationen aus 112 Ländern vertreten sind (vor allem aus den Berufsstand der Wirtschaftsprüfer und Organisationen der Rechnungslegungsersteller und -adressaten).
Das Geschäftsmodell des IASB besteht daraus, **weltweit einheitliche Rechnungslegungsstandards** zu formulieren und zu vermarkten. Im Vorwort der IFRS werden die Ziele des IASB beschrieben:
- *„to develop, in the public interest, a single set of high quality, understandable and enforceable global accounting standards that require high quality, transparent and comparable information in financial statements and other financial reporting to help participants in the various capital markets of the world and other users of the information to make economic decisions;*
- *to promote the use and rigorous application of those standards;*
- *and to work actively with national standard-setters to bring about convergence of national accounting standards and IFRSs to high quality solutions"* (Preface to IFRSs, Tz.6).

Dachorganisation des IASB ist die im US-amerikanischen Delaware ansässige privatrechtlich organisierte International Accounting Standards Committee Foundation (IASCF). Erklärtes Ziel des IASB ist die Entwicklung weltweit einheitlicher, qualitativ-hochwertiger Rechnungslegungsstandards und eine enge Zusammenarbeit mit nationalen Standardsetzern, um eine Konvergenz mit nationalen Rechnungslegungsvorschriften herbeizuführen. Das IASB besteht auf 14 Rechnungslegungsexperten aus verschiedenen Ländern, die für die Entwicklung und für die Veröffentlichung von IFRS und für die Zusammenarbeit mit nationalen Rechnungslegungsgremien verantwortlich sind.

IASB Framework
In sogenannten theoretischen Rahmenkonzepten *(conceptual frameworks)* der angloamerikanischen Standardsetzer werden allgemein relevante Prinzipien, Ziele und Anforderungen einer informationsorientierten Rechnungslegung beschrieben. Im Idealfall dienen sie als theoretische Deduktionsbasis bei der Entwicklung neuer Standards und als Anwendungshilfe bei Regelungslücken oder bei Zweifelsfragen. Grundsätzlich sind die Ausführungen der theoretischen Rahmenkonzepte im Rahmen der Jahresabschlusserstellung nicht verbindlich zu beachten.
Das IASB Framework ist ebenfalls unverbindlich, die in den Standards oder Interpretationen fixierten Regelungen gehen stets vor (vgl. IASB Framework, ‚Introduction', Rdnr. 2; IAS 1.11.).
Es bestehen jedoch teilweise *Verbindungen zwischen den Standards und dem Framework*, wodurch die allgemeinen Prinzipien und Ziele des IASB Frameworks teilweise zwingend beachtet werden müssen, um einen IFRS-konformen Abschluss zu erstellen.

Beispiele:
- Nach IAS 1.13 muss beurteilt werden, ob im Sinne eines ⇒true and fair view / fair presentation eine glaubwürdige Darstellung der Geschäftsvorfälle und Ereignisse in Übereinstimmung mit den Definitionen und Ansatzkriterien des Frameworks erfolgt.

- Um dem Gebot der fair presentation zu genügen, soll die Darstellung der Abschlussinformationen und die Auswahl der Bilanzierungsmethoden die allgemeinen Grundprinzipien der ⇒Entscheidungsrelevanz, ⇒Verlässlichkeit, ⇒Vergleichbarkeit und ⇒Verständlichkeit erfüllen (IAS 1.15 (b)).
- Nach IAS 8.11 (b) müssen bei Regelungslücken oder Zweifelsfragen die Definitionen und allgemeinen Ansatz- und Bewertungskriterien des IASB Frameworks beachtet werden.
- Einzelne IFRS-Standards verlangen ausdrücklich die verbindliche Einhaltung einiger Prinzipien des IASB Frameworks, insbesondere ⇒substance over form, ⇒Verlässlichkeit, ⇒Relevanz, ⇒glaubwürdige Darstellung, ⇒Neutralität, ⇒Vorsicht, ⇒Vollständigkeit, ⇒Wesentlichkeit sowie die Prämissen der ⇒Unternehmensfortführung und der ⇒Periodisierung.

Zu Beginn der einzelnen Standards wird zudem jeweils darauf hingewiesen, dass die Regelungen des Standards immer vor dem Hintergrund ihrer Ziele, den Grundlagen zur Beschlussfassung, dem Vorwort zu den IFRS sowie mit dem IASB Framework gelesen werden müssen. Die Grundsätze und Ziele des IASB Frameworks sollen außerdem generell bei Ermessensentscheidungen einen Leitrahmen vorgeben, wie im Vorwort des IASB klargestellt wird.

IASB, Finanzierung

Das IASB ist privatrechtlich organisiert und finanziert (Finanzierung über Spenden, Mitgliedsbeiträge und Publikationen). Deutsche Unternehmen finanzieren ca. 15% des Gesamtbudgets. Jährlich fließen zwischen 100.00 und einer Million EURO von den Geldgebern, meisten große Unternehmen wie RWE, Pfizer, Deutsche Bank, Goldman Sachs, KPMG etc. an das IASB (vgl. Frankfurter Allgemeine Zeitung v. 06.03.2007, S. 19).

Kritische Stellungnahmen zur privaten Finanzierung des IASB:
- „Wer zahlt, schafft an?"
- Kann eine ausreichende Finanzierung sichergestellt werden?
- Wie ist eine freiwillige Finanzierung durch Unternehmen – insbesondere unter dem Aspekt der Pflichtanwendung zu beurteilen?
- Gefahr des einseitigen Lobbyismus?
- „De facto können die zahlenden Unternehmen damit Regeln erlassen, die für alle börsennotierten und in abgespeckter Form wohl auch bald für kleinere Unternehmen gelten" (Frankfurter Allgemeine Zeitung v. 06.03.2007, S. 19).

IAS-Verordnung

⇒IFRS, Hintergründe und Rahmenbedingungen

IAS-Verordnung

⇒IFRS, Hintergründe und Rahmenbedingungen

IFRIC

International Financial Reporting Interpretations Committee, Nachfolgeinstitution des Standing Interpretations Committee (SIC). Bei einigen IFRS kann es bei den Anwendern zu unterschiedlichen Auslegungen kommen, so dass es einer Interpretation bedarf, um eine einheitliche Anwendung der Vorschriften gewährleisten zu können. Der Vorschlag einer interpretationswürdigen Fragestellung kann von beliebiger Seite erfolgen. Wird einem Vorschlag eine generelle Bedeutung zugeschrieben, setzt IFRIC ihn auf die Agenda.

Siehe auch ⇒IFRS, Aufbau des Regelwerks.

IFRS

Bezeichnung für das gesamte Regelwerk internationaler Rechnungslegungsstandards (International Accounting Standards, IAS und International Financial Reporting Standards, IFRS) und Interpretationen des International Financial Reporting Interpretations Committee (IFRIC) bzw. des ehemaligen Standing Interpretations Committee (SIC). Ziel des IASB ist die Entwicklung international anerkannter, vergleichbarer und qualitativ hochwertiger Bilanzierungs- und Publizitätsvorschriften. Nach IFRS erstellte Quartals-

oder Jahresabschlüsse dienen primär der Bereitstellung verlässlicher und entscheidungsrelevanter Informationen. Die in Deutschland vorgeschriebene ergänzende Ausschüttungs- und Steuerbemessungsfunktion des handelsrechtlichen Einzelabschlusses entfällt bei einem IFRS Abschluss.
Innerhalb der Europäischen Union müssen ab 2005, in bestimmten Ausnahmefällen ab 2007, die Konzernabschlüsse aller kapitalmarktorientierten Unternehmen nach IFRS erstellt werden. Voraussetzung für die Rechtsverbindlichkeit der IFRS – Normen innerhalb der EU ist deren Transformation in europäisches Recht (⇒Endorsement). In Deutschland können neben dem genannten Pflichtanwendungsbereich auf freiwilliger Basis auch Konzernabschlüsse von nicht kapitalmarktorientierten Unternehmen (§ 315 a Abs. 3 HGB) sowie ergänzende Einzelabschlüsse nach IFRS offengelegt werden (nach § 325 Abs. 2a HGB). Die Gründe für eine (freiwillige) Finanzberichterstattung nach IFRS können vielfältig sein: So erfasst die fortschreitende Internationalisierung zunehmend auch mittelständische Unternehmen. IFRS werden immer mehr zu einer Marktzugangsvoraussetzung, denn der handelsrechtliche Abschluss ist in der Regel für internationale Geschäftspartner und Investoren wenig aufschlussreich und informativ. Auch die Kreditvergaberichtlinien nach ⇒BASEL II sprechen für eine IFRS-Finanzberichterstattung, da IFRS-Zahlen häufig ein höherer Aussagegehalt zugesprochen wird und im Normalfall eine bessere Eigenkapitalquote ermöglichen. Als weiteren Vorteil der Umstellung auf IFRS gilt die Möglichkeit zur Konvergenz des internen und externen Rechnungswesens. Aufgrund der strikten Informationsausrichtung der IFRS können viele Informationen des internen Berichtswesens und Controllings direkt mit den Zahlen der externen Finanzberichterstattung verknüpft werden. Außerdem ermöglicht bei international agierenden Unternehmen mit ausländischen Tochtergesellschaften, Betriebs- und Vertriebsstätten die unternehmensweit einheitliche Anwendung von IFRS eine effektivere interne Unternehmenssteuerung. International sind IFRS mittlerweile weit verbreitet: Auch in zahlreichen Nicht-EU-Ländern sind IFRS für kapitalmarktorientierte Unternehmen vorgeschrieben (zum Beispiel Australien, Vereinigte Arabische Emirate, Russland, Zypern). Die wesentlichen bilanziellen Veränderungen bei einer Umstellung auf IFRS resultieren insbesondere aus den unterschiedlichen Grundprinzipien der Rechnungslegung nach HGB und IFRS: Während bei den handelsrechtlichen Vorschriften der Gläubigerschutz mit seinen Ausprägungen Imparitäts-, Niederstwert- und Realisationsprinzip dominiert, ist unter IFRS sehr viel häufiger eine zeitwertorientierte Bewertung (Fair value) und eine bilanzielle Erfassung unrealisierter Gewinne und Verluste vorgeschrieben. Obgleich IFRS allgemein ein großer Informationsgehalt zugesprochen wird, darf nicht übersehen werden, dass die teilweise widersprüchlichen und komplizierten Einzelvorschriften, zahlreichen laufenden Veränderungen unterworfen sind und den Bilanzierenden häufig nur schwer verifizierbare Ermessenspielräume einräumen.

IFRS für den Mittelstand – Pro und Contra

Pro:

Die Gründe für ein (freiwilliges) Reporting nach IFRS können vielfältig sein:

- Die fortschreitende Internationalisierung der Wirtschaft erfasst zunehmend auch den Mittelstand. Internationale Standards stellen zunehmend eine Marktzugangsvoraussetzung dar – damit wird der Druck auf den Mittelstand erhöht, sich auch mit IFRS zu beschäftigen. Der handelsrechtliche Abschluss ist i. d. R. für ausländische Geschäftspartner wenig aufschlussreich, immer mehr Banken, ausländische Großkunden und Lieferanten verlangen international verständliche Bilanzen.
- Auch die strengen Kreditvergaberichtlinien nach ⇒BASEL II sprechen für eine Umstellung: IFRS-Abschlüsse sollen einen höheren Aussagegehalt haben und eine positivere Darstellung

der Eigenkapitalquote ermöglichen, wodurch eine vorteilhaftere Ausgangssituation bei Ratingprozessen und damit günstigere Kreditkonditionen erreicht werden können. In einer Umfrage von Bankenvertretern wird dies jedoch bezweifelt. Teilweise haben jedoch Banken wiederum angekündigt, die Bilanzierung nach IFRS bei Ratings direkt als Kriterium für die Risikoeinstufung zu berücksichtigen.

- Die Einführung der IFRS bietet die einmalige Möglichkeit strategischer ⇒Bilanzpolitik. Zudem bieten IFRS zwar weniger offene Bilanzierungswahlrechte, dafür umso mehr „versteckte" Ermessensspielräume, die für strategische Bilanzpolitik genutzt werden können.
- Als weiteren Vorteil der Umstellung auf IFRS gilt die Möglichkeit zur ⇒Konvergenz von internem und externen Rechnungswesen. Aufgrund der strikten Informationsausrichtung der IFRS können viele Informationen des internen Berichtswesens und Controllings direkt mit den Zahlen der externen Finanzberichterstattung verknüpft werden. Damit kann das Berichtswesen insgesamt effizienter gestaltet werden und Synergieeffekte genutzt werden (Beispiele: Marktbewertung von Finanzinstrumenten, Teilgewinnrealisierung bei langfristiger Auftragsfertigung.
- Bei international agierenden Unternehmen mit ausländischen ⇒Tochterunternehmen, Betriebs- und Vertriebsstätten ermöglicht die unternehmensweit einheitliche Anwendung von IFRS als „Unternehmensprache" eine effektivere interne Unternehmenssteuerung.
- In der Praxis wird erkennbar, dass Buchhaltungs- und interne und externe Reportingsysteme bei Erstellung eines IFRS-Konzernabschlusses zunehmend vollständig auf IFRS ausgerichtet werden, originär in IFRS gebucht wird und lediglich am Jahresende manuell auf HGB übergeleitet wird.
- Derzeit werden vereinfachte IFRS-Standards für ⇒kleine und mittlere Unternehmen (KMUs) entwickelt – das Ergebnis des KMU-Projekt wird wesentliches Kriterium für die Akzeptanz der IFRS im Mittelstand sowie für mögliche weitere gesetzliche Schritte sein.
- Der Zug in Richtung IFRS ist abgefahren – es hilft nur noch rechzeitig aufzuspringen und ggf. bei der Fahrt mitzuwirken?!

Contra:

- Als nachteilig gelten die sehr hohen Umstellungskosten. Der Übergang auf IFRS ist mit einem finanziellen und organisatorischen Aufwand verbunden, der von vielen mittelständischen Unternehmen unterschätzt wird (Vorbereitung beginnt teilweise schon 3 Jahre vor der eigentlichen Umstellung).
- Da die IFRS-Regeln einem ständigen Wandel unterworden und teilweise hochkomplex sind, wird umfassendes Mitarbeiter-Know-How sowie zahlreiche Anpassungen im Berichtswesen erforderlich. Mittelständische Unternehmen müssen auf externe fachliche und operative Beratungen zurückgreifen, während große Unternehmen nicht mehr ohne eigene Fachabteilungen auskommen.
- Nachteilig ist auch die Aufgabe einer Einheitsbilanz für steuerliche und gesellschaftsrechtliche Zwecke.
- Obgleich IFRS allgemein ein großer Informationsgehalt zugesprochen wird, darf nicht übersehen werden, dass die Einzelvorschriften teilweise widersprüchlich und hochkomplex, zahlreichen laufenden Veränderungen unterworfen sind und den Bilanzierenden häufig nur schwer verifizierbare Ermessenspielräume einräumen.
- Die Bilanzierung von Eigenkapital in Personengesellschaften und Genossenschaften ist noch weitgehend ungeklärt. Derzeit werden Personenhandelsgesellschaften gezwungen, sich das Eigenkapital wegzudefinieren.
- Die Investororientierung der IFRS passt nicht auf mittelständische Unternehmen, bei denen normalerweise eine nachhaltige Wertsicherung für die Eigentümer und Gläubiger interessiert.
- Eine Überwachung des Managements durch Publizität spielt bei mittelständischen Unternehmen, die einen kon-

stanten Eigentümerbestand mit Einblickrechten aufweisen, keine große Rolle bzw. ist sogar unerwünscht.
- De facto werden durch einen privaten Standardsetzer und den dahinterstehenden, als Geldgeber fungierenden Großkonzerne, Rating-Agenturen und den „Big Four" Wirtschaftsprüfungsgesellschaften komplexe und beratungsintensive Regeln erschaffen, die dann in „abgespeckter" Form auch für kleinere Unternehmen gelten.
- Die ⇒Konvergenz von internen und externen Rechnungswesen hat Grenzen und ist häufig gar nicht gewollt (interne Informationen werden vom Abschlussprüfer testiert).

IFRS, Aufbau des Regelwerks
Das IFRS Regelwerk besteht aus:
- den verbindlichen ⇒Rechnungslegungsstandards (International Accounting Standards (IAS)/International Financial Reporting Standards (IFRS).
- den verbindlichen Interpretationen (Standard Interpretation Interpretation Committee Interpretations (SICs))/International Financial Reporting Interpretation Committtee Interpretations (IFRICs)
- einem nur ergänzend verbindlichen theoretischen Rahmenkonzept (IASB Framework)
- ergänzende, unverbindliche ⇒Anwendungsleitlinien (Implementation Guidlines), Standarderläuterungen (Basis of Conclusions) und Anwendungsbeispielen (Illustrative Examples).
- IFRS enthalten die verbindlichen Bilanzierungs-, Bewertungs- und Offenlegungspflichten für einzelne Bilanzierungssachverhalte. Derzeit (Stand 2008) sind 41 IAS (von denen derzeit 33 gültig sind) und 8 IFRS veröffentlicht. Ab April 2001 werden neue Standards unter der Bezeichnung International Financial Reporting Standards (IFRS) veröffentlicht. Die bisherigen International Accounting Standards (IAS) werden aber in ihrer Bezeichnung nicht geändert und behalten weiterhin Gültigkeit. Man spricht daher auch von der Rechnungslegung nach IAS/IFRS.
- Interpretationen der bestehenden Standards übernimmt das im IASB organisatorisch eingebundene International Financial Reporting Interpretations Committee (IFRIC), das zuvor Standing Interpretations Committee (SIC) hieß. Ziel ist eine einheitliche Anwendung und Auslegung der Standards zur raschen Lösung von praktischen Anwendungsproblemen und von Detailproblemen (z. B. Klärung von Detailfragen bei der Aktivierung von Website-Kosten). Derzeit (Stand 2008) sind 33 SICs und 10 IFRICs veröffentlicht.
- Im theoretischen Rahmenwerk (⇒IASB Framework) werden die Ziele und Anforderungen der Rechnungslegung beschrieben, sowie die Elemente des Jahresabschlusses (Aktiva, Passiva, Erträge, Aufwendungen) allgemein beschrieben (IFRS, ⇒Prinzipien im Überblick). Das IASB Framework soll sowohl bei der Entwicklung neuer Standards als theoretische Deduktionsbasis, als auch bei der Jahresabschlusserstellung als Anwendungshilfe bei Regelungslücken oder Zweifelsfragen dienen. Die Ausführungen im Framework sind grundsätzlich unverbindlich - bei Regelungslücken und Zweifelsfragen sind sie jedoch ggf. verbindlich zu beachten (IAS 8.11 (b)), siehe ⇒Bilanzierungs- und Bewertungsmethoden Auswahl.
- Zu beachten ist, dass ein Abschluss nur dann als IFRS-konform testiert werden kann, wenn er ausnahmslos allen IFRS Vorschriften entspricht (IAS 1.14). Diese Vorschrift steht im Zielkonflikt mit dem ⇒Endorsement Verfahren der EU (siehe auch ⇒IFRS, rechtliche Legitimation).

IFRS, grundsätzliche Eigenschaften im Vergleich zum HGB
Siehe Abbildung folgende Seite oben

IFRS, Hintergründe und Rahmenbedingungen

Hintergründe und Rahmenbedingungen der IFRS für deutsche Unternehmen:
- Kaum eine Fachpublikation und Fortbildungsmaßnahme zum Bilanzrecht beschränkt sich noch auf Fragen der ⇒HGB-Bilanzierung.
- Die IAS-Verordnung der EU vom 19.07.2002 verpflichtet alle europäi-

	HGB	IFRS
Abschluss-funktionen	Divergierende Jahresabschlussfunktionen / HGB als „Vielzweckabschluss" Tendenziell formal-juristische Betrachtungsweise um Interessensausgleich zu gewährleisten	Investororientierung, nur der Informationsfunktion verpflichtet Tendenziell wirtschaftliche Betrachtungsweise und Berichterstattung über die Unternehmenslage durch fachliches Ermessen („professional judgement")
Grundaus-richtung	Ermittlung eines - unter besonderer Berachtung des Gläubigerschutzes - vorsichtig-objektivierten verwendbaren Bilanzgewinns	Gewinnermittlung ist ein Instrument zur Vermittlung entscheidungsrelevanter Informationen True and fair view/ Fair presentation der Vermögens-, Finanz- und Ertragslage mit paritätischen Ansatz- und Bewertungsvorschriften als Ziel
Systematik	Übergeordnete Prinzipien (GoB) dienen als Richtschnur für alle Bilanzierungssachverhalte (Prinzipienbasierung)	Einzelfallbezogene Spezialvorschriften; allgemeine Prinzipien greifen höchstens bei Regelungslücken (Regelbasierung)
Wahlrechte	(Noch) viele offene Wahlrechte (z.B. § 255 Abs. 2 HGB, § 249 Abs. 2 HGB, § 250 Abs. 3 und Abs. 4 HGB, § 254 HGB, § 256 HGB) und durch Objektivierungsgebote beschränkte	Tendenziell wenige offene Wahlrechte, dafür viele Ermessenspielräume

schen kapitalmarktorientierten Unternehmen, ihre Konzernabschlüsse ab 01.01.2005, in bestimmten Ausnahmefällen ab dem 01.01.2007 nach IFRS zu erstellen (siehe Abbildung unten). Davon betroffen waren ca. 7.000 börsennotierte europäische Unternehmen (davon ca. 1.000 deutsche Unternehmen)

- Mit dem ⇒Bilanzrechtsreformgesetz (BilReG) v. 4.12.2004 wurde die IAS-Verordnung in das deutsche Bilanzrecht transformiert. Über den Pflichtanwendungsbereich hinaus (§ 315a Abs. 2) wird den Unternehmen ein IFRS-Wahlrecht eingeräumt, und zwar für
  - den Konzernabschluss von nicht-börsennotierten Unternehmen (§ 315 a Abs. 3 HGB) sowie
  - zu Informationszwecken auch einen Einzelabschluss nach IFRS mit befreiender Wirkung im elektronischen Bundesanzeiger offenzulegen (§ 315 Abs 2, 2 a HGB). Allerdings ist in diesem Fall ein weiterer Einzelabschluss nach deutschem Handelsrecht für die Ausschüt-

	Kapitalmarktorientierte Unternehmen	Alle anderen Unternehmen
Konzernabschluss	IFRS ist ab dem Jahr 2005/2007 Pflicht.	**Mitgliedsstaatenwahlrecht,** IFRS vorzuschreiben oder zu gestatten.
Einzelabschluss	**Mitgliedsstaatenwahlrecht,** IFRS vorzuschreiben oder zu gestatten.	**Mitgliedsstaatenwahlrecht,** IFRS vorzuschreiben oder zu gestatten.

tungsbemessung sowie Steuerbemessung notwendig, ohne dass jedoch auf ihn ausdrücklich durch Bekanntmachung im elektronischen Bundesregister hingewiesen wird. Diese Befreiungsvorschrift gilt seit 1.1.2007 für alle Kapitalgesellschaften (§ 325 Abs. 2a HGB) und Personenhandelsgesellschaften (§ 9 PublG).

- Ein IFRS-Einzelabschluss entbindet also nicht von der Pflicht, weiterhin einen handelsrechtlichen Jahresabschluss aufzustellen, Das gilt auch für alle Unternehmen, die freiwillig z. B. eine Handelsbilanz II, zur Einbeziehung in einen IFRS-Konzernabschluss oder aus unternehmensinternen Gründen aufstellen. Im Gegensatz zu Deutschland müssen bzw. dürfen in den meisten anderen EU-Mitgliedsstaaten befreiende Einzelabschlüsse von kapitalmarktorientierten Unternehmen erstellt werden.
- IFRS werden über das EU ⇒Endorsement unmittelbar in europäisches Recht überführt; d. h.
- Die EuGH-Rechtsprechung orientiert sich inzwischen bei der Auslegung der EG-Bilanzrichtlinien an IFRS. Soweit HGB-Bilanzierungs- und Bewertungsvorschriften auf die 4. EG-Richtlinie basieren, unterliegen sie damit dem direkten Einfluss der IFRS.
- Das BilReG stellt nur eine von mehreren Gesetzesreformen zur Öffnung des HGB in Richtung IFRS dar. Ein entscheidender Schritt ist das ⇒Bilanzrechtsmodernisierungsgesetz (BilMoG).
- Eine Zulassung an der deutschen Börse im Börsensegment mit den höchsten Publizitätsanforderungen, dem Prime All Share Standard, macht international übliche Publizitätsanforderungen sowie eine Quartalsberichterstattung nach IFRS oder US GAAP notwendig. In diesen Standard fallen alle DAX-30, MDAX, SDAX und TecDAX Werte fallen. Im General Standard verbleiben Unternehmen, die am geregelten Markt notiert sind und nach dem deutschen Handelsrecht bilanzieren.
- Neben der EU sind auch International in vielen Staaten IFRS mittlerweise zugelassen oder vorgeschrieben (siehe Abbildung nächste Seite).

Internationale Verbreitung der IFRS: Länder ausserhalb der EU, in denen IFRS zwingend oder wahlweise angewendet werden sind u. a. Ägypten, Australien, Bolivien, China, Island, Jemen, Kenia, Kolumbien, Neuseeland, Namibia, Norwegen, Russland, Südafrika, Thailand, Türkei, Ukraine.

Unter anderem versuchen folgende nicht EU-Staaten eine Konvergenz ihrer nationalen Rechnungskegungsvorschriften bzw. eine teilweise Einführung von IFRS herbeizuführen: Brasilian, Chile, Indien, Japan, Kanada,Mexiko, USA (Quelle: http://www.iasb.org/About+Us/About+IASB/IFRSs+around+the+world.htm)

- IFRS und Steuerbemessung: Mit der, nach der IAS-Verordnung zulässigen Anwendung der IFRS auch im ⇒Einzelabschluss werden IFRS auch für die Gewinnermittlung maßgeblich. Die Europäische Kommission überarbeitet daher derzeit die zweite Richtlinie 77/91/EWG zur Kapitalerhaltung, die neue Fassung soll 2008 oder 2009 in Kraft treten. Zudem diskutiert die Europäische Kommission für grenzüberschreitende Konzerne eine Körperschaftsteuer auf Basis von IFRS-Konzernabschlüssen einzuführen.
- Die IOSCO, die internationale Vereinigung der Börsenaufsichtsbehörden, empfiehlt ihren Mitgliedern, IFRS als Vorraussetzung einer Börsennotierung weltweit anzuerkennen. Die US-amerikanische Börsenaufsicht ⇒Securities and Exchange Commission (SEC) hat weitere Schritte für eine zukünftige Akzeptanz der IFRS in den USA angekündigt.
- IFRS sind primär an kapitalmarktorientierte Unternehmen und Großkonzerne ausgerichtet. Viele Regelungen betreffen Bilanzierungs- und Berichterstattungssachverhalte, die bei mittelständischen Unternehmen selten vorkommen. Aus diesem Grund wurde am 15.02.2007 ein Entwurf für eine „abgespeckte" Version des IFRS-Regelwerks für Klein- und Mittelbetriebe (⇒KMUs) veröffentlicht (Exposure Draft for a proposed IFRS for Private Entities). Da Vertreter der EU an dem Projekt mitwirken erlangen IFRS auch für den Einzelabschluss erhebliche Brisanz.

IFRS im Einzelabschluss (EU-Mitgliedsstaaten)		
EU-Mitgliedsstaat	**Börsennotierte Unternehmen**	**Alle anderen Unternehmen**
Belgien	Verbot	Verbot
Dänemark	Optional	Optional
Deutschland	Verbot, aber HGB Reform und befreiende Offenlegung	Verbot, aber HGB Reform und befreiende Offenlegung
Estland	Pflicht	Optional
Finnland	Optional	Optional
Frankreich	Verbot	Verbot
Griechenland	Pflicht	Optional
Großbritannien	Optional	Optional
Irland	Optional	Optional
Italien	Pflicht mit Ausnahme Versicherungsunternehmen (Verbot)	Optional mit Ausnahme Geldinstitute (Pflicht), Versicherungen (Verbot)
Lettland	Optional, bei Geldinstituten und Versicherungsunternehmen Pflicht	Verbot, bei Geldinstituten und Versicherungsunternehmen Pflicht
Litauen	Pflicht	Verbot, bei Geldinstituten Pflicht
Luxemburg	Optional	Optional
Malta	Pflicht	Pflicht
Niederlande	Optional	Optional
Polen	Optional, bei Banken Verbot	Verbot
Portugal	Optional, bei Geldinstituten Verbot	Verbot
Slowakei	Verbot	Verbot
Slowenien	Optional	Optional
Spanien	Verbot	Verbot
Schweden	Verbot	Verbot
Tschechische Republik	Pflicht	Pflicht
Ungarn	Verbot	Verbot
Zypern	Pflicht	Pflicht

Quelle: Institute of Chartered Accountants in England and Wales (ICAEW), Financial Reporting Group (Hrsg.): EU Implemention of IFRS and the Fair Value Directive. Im Internet abrufbar unter: http://www.standardsetter.de/drsc/news/../docs/press_releases/071018_icaew_studie_anwendungifrs.pdf.

IFRS, Kontenrahmen
Ein Kontenrahmen bezeichnet Gliederungsgrundsätze für die Ordnung des Rechnungswesens nach der Dezimalklassifikation. Die Konten werden in 10 Kontenklassen von 0 bis 9 eingeteilt, die wiederum nach dem Dezimalsystem in Gruppen eingeteilt sind. Für diese Aufteilung der Klassen in Gruppen/Untergruppen bestehen zum Teil konkrete

Empfehlungen der Wirtschafts- und Fachverbände. Inzwischen wurden spezielle IFRS Kontenrahmen veröffentlicht, u.a. der „DATEV-Kontenrahmen nach IFRS/IAS und dem Bilanzrichtlinien-Gesetz (Standardkontenrahmen) SKR 04".

IFRS, Prinzipien im Überblick
Das IFRS Regelwerk ist auf die eher angelsächsische Rechtskultur des Fallrechts (*Case Law*) ausgerichtet. Bilanzierungssachverhalte sind dementsprechend einzelfallbezogen, nach => fachlichem Ermessen zu behandeln. Dementsprechend fehlt dem IFRS Regelwerk ein, den handelsrechtlichen ⇒GoB entsprechendes allgemeingültiges Prinzipiendach. Die sachverhaltsspezifischen Standards und Interpretation haben immer Vorrang – und in diesen speziellen Vorschriften spiegeln sich teilweise sehr stark divergierende Bilanzauffassungen und Kompromisslösungen wider. Dennoch lassen sich im IFRS Regelwerk verschiedene Prinzipien erkennen, die jedoch bei genauerer Betrachtung nicht immer konsistent sind und nicht konsequent umgesetzt werden (fragwürdige ⇒Prinzipienbasierung der IFRS). Die IFRS Prinzipien lassen sich in drei Gruppen einteilen:

A) Allgemeine Grundprinzipien
Die allgemeinen Grundprinzipien werden größtenteils im ⇒IASB Framework allgemein und unverbindlich beschrieben. Sie erlangen jedoch durch Querverweise und Ergänzungen in einzelnen Standards sowie durch deren verbindliche Beachtung bei Regelungslücken und Zweifelsfragen Verbindlichkeit (⇒Bilanzierungs- und Bewertungsmethoden, Auswahl).

B) Ansatz- und Bewertungsprinzipien
Die allgemeinen Ansatzvorschriften des IASB Frameworks sind ⇒bilanzorientiert. Die Ansatzvorschriften der spezifischen Regelungen in den Standards/Interpretationen entsprechen im Regelfall der bilanzorientierten Sichtweise, teilweise weichen sie jedoch davon auch stark ab. Allgemeine Bewertungsvorschriften kennt das IFRS Regelwerk nicht. Die speziellen Bewertungsvorschriften sind ein heterogener Mix aus konventionellen (dem ⇒HGB bzw. ⇒GoB vergleichbaren) Vorschriften, ⇒GuV-orientierten Vorschriften, ⇒bilanzorientierten Vorschriften und sonstigen Bewertungskonzepten. Es ist jedoch (insbesondere in neueren Standards/Interpretationen) ein eindeutiger

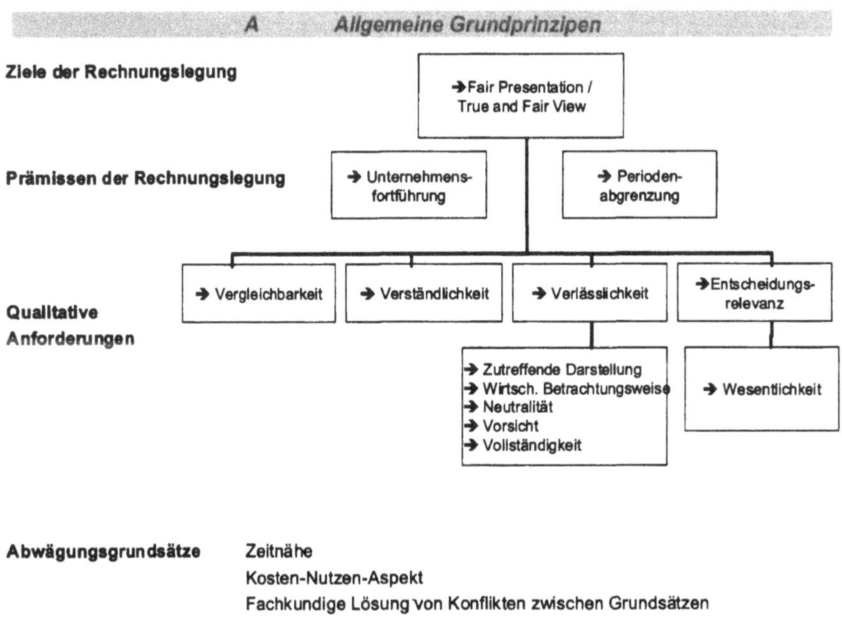

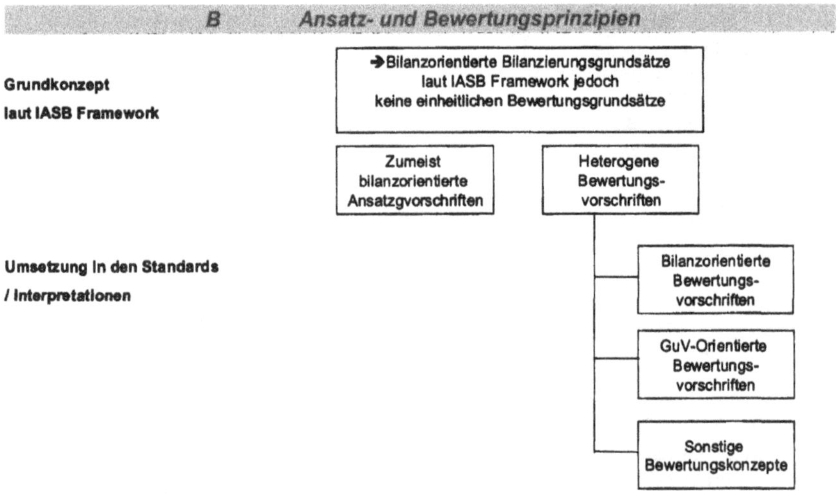

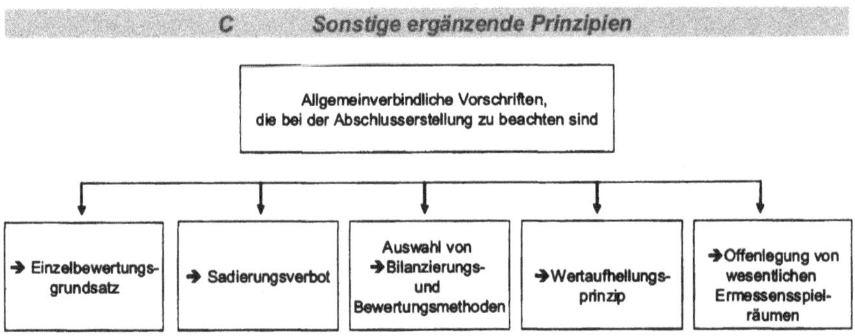

Trend zur Bilanzorientierung (aufgrund dem zunehmenden ⇒Fair value Accounting) zu erkennen.

C) Ergänzende Prinzipien
Bei den ergänzenden Prinzipien handelt es sich um verbindliche allgemeine IFRS Vorschriften, die im Rahmen der Abschlusserstellung grundsätzlich zu befolgen sind.

IFRS, rechtliche Legitimation
Voraussetzung für die Rechtsverbindlichkeit der IFRS innerhalb der EU ist – nach Abschluss des ⇒Endorsement-Verfahrens – deren Veröffentlichung im EU-Amtsblatt (§ 315a HGB). In der Fachdiskussion wird teilweise kritisiert, dass

- somit möglicherweise „europäische IFRS" geschaffen werden (Beispiele: Nach Interventionen der EU-Kommission wurde im Jahr 2005 IAS 39 so geändert, dass das Wahlrecht für eine umfassende Zeitwertbewertung von ⇒Finanzinstrumente nach der Kategorie „Fair value through profit or loss" nur noch stark eingeschränkt möglich ist. Im Jahr 2008 führte die Bankenkrise dazu, dass die Staat- und Regierungschefs der EU dem ⇒IASB ein zweiwöchiges Ultimatum gestellt haben, innerhalb derer das IASB die Regeln des IAS 39 zur Fair value Bewertung von Finanzinstrumenten für Banken lockern soll, vgl. Financial Times Deitschland v. 06.10.2008, S. 5).

- angesichts der Regelungsflut des IASB das EU-Endorsement gar nicht hinterherkommt.
- der ⇒Due Prozess nicht ausreichend transparent ist, so dass die Gefahr des einseitigen Lobbyismus durch unbekannte Financiers besteht und die Überprüfung durch die EU-Kommission erst zu einem sehr späten Zeitpunkt erfolgt. Aus diesem soll über eine Satzungsänderung des IASB zukünftig die Möglichkeiten der politischen Einflussnahme durch die EU-Kommission verstärkt werden (vgl. Financial Times Deutschland v. 21.07.2008, S. 21).
- Kritisiert wird auch, dass IFRS bereits Einfluss auf das Steuerrecht nehmen.
- Beispiele: So greift nach § 4h Abs. 2 Satz 1 Bst. c EStG die sogenannte „Zinsschranke" nicht, wenn die, im Regelfall nach IFRS berechnete Eigenkapitalquote des Betriebes gleich hoch oder höher ist (+/- eines Toleranzkorridors von 1%) als die des Konzerns („Escaperegelung"). Allerdings greifen diese Regelungen erst dann, wenn der Schuldzinsenabzug 1 Mio € überschreitet.
- Die Europäische Kommission hat bereits diskutiert, für grenzüberschreitende Konzerne eine Körperschaftsteuer auf Basis von IFRS-Konzernabschlüssen einzuführen (Vgl. http://ec.europa.eu/taxation_customs/resources/documents/taxation/company_tax/common_tax_base/CCTBWorkPlanFinal_de.pdf)
- gemäß IAS 1.14 ein IFRS Abschluss aber nur dann regelkonform erstellt wurde, wenn alle IFRS Vorschriften befolgt werden – wenn einzelne Standards und Interpretationen am ⇒Endorsement-Verfahren scheitern, werden die Unternehmen zu einer nicht IFRS-konformen Bilanzierung gezwungen.
- Eine Akzeptanz der IFRS durch die US-amerikanische ⇒SEC würde jedoch wiederum an nicht vollständig IFRS-konformen „europäischen" IFRS scheitern (vgl. SEC, Release Nos. 33-8567; 34-51525; International Release No. 57-15-04; „First time application of International Financial Reporting Standards").

IFRS, Zielsetzung und Funktionen
Ein IFRS-Abschluss hat ausschließlich die Dokumentations- und Informationsfunktion zu erfüllen (⇒Abschlussfunktionen). Ein IFRS Abschluss soll den ⇒Abschlussadressaten einen ⇒true and fair view, d. h. verlässliche und vor allem entscheidungsrelevante Informationen über die ⇒Vermögens-, Finanz- und Ertragslage des bilanzierenden Unternehmens vermitteln (F. 12 ff.).
Die ausschließliche Informationsfunktion ist im Kontext mit der wachsenden Globalisierung der Wirtschaft und der Verflechtung der internationalen Kapitalmärkte zu sehen, denn mit den zunehmenden Aktienemissionen und Aquisitionen, den Börsenbooms der 90 und 2000er Jahre und dem verschärften Wettbewerb um eine günstige Kapitalbeschaffung rückte zunehmend die **Informationsfunktion der externen Rechnungslegung in den Vordergrund.** Gerade für international operierende Unternehmen wird eine **breite Kapitalbeschaffung auf internationalen Kapitalmärkten** immer wichtiger. Eine Platzierung an ausländischen Börsen hat aber auch strategische Gründe (z. B. Steigerung des Bekanntheitsgrades im Ausland). Unterschiedliche nationale Rechnungslegungsvorschriften **behindern** jedoch die **Vergleichbarkeit** der publizierten Jahresabschlüsse. Dies stellt eine Barriere für eine effiziente Allokation der international knappen Kapitalressourcen dar. Internationale Investoren, Kunden und Lieferanten bzw. Geschäftspartner benötigen aber Rechnungslegungsinformationen in einer international gebräuchlichen, einheitlichen „Sprache", die sie verstehen. Das deutsche ⇒HGB hat international keine Bedeutung: Als besonders nachteilig gilt die besondere Stellung des handelsrechtlichen **Vorsichtsprinzips**, da dies umfangreiche bilanzpolitische Möglichkeiten zur Bildung und Auflösung von stillen Reserven schafft – eine Verschleierung der tatsächlichen Unternehmenslage ist dadurch möglich. Die deutsche Handelsbilanz gilt zudem als ***„tax driven"***, da sie über die sog. Maßgeblichkeit mit der Steuerbilanz verknüpft ist. Deshalb spielen steuerliche

Überlegungen eine wichtige Rolle bei der Aufstellung des handelsrechtlichen Jahresabschlusses. Hinzu kommen rein steuerlich bedingte handelsrechtliche Ausnahmeregelungen („umgekehrte Maßgeblichkeit") – so etwa die Möglichkeit, steuerliche Sonderabschreibungen in der Handelsbilanz zu übernehmen. IFRS dulden hingegen keine steuerlichen Werte in der Handelsbilanz.

Illustrative Example
Ein Illustrative Example erläutert einen bestimmten Standard anhand von Beispielen. Im Gegensatz zu einem IFRS hat Illustrative Example keine verpflichtende, sondern lediglich eine erklärende Bedeutung.

Immaterielles Anlagevermögen

1. Bilanzierungsvoraussetzungen:
IAS 38.8 ff. definiert einen immateriellen Vermögenswert (intangible assets) als einen vom Geschäfts- oder Firmenswert (⇒Goodwill) separierbaren (identifizierbaren) nicht-monetären Vermögenswert ohne physische Substanz (engl. intangible = nicht greifbar). Typische Beispiele für immaterielles Anlagevermögen sind Patente, Rechte, Lizenzen, Software, Marken, Rezepturen und Kundenlisten.
Finanzinstrumente, Mineralstoffe, Öl, Gas und sonstige nicht regenerative Naturreserven fallen nicht unter diese Definition, da deren Bilanzierung eigene Standards regeln (IAS 2.2). Für immaterielle Vermögenswerte, die zum Vorratsvermögen gehören, und für zur Veräußerung stehende immaterielle Vermögenswerte sind die einschlägigen Bilanzierungs- und Bewertungsvorschriften für ⇒Vorräte und für ⇒Assets held for sale zu beachten.
Immaterielle Vermögenswerte zählen im allgemeinen zu den wichtigsten Einflussfaktoren des Unternehmenswertes, deren konkrete Wertbeiträge sind aber kaum objektiv nachprüfbar und können sich sehr schnell wieder verflüchtigen (das verdeutlichen z. B. die sehr volatilen Börsenkurse von Internetunternehmen). Das deutsche Bilanzrecht sieht daher ein Aktivierungsverbot für selbsterstelltes immaterielles Anlagevermögen vor (§ 248 Abs. 2 HGB), das aber im Rahmen des ⇒BilMoG abgeschafft werden soll.
Nach IFRS werden für immaterielle Vermögenswerte die allgemeinen Ansatzkriterien für ⇒Vermögenswerte durch zusätzliche Kriterien ergänzt. Immaterielles Anlagevermögen ist nach IAS 38.11 ff. nur dann aktivierungsfähig, wenn es

- vom ⇒Goodwill separierbar ist (Separierbarkeitskriterium); Separierbare immaterielle Vermögenswerte sind entweder vom Unternehmen losgelöst selbständig verwertbar oder resultieren aus vertraglichen oder gesetzlichen Rechten (z. B. Lizenzen, Emissionsrechte);
- das Unternehmen tatsächliche Verfügungsmacht über den wahrscheinlichen wirtschaftlichen Nutzenzufluss hat; dies ist z. B. bei Humankapital oder bei nicht-vertraglichen Kundenbeziehungen nicht gegeben;
- die ⇒Wahrscheinlichkeit des Nutzenzuflusses nachvollziehbar und sachgerecht eingeschätzt wurde (Wahrscheinlichkeitskriterium). Dieses Kriterium entfällt im Rahmen eines Unternehmenserwerbs (IAS 38.3.–.41).

Für entgeltlich erworbene immaterielle Vermögenswerte gelten die Ansatzkriterien im Allgemeinen als hinreichend erfüllt (IAS 38.25 ff.).
Die Aktivierungspflicht für immaterielles Anlagevermögen muss nach dem Schema auf der nächsten Seite überprüft werden.
Zudem bestehen für einige Sachverhalte explizite Aktivierungsverbote bzw. Aktivierungsvoraussetzungen:

- Mitarbeiter-Knowhow und Schulungsaufwendungen dürfen – mit Hinweis auf die mangelnde Verfügungsmacht des Unternehmens – bei fehlendem vertraglichem oder rechtlichem Schutz nicht aktiviert werden (IAS 38.15).
- Kundenstammdaten oder Kundenloyalität dürfen bei fehlendem rechtlichem oder vertraglichem Schutz nicht aktiviert werden, außer es zeigen entsprechende Veräußerungsvorgänge von denselben oder ähnlichen Kundenbeziehungen an, dass die Kundenbeziehungen separierbar sind und insofern unter einer hinreichenden Ver-

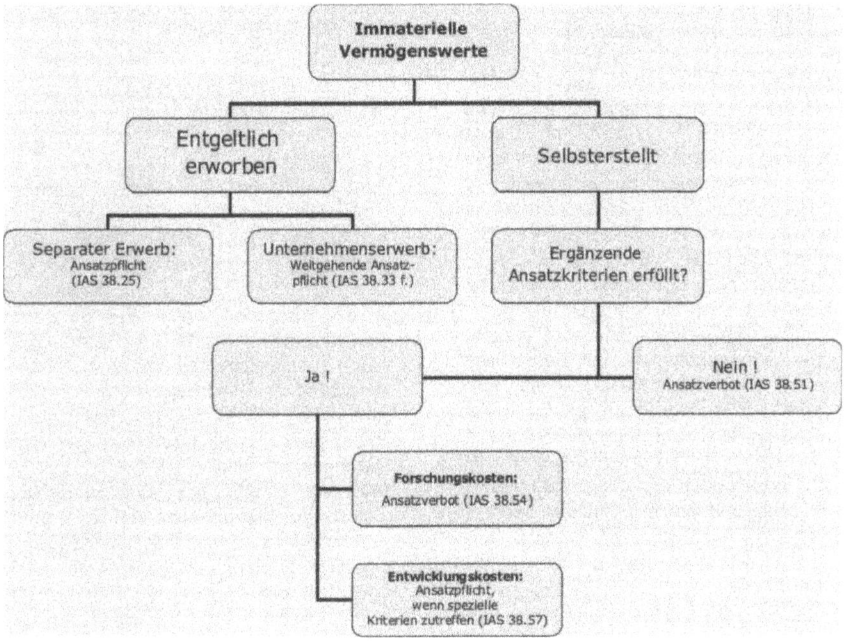

fügungsmacht des Unternehmens stehen (IAS 38.16).

- Ein originärer Firmen- oder Geschäftswert (⇒Goodwill) darf nicht aktiviert werden, da dieser weder separierbar noch auf einer vertraglichen oder rechtlichen Grundlage beruht (IAS 38.48).
- Ein im Rahmen eines Unternehmenserwerbs entgeltlich erworbener (derivativer) Goodwill muss hingegen aktiviert werden (IFRS 3.51).
- Die Aktivierung selbsterstellter Marken, Verlagsrechte, Kundenlisten oder ähnlicher Sachverhalte wird verneint, da diese nicht vom originären Geschäftswert abgrenzbar sind (IAS 38.63 f.). Selbstentwickelte Patente, Lizenzen oder Softwareprodukte sollen hingegen im Allgemeinen verlässlich bewertbar und daher aktivierungsfähig sein (IAS 38.62).
- Ingangsetzungs- und Erweiterungsaufwendungen (start up costs), Ausbildungsaufwendungen, Werbeaufwendungen sowie Reorganisationsaufwendungen sind ausdrücklich als Sofortaufwand zu erfassen (IAS 38.69 (a)–(d)), eine Begründung wird nicht angeführt.
- ⇒Forschungskosten dürfen niemals aktiviert werden (IAS 38.54), da ein zukünftiger wirtschaftlicher Nutzen zu ungewiss ist (IAS 38.55). ⇒Entwicklungskosten müssen beim Nachweis von sechs kumulativ zu erbringenden Kriterien aktiviert werden (IAS 38.57 (a)–(f)), die die Grenze zu Forschungstätigkeiten markieren sollen. Diese Kriterien werden durch SIC-32 für die Frage der Aktivierungsfähigkeit von Entwicklungskosten einer Website weiter konkretisiert.
- Kapitalbeschaffungskosten sind vom zufließenden Kapital abzuziehen (IAS 32.35).

Um einen, beim ⇒Unternehmenserwerb zu aktivierenden ⇒Goodwill möglichst klein zu halten werden die Ansatzkriterien für das mit dem Tochterunternehmen erworbene immaterielles Vermögen sehr großzügig ausgelegt (IAS 38.33 ff.). Beim Unternehmenserwerb besteht, sofern das Separierbarkeitskriterium erfüllt

ist, eine widerlegbare Vermutung, dass auch das Wahrscheinlichkeits- und das Bewertbarkeitskriterium erfüllt sind.
So sollen nach IFRS 3.45 auch laufende Forschungs- und Entwicklungsprojekte beim Tochterunternehmen im Rahmen der Erstkonsolidierung gesondert angesetzt werden, sofern die Definition von immateriellen Vermögenswerten erfüllt und ein ⇒fair value verlässlich ermittelbar ist. IFRS 3 enthält ferner im ergänzenden Teil des Standards eine umfangreiche Liste von illustrativen Beispielen für ansatzfähige identifizierbare immaterielle Vermögenswerte, bei denen eine Erfüllung des Wahrscheinlichkeits- und Bewertbarkeitskriterium grundsätzlich unterstellt wird und die teilweise nur im Rahmen eines Unternehmenserwerbs, nicht jedoch nach den allgemeinen Aktivierungsgrundsätzen bilanziert werden dürfen.

2. *Bewertung*
Entgeltlich erworbene (derivative) immaterielle Vermögenswerte sind mit den ⇒Anschaffungskosten und direkt zurechenbaren Anschaffungsnebenkosten bis zum Zeitpunkt der Betriebsbereitschaft zu aktivieren (IAS 38.27 ff.). Selbsterstellte (originäre) immaterielle Vermögenswerte werden zu direkten Einzelkosten und sonstigen direkt zurechenbaren ⇒Herstellungskosten bis zum Zeitpunkt der Betriebsbereitschaft aktiviert (IAS 38.65 ff.). Davon ausgeschlossen sind Vertriebs- und nicht herstellungsbezogene Verwaltungskosten, Anlaufverluste und Aufwendungen für Trainingsmaßnahmen.
Nach der erstmaligen Bilanzierung besteht für immaterielle Vermögenswerte (unter Berücksichtigung von ⇒planmäßigen und ⇒außerplanmäßigen Abschreibungen) ein Bewertungswahlrecht:
- ⇒Anschaffungswertmethode
- ⇒Neubewertungsmethode, wobei dies nur einheitlich für alle immateriellen Anlagen einer homogenen Gruppe möglich ist (IAS 38.73) und sofern die immateriellen Vermögenswerte auf einem ⇒aktiven Markt gehandelt werden (IAS 38.75).

Immobilienvermögen als Finanzinvestition
⇒Renditeliegenschaften

Impairment-Only-Approach
⇒Goodwill Impairmenttest

Impairment-Test
Sind Vermögenswerte eines Unternehmens von einer Wertminderung betroffen, ist dies im Rahmen einer außerplanmäßigen Abschreibung zu berücksichtigen. Von einer Wertminderung wird gesprochen, wenn der Buchwert eines Vermögenswerts unter dem erzielbaren Betrag liegt. Die Prüfung, ob eine Wertminderung vorliegt, wird als Wertminderungs-, Werthaltigkeitstest oder Impairment Test genannt. Ein Test wird durchgeführt, wenn
- Hinweise auf eine Wertminderung eines Vermögenswerts vorliegen, oder
- mindestens zu einem festen Zeitpunkt innerhalb eines Geschäftsjahres, wenn es sich um ⇒Goodwill, einen ⇒immateriellen Vermögenswert mit unbestimmter Nutzungsdauer oder immaterielle Anlagewerte, die noch nicht nutzbar und deshalb noch nicht planmäßig abzuschreiben sind, handelt.

Die Struktur des Tests besteht aus zwei Ebenen. Auf der ersten, qualitativen Ebene wird untersucht, ob Anhaltspunkte für eine mögliche Wertminderung vorliegen. Dabei wird zwischen externen (z. B. starker Rückgang des Marktwerts) und internen (z. B. Hinweise auf Beschädigung/Veralterung von Vermögenswerten) Indikatoren unterschieden. Auf der zweiten, quantitativen Ebene wird ein möglicher Abschreibungsbedarf errechnet. Dabei wird der Buchwert eines Vermögenswerts mit seinem erzielbaren Betrag verglichen (⇒erzielbarer Betrag). Ist der Buchwert größer, wird auf den erzielbaren Betrag abgeschrieben; anschließend ist der Abschreibungsaufwand eines Vermögenswertes in künftigen Perioden anzupassen, um den berichtigten Buchwert des Vermögenswertes, abzüglich eines etwaigen Restwertes systematisch über seine Restnutzungsdauer zu verteilen.

Imparitätsprinzip
Das Imparitätsprinzip entspricht dem Grundsatz der kaufmännischen Vorsicht und des im deutschen Bilanzrechts verankerten ⇒Gläubigerschutzes. Nach diesem Grundsatz werden Verluste bereits dann bilanziell erfasst, wenn sie noch nicht realisiert sind. Gewinne werden hingegen erst dann erfasst, wenn sie tatsächlich eingetreten sind. Bei Anwendung des Imparitätsprinzips wird die Aktiva tendenziell unterbewertet, die Passiva hingegen überbewertet. Da der Gläubigerschutz in den IFRS-Vorschriften nicht verankert ist, ist das Imparitätsprinzip kein zentraler Grundsatz der Rechnungslegung nach IFRS. Vermögenswerte und Schulden sollen unter IFRS rein konzeptionell eigentlich *paritätisch* bewertet werden (so z. B. F. 70); dennoch gibt es auch nach IFRS zahlreiche Beispiele, in denen Gewinne und Verluste imparitätisch behandelt werden:
- Vorräte werden (mit Ausnahme von landwirtschaftlichen Produkten nach dem Erntezeitpunkt, von Mineralien bzw. mineralischen Produkten sowie des Vorratsvermögens von Brokerhändlern) mit dem niedrigeren Wert aus Anschaffungs-/Herstellungskosten und Nettoveräußerungswert *(net realisable value)* bewertet (IAS 2.9).
- Ausdruck des Imparitätsprinzips ist auch IAS 37.42, wonach im Wertansatz von Rückstellungen Risiken und Unsicherheiten zu berücksichtigen sind.
- Passivierungspflicht von Rückstellungen für Drohverluste aus schwebenden Geschäften nach IAS 37.66.
- Wertminderungsvorschriften für Anlagevermögen nach IAS 36.9
- Sofortige ergebniswirksame Erfassung von erwarteten Auftragsgesamtverlusten in voller Höhe bei Anwendung der Teilgewinnrealisierung nach der ⇒Percentage-of-Completion-Methode nach IAS 11.36.

Income
⇒Ansatzgrundsätze für Aufwendungen und Erträge

Income Statement
⇒Gewinn- und Verlustrechnung

Inflation
Unter Inflation versteht man einen signifikanten und lang anhaltenden Preisanstieg. Aufgrund der Verschlechterung des Austauschverhältnisses zwischen der Währung und allen anderen Gütern eines Landes spricht man auch von Geldentwertung.
Gem. IFRS muss im Fall eines Hochinflationslandes bereits vor der Umrechnung in die funktionale Währung des Konzerns der Jahresabschluss mit Hilfe der Stichtagskursmethode erfolgsneutral bereinigt werden (siehe auch ⇒Währungsumrechnung).

Ingangsetzungsaufwendungen
⇒Immaterielles Anlagevermögen

Innenverpflichtungen
⇒Rückstellungen
⇒Schulden

Instandhaltungskosten
⇒Rückstellungen
⇒Abgrenzung Erhaltungs- und Herstellungsaufwand

Intangible Asset
⇒Immaterieller Vermögenswert

Interim financial reporting
⇒Zwischenberichterstattung

Internes Rechnungswesen
⇒Betriebliches Rechnungswesen

Inventar
Das Ergebnis der ⇒Inventur wird nach § 240 HGB in einem vollständigen und detaillierten Verzeichnis (=Inventar) der Vermögensgegenstände und Schulden eines Unternehmen bezogen auf den Bilanzstichtag festgehalten, gegliedert nach Art, Menge und Wert.

Inventur
Körperliche Bestandsaufnahme der ⇒Vermögensgegenstände und Schulden. Folgende Grundsätze sind zu beachten:
- Vollständigkeit der Bestandsaufnahme
- Richtigkeit der Bestandsaufnahme
- Einzelerfassung bei der Bestandsaufnahme
- Nachprüfbarkeit der Bestandsaufnahme

Die Inventur kann durchgeführt werden als:
- *Stichtagsinventur* (körperliche Bestandaufnahme) zum Bilanzstichtag (§ 240 Abs. 1 und 2 HGB)
- *Permanente Inventur* (Inventuraufnahme an einem beliebigen Tag des laufenden Geschäftsjahrs). Vom Inventuraufnahmetag bis zum Bilanzstichtag sind die Bestände mengen- und wertmäßig fortzuschreiben
- *Stichprobeninventur* (Erfassung des Bestandes an Vermögensgegenständen nach Art, Menge und Wert aufgrund von Stichproben)

Investment Property
⇒Renditeliegenschaften

Istkosten
Tatsächlich angefallene Kosten einer Abrechnungsperiode (vergangenheitsorientierte Betrachtung).

Jahresbonus/nachträgliche Erlösschmälerungen
⇒Erlösschmälerungen

Joint Venture
⇒Gemeinschaftlich geführtes Unternehmen

Kalkulation
Gemäß der Aufgabenstellung der Kostenträgerrechnung, muss in der Kalkulation (Kostenträgerstückrechnung) festgestellt werden, welche Kosten bestimmten (einzelnen) Kostenträgern zuzurechnen sind. Dadurch erhalten die im Betrieb erstellten Leistungseinheiten eine Wertdimension, die – verglichen mit den erzielten oder erwarteten Preisen – wiederum einen der wesentlichen betrieblichen Entscheidungsparameter darstellt. Ermittlung von Kosten erfolgt je Stück oder je Auftrag.
Alle Verfahren der Kostenträgerstückrechnung können als *Vorkalkulation, Zwischenkalkulation* oder als *Nachkalkulation* durchgeführt werden.

Kalkulatorische Kosten
Begriff aus dem ⇒internen Rechnungswesen. Mit dem Ansatz kalkulatorischer Kostenarten soll in der ⇒Kosten- und Leistungsrechnung die Vergleichbarkeit der Kostenrechnung erreicht werden (im Vergleich mit anderen Unternehmen) und die Genauigkeit und Vollständigkeit der Selbstkostenermittlung verbessert werden. Der durch die Aufwendungen der Finanzbuchhaltung nicht abgedeckte Wertverzehr im Unternehmen, die *Zusatzkosten (kalkulatorische Kosten)* muss im Rahmen der Kosten- und Leistungsrechnung autonom, also unabhängig von der Aufwandsrechnung ermittelt werden. Gerade die kalkulatorischen Kostenarten werden in der Praxis aber oft vernachlässigt. Dies ist umso bedenklicher, wenn man weiß, dass ohne Ansatz kalkulatorischer Kosten die Substanzerhaltung der Unternehmung gefährdet ist. Zu den kalkulatorischen Kostenarten zählen insbesondere
- Kalkulatorische Abschreibungen
- Kalkulatorische (Eigenkapital-) Zinsen
- Kalkulatorischer Unternehmerlohn
- Kalkulatorisches Wagnis
- Kalkulatorische Miete
- Kalkulatorische Instandhaltungskosten

Unter IFRS ist der Ansatz kalkulatorischer Kosten nicht erlaubt, ein Grund warum die ⇒Konvergenz von internem und externen Rechnungswesen nur eingeschränkt möglich ist.

Kapitalbeschaffungskosten
Kosten der Eigenkapitalbeschaffung müssen nach IAS 32.35 vom zufließenden Kapital abgezogen werden.

Kapitalerhaltung
Gemäß ⇒Framework entscheidet sich das ⇒IASB nicht für ein bestimmtes Kapitalerhaltungskonzept, sondern stellt fest, dass sowohl das Konzept der finanzwirtschaftlichen als auch das Konzept der leistungswirtschaftlichen Kapitalerhaltung grundsätzlich für die Bewertung zu Grunde gelegt werden können.

Kapitalflussrechnung
⇒Cash Flow Statement

Kassakurs
⇒Währungsumrechnung

Kategorien von finanziellen und nicht-finanziellen Verbindlichkeiten im Überblick
Verbindlichkeiten werden unter IFRS in
- finanzielle Verbindlichkeiten **(financial liabilities)**
- und **nicht-finanzielle Verbindlichkeiten** (non-financial liabilities)

unterschieden (IAS 32.11)
Financial Liabilities zählen zu den ⇒Finanzinstrumenten und stellen Verträge dar, aus dem zugleich (IAS 32.11 a)
- flüssige Mittel oder ein finanzieller Vermögenswert bei einem Unternehmen
- und eine finanzielle Verbindlichkeit oder ein Eigenkapitalinstrument bei einem anderen Unternehmen erwächst.

Gemeinsames Merkmal sind somit vertragliche Verpflichtungen zur Abgabe von finanziellen Werten oder von Eigenkapitalinstrumenten.
Die Bilanzierung und Bewertung von Finanzinstrumenten wird in IAS 39 geregelt.

(1)	(2)	(3)	(4)
Financial Liabilities	Vertragliche nichtfinanzielle Verpflichtungen, für die spezifische IFRS Vorschriften existieren	Nichtvertragliche nichtfinanzielle Verpflichtungen, für die spezifische Vorschriften existieren bzw. die bei Regelungslücke nach dem Framework zu bilanzieren sind	Rückstellungen und Eventualverpflichtungen
z.B. Lieferantenverbindlichkeiten, Darlehen, Schuldwechsel, Anleihen, Kredite;	z.B. Pensionsverpflichtungen nach IAS 19;	z.B. latente Steuerschulden nach IAS 12;	z.B. Garantierückstellungen, Drohverlustrückstellungen;
Bilanzierung und Bewertung nach IAS 39	Leasingverhältnisse nach IAS 17	Schulden, die unter das Framework fallen bspw. passive Periodenabgrenzungen und erhaltene Anzahlungen	Bilanzierung und Bewertung nach IAS 37

Da die **nicht-finanziellen Verbindlichkeiten** kasuistisch in eigenen Standards geregelt werden, können vier Grundkategorien von finanziellen und nicht-finanziellen Verpflichtungen unterschieden werden (siehe Tabelle oben).
Ein Großteil der in der Praxis vorkommenden Verbindlichkeiten fällt unter die Unterkategorie der Financial Liabilities (1), nämlich der zu fortgeführten Anschaffungskosten bewerteten finanziellen Schulden **(financial liabilities at amortized cost)** – Ausnahmen werden in IAS 37.47 beschrieben. Unter diese Unterkategorie fallen insbesondere

- Verbindlichkeiten aus Lieferungen und Leistungen,
- Schulden gegenüber Kreditinstituten,
- Anleihen,
- Wechselschulden.

Der erstmalige Bilanzansatz erfolgt nach IAS 39.43 i. H. d. beizulegenden Zeitwerts (fair value) der Schuld abzgl. evtl. Transaktionskosten (evtl. Unterschied zu HGB: Kein Ansatz zum Rückzahlungsbetrag). Die Folgebewertung erfolgt nach der ⇒Effektivzinsmethode (IAS 39.47). Alternativ könnte auch die ⇒Fair Value Option angewendet werden, sofern die Voraussetzungen dafür erfüllt sind (in der Praxis sehr selten).
Unter die Kategorie (3) fallende Schulden, deren Bilanzierung und Bewertung nicht durch spezifische Standards abgedeckt werden, sind nach dem ⇒IASB Framework zum ⇒Rückzahlungsbetrag (F. 100 c) zu bewerten.

Kaufpreisallokation

Unter Kaufpreisallokation (Purchase Price Allocation, PPA) wird die Verteilung des Kaufpreises auf die identifizierten ⇒Vermögenswerte, ⇒Schulden und ⇒Eventualschulden des gekauften Unternehmens verstanden. Verbleibt am Ende der PPA ein Restbetrag, so wird dieser als ⇒Goodwill ausgewiesen. Ein negativer Unterschiedsbetrag muss dagegen erfolgswirksam realisiert werden. Die Entscheidung über den Ansatz und Bewertung von erworbenen Vermögenswerten und Schulden hat auf Basis der Bilanzierungsmethoden des Erwerbers zu erfolgen.

Komponentenansatz (Components Approach)
Nach IAS 16.43 sind alle Bestandteile bzw. Komponenten des ⇒Sachanlagevermögens getrennt abzuschreiben, deren zurechnende Anschaffungskosten wesentlich im Verhältnis zu den Anschaffungskosten der gesamten Anlage sind (z. B. selbständige Betriebsvorrichtungen: Lastaufzüge, Befeuerungsanlagen etc.). Für diese Komponenten wird eine unterschiedliche Nutzungsdauer unterstellt, die durch eine gewogene Durchschnittsrechnung nicht zutreffend abgebildet werden kann. Folgende Schritte sind zur Anwendung des Komponentenansatzes (components approach) erforderlich (IAS 16.43 ff.):

1. Verteilung der ⇒Anschaffungs-/⇒Herstellungskosten (AHK) auf wesentliche Bestandteile sowie (wahlweise) auf einen Restwert, der alle Bestandteile mit nicht-wesentlichen AHK enthält; für alle wesentlichen Komponenten werden individuelle Nutzungsdauern und Abschreibungsmethoden ermittelt.
2. Wesentliche Komponenten mit gleicher Nutzungsdauer und gleicher Abschreibungsmethode können zu Abschreibungsgruppen zusammengefasst und dann gemeinsam abgeschrieben werden.
3. Der aus nicht wesentlichen Komponenten zusammengefasste Restwert wird über die durchschnittliche Nutzungsdauer der darin enthaltenen Teile abgeschrieben. Die Abschreibungsmethode soll den wirtschaftlichen Nutzenverschleiß der darin enthaltenen Teile möglichst sachgerecht widerspiegeln.

Eine Wesentlichkeitsgrenze wird nicht vorgegeben; hier muss das Unternehmen nach eigenem ⇒fachlichem Ermessen eine sachgerechte Wesentlichkeitsgrenze festlegen, z. B. bestimmte Wertgrenzen, ab denen der Komponentenansatz greift, und/oder Prozentsätze im Verhältnis zu den Anschaffungs- und Herstellungs kosten.
Regelmäßig auszutauschende Kosten für ⇒Generalinspektionen sind nach IAS 16.14 wie separate Komponenten zu aktivieren und gesondert abzuschreiben. Das gleiche gilt für einzelne Teile, die regelmäßig ausgetauscht werden müssen (z. B. Filteranlagen, Beförderungsbänder), siehe auch ⇒Ersatzinvestitionen.

Kongruenzprinzip (Clean Surplus)
Das Kongruenzprinzip (clean surplus) ist ein bilanztheoretisches Grundprinzip, wonach die Bilanzierungsvorschriften gewährleisten sollen, dass die Periodenerfolge den Eigenkapitalveränderungen der einzelnen Geschäftsjahre gleichen, korrigiert um die Zahlungen (Entnahmen und Einlagen) zwischen Unternehmen und Unternehmenseignern. Werden innerhalb der Gesamtlebensdauer eines Unternehmens alle, nicht auf Entnahmen oder Einlagen beruhenden Eigenkapitalveränderungen vollständig und genau nur einmal im Periodenerfolg erfasst, besteht „Kongruenz zwischen Einnahme- und Ausgaberechnung mit der Erfolgsrechnung" (Schmalenbach 1926, S. 99). Sofern die Bilanzierungsvorschriften das Kongruenzprinzip erfüllen, schlagen sich bilanzpolitische Maßnahmen in späteren Perioden in eine genau entgegen gesetzte Verzerrung um, ohne dass dies der Abschlussleser erkennen könnte. Dennoch wird das Kongruenzprinzip in der Fachdiskussion als ein sehr wichtiges Grundkonzept angesehen, da damit zum einen bilanzpolitische Missbräuche in späteren Perioden „bestraft" werden, zum anderen lässt sich beweisen, dass der Shareholder Value (= Kapitalwert der erwarteten Nettoausschüttungen eines Unternehmens) zu einem beliebigen Zeitpunkt aus dem Kapitalwert der zukünftigen Periodenerfolge nur dann reproduziert werden kann, wenn die Kongruenzbedingung erfüllt ist. Während die Bilanzieungsvorschriften nach ⇒HGB weitgehend das Kongruenzprinzip erfüllen, verstoßen die IFRS-Vorschriften häufig dagegen. Hintergrund der zahlreichen Verstöße ist insbesondere das zunehmende ⇒fair value Accounting, wodurch Bewertungsgewinne/-verluste oft erfolgsneutral mit dem Eigenkapital verrechnet werden. Siehe auch ⇒Eigenkapitalveränderungsrechnung.

Kontenrahmen
⇒IFRS, Kontenrahmen

Konvergenz des internen und externen Rechnungswesens
In vielen Unternehmen sind ⇒internes und ⇒externes Rechnungswesen voneinander losgelöst und häufig auch organisatorisch und personell voneinander getrennt. Eine auf IFRS basierende externe Rechnungslegung bietet jedoch die Möglichkeit einer sehr viel stärkeren Verzahnung bzw. Vereinheitlichung von internen Controllingaufgaben mit der externen Bilanzbuchhaltung (⇒Biltrolling). Der Grund ist, dass eine auf IFRS aufbauende externe Finanzberichterstattung einerseits häufig auf interne Berichtszahlen zurückgreift und ein funktionierendes Controlling erfordert, andererseits aber zusätzliche Informationen benötigt werden, die auch im Rahmen der internen Unternehmenssteuerung nützlich sein können.
Typische Beispiele:
- Teilgewinnrealisierung nach der ⇒Percentage of Completion-Methode (Rückgriff auf die Zahlen des ⇒Projektcontrollings),
- Aktivierungskriterien für Entwicklungs- und Softwarekosten (F&E-Controlling als Grundlage),
- Umfassende ⇒Fair value Bewertung von Finanzinstrumenten (Notwendigkeit eines Finanzcontrollings),
- Anwendung des ⇒Umsatzkostenverfahrens (Gliederung der Gewinn- und Verlustrechnung nach Funktionen, daher Notwendigkeit einer ⇒Kosten- und Leistungsrechnung),
- Notwendigkeit einer Vollkostenrechnung zur Ermittlung der ⇒Herstellungskosten
- Separate Abschreibung wesentlicher Komponenten von Anlagegegenständen; Unzulässigkeit rein steuerlich motivierter Abschreibungsmethoden (Anknüpfung an die ⇒Kosten- und Leistungsrechnung)

Ein weiteres wichtiges Beispiel ist die nach IFRS für börsennotierte Unternehmen vorgeschriebene Segmentberichterstattung, wonach die Segmentabgrenzung der internen Bereichsorganisation folgen soll (⇒Management Approach). Die unter IFRS häufig vorgeschriebene zeitwertorientierte Bewertung einzelner Bilanzpositionen (z. B. Pensionsverpflichtungen, Fremdwährungspositionen, langfristige Rückstellungen, siehe ⇒Fair value Accounting) ist gleichzeitig nützlich im Rahmen der internen Steuerung und Kontrolle. Die insbesondere bei großen Unternehmen verwendete Kennzahl ⇒EBIT basiert häufig unmittelbar auf den IFRS Zahlen. Auch die unter IFRS bestehende Verpflichtung zur Erstellung einer ⇒Kapitalflussrechnung ist ein wichtiges Informationsinstrument für das Finanzcontrolling. Daten, die bisher nur für das interne Berichtswesen/Controlling generiert wurden, können somit von zweifachem Nutzen sein. Eine Umstellung des externen Rechnungswesens auf IFRS kann aber auch erstmals den Anlass geben, zusätzliche Daten zu erheben und somit das interne Rechnungswesen zu verbessern.
Je enger internes und externes Rechnungswesen miteinander verzahnt wird, desto verlässlicher werden wohl auch die internen Zahlen, denn umso stärker unterliegen sie der Überprüfung durch den Abschlussprüfer. Der Konvergenz des internen und externen Rechnungswesens sind aber Grenzen gesetzt, wie folgende Beispiele zeigen:
- IFRS knüpfen weiterhin an ⇒Aufwendungen und ⇒Erträgen aus der Finanzbuchhaltung an und nicht an Kosten und Leistungen. Zwischen externen Rechnungswesen und der ⇒Kosten- und Leistungsrechnung verbleiben also weiterhin sachliche und zeitliche Differenzen, ⇒kalkulatorische Kosten bleiben unbeachtet.
- Die Herstellungskosten von Vermögenswerten sind nach IFRS auf Basis einer Vollkostenrechnung zu ermitteln, weichen aber dennoch von den Herstellkosten der Kosten- und Leistungsrechnung ab, da zum einen Aufwendungen und nicht Kosten in die Kalkulation eingehen, zum anderen die Herstellkosten der Kosten- und Leistungsrechnung auch auf Basis von Teilkosten (z. B. für die Bestimmung kurzfristiger Preisuntergrenzen oder zur Beurteilung von Eigenfertigung

oder Fremdfertigung) ermittelt werden können.
- Während sich unter IFRS und US GAAP die Abschreibungen von Vermögenswerten mit bestimmbarer Nutzungsdauer auf Basis historischer ⇒Anschaffungs- oder ⇒Herstellungskosten bemessen, wird in der Kosten- und Leistungsrechnung oft auf Basis von Wiederbeschaffungskosten abgeschrieben (kalkulatorische Abschreibung).

Konzern
Eine Gruppe von Unternehmen, die aus einem Mutterunternehmen und mindestens einem Tochterunternehmen besteht. Die Einstufung als Tochterunternehmen erfolgt anhand des Control-Konzeptes (⇒Control).

Konzernabschluss
Der Abschluss einer Gruppe von Unternehmen, die aus einem Mutterunternehmen und mindestens einem Tochterunternehmen besteht (⇒Konzern).

Konzernabschluss, Aufstellungspflicht
Die gesetzliche Aufstellungspflicht eines Konzernabschlusses ergibt sich für deutsche Kapitalgesellschaften hauptsächlich aus §§ 290–293 HGB und für ⇒Mutterunternehmen als Personengesellschaft aus § 11 PublG. Die Regelung des IAS 27.9 bleibt insofern für diese Gesellschaften ohne Bedeutung. Darin wird geregelt, dass ein ⇒Mutterunternehmen – es sei denn, es wird aufgrund von IAS 27.10 davon befreit (z. B. wenn das Mutterunternehme selbst ein Tochterunternehmen ist) – einen Konzernabschluss in Anlehnung an IAS 27 aufzustellen hat.

Korrektur wesentlicher Fehler
⇒Bilanzierungsfehler

Korridormethode
Eine der drei Optionen des IAS 19 zur Erfassung versicherungsmathematischer Gewinne/Verluste (⇒Pensionen und ähnliche Verpflichtungen). Diese Methode beruht auf der Annahme, dass sich langfristig versicherungsmathematische Gewinne/Verluste ausgleichen und daher das Periodenergebnis möglichst wenig beeinflussen sollten. Kumulierte versicherungsmathematische Gewinne/Verluste, die innerhalb eines bestimmten Toleranzkorridors bleiben, brauchen daher nicht ergebniswirksam erfasst zu werden. Nur die den Korridor übersteigenden Gewinne/Verluste sind ergebniswirksam zu erfassen (im Beispiel der den Korridor überschreitende Betrag im Jahr 6). Die Ergebniswirksamkeit erfolgt jedoch zeitlich gestreckt, indem sie über einen relativ langfristigen Zeitraum, nämlich der durchschnittlichen Restarbeitsjahre der am Alterversorgungsplan beteiligten Arbeitnehmer verteilt wird.
Eine schnellere oder sofort ergebniswirksame Erfassung ist als weitere Option ebenso möglich (IAS 19.93.).
Der Korridor ergibt sich aus dem **höheren** Betrag aus:
- 10% des Fair values des ⇒Planvermögens zum Bilanzstichtag; und
- 10% der leistungsorientierten Versorgungsverpflichtung (DBO) zum Bilanzstichtag (siehe Beispiel unten).

Kosten für Großinspektionen/ Großreparaturen
⇒Ersatzinvestitionen und Kosten für Großinspektionen/Großreparaturen

	Jahr 1	Jahr 2	Jahr 3	Jahr 4	Jahr 5	Jahr 6
DBO	**3,000,000**	**3,500,000**	3,900,000	4,500,000	5,100,000	**5,500,000**
Fair Value des Planvermögens	2,700,000	3,300,000	**5,000,000**	**6,500,000**	**5,500,000**	5,100,000
10% Korridor	300,000	350,000	500,000	650,000	550,000	550,000
Kumulierte versicherungs-mathematische Verluste	100,000	250,000	400,000	500,000	550,000	650,000

Korridorbesprechung nach IAS 19

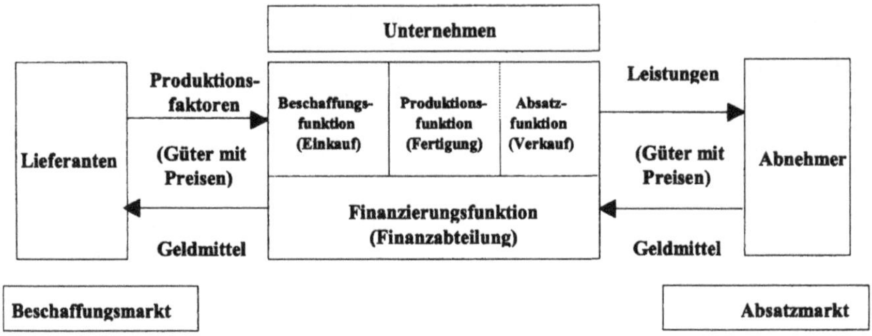

Kosten- und Leistungsrechnung
Die Notwendigkeit einer aussagefähigen Kosten- und Leistungsrechnung (KLR) für das Unternehmen wird deutlich, wenn man sich den Hauptzweck der Unternehmung vor Augen führt, der in der Regel die Erstellung von am Markt absetzbaren Leistungen (Güter- und/oder Dienstleistungen) ist. Die Leistungserstellung geschieht mit Hilfe so genannter „Produktionsfaktoren", die, um den Leistungserstellungsprozess zu optimieren, zweckorientiert (i. S. wirtschaftlichen Einsatzes) kombiniert werden müssen (siehe Abbildung oben).
Dieses Modell zeigt den Kreislauf des Unternehmens, der sich zwischen den Größen Beschaffung von Produktionsfaktoren, Kombination der beschafften Produktionsfaktoren (Leistungserstellung) und Absatz der erstellten Leistungen (Güter- und Dienstleistung) bewegt. Mit dem Erlös am Absatzmarkt für die verkauften Leistungen erhält das Unternehmen wieder jene neuen Mittel in die Hand, die es zur Beschaffung neuer Produktionsfaktoren wieder benötigt.
Die Kosten- und Leistungsrechnung muss einen reibungslosen Ablauf und eine permanente Wiederholung dieses Kreislaufes sicherstellen. Die KLR soll die Geld- und Leistungsströme zwischen den Bereichen Beschaffung, Produktion und Absatz nicht nur transparent werden lassen, sondern auch dafür sorgen, dass dieser Kreislauf störungsfrei abläuft. Das heißt, die KLR umfasst sämtliche Verfahren, die erforderlich sind, um die im Unternehmen auftretenden Geld-, Zahlungs- und Leistungsströme (die durch den Prozess der betrieblichen Leistungserstellung und Leistungsverwertung entstehen) mengen- und wertmäßig zu erfassen, zu überwachen und in die richtigen Bahnen zu lenken. Um dieses Globalziel sicherzustellen, muss die KLR generell in der Lage sein, ausreichende Daten erfassen, aufbereiten und verarbeiten zu können.
Neben dieser Globalaufgabe gibt es eine Vielzahl spezieller Aufgaben für die KLR. Die Vielzahl dieser Einzelaufgaben kann man sich am besten verdeutlichen, wenn man die Kostenrechnung als ein Informationssubsystem des betrieblichen Rechnungswesens auffasst, dessen Hauptaufgabe darin besteht, **Darstellungsinformationen** (Ermittlungsfunktion), **Planungsinformationen** (Vorgabe- und Prognosefunktion) und **Kontrollinformationen** (Kontrollfunktion) zu liefern.
Beim Aufbau einer Kostenrechnung im Unternehmen werden die Kosten entsprechend den jeweiligen Informationsaufgaben der Kostenrechnung mehr oder weniger fein aufgegliedert (in der **Kostenartenrechnung**), das Unternehmen gleichzeitig in Abrechnungseinheiten unterteilt (in der **Kostenstellenrechnung**) und, entsprechend der gewünschten Genauigkeit beziehungsweise dem Informationsgehalt der Ergebnisse, das Kalkulationsverfahren festgelegt (in der **Kostenträgerrechnung**) (siehe Abbildung nächste Seite).

Kosten, Begriff
Die Rechenelemente der Kostenrechnung sind die Kategorien *Kosten* und *Leistungen*.

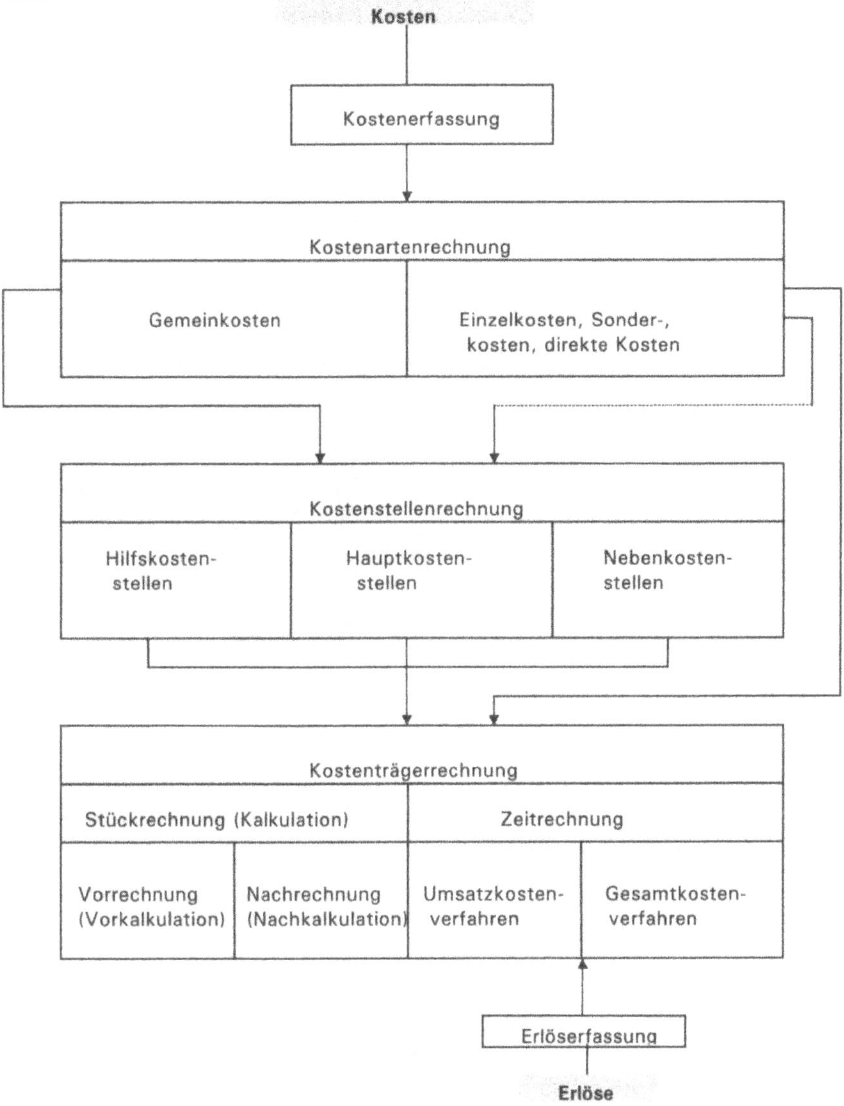

Kosten = durch die Erstellung von Leistungen bewirktem, in Geldeinheiten ausgedrücktem Verbrauch an Gütern und Dienstleistungen sowie öffentlicher Abgaben (Wertverzehr).

Demnach ist der Kostenbegriff durch vier Merkmale definiert:

- Es muss ein *mengenmäßiger* Verbrauch (Verzehr) an Gütern und/oder Dienstleistungen vorliegen
- Dieser Verzehr an Gütern oder Dienstleistungen muss *bewertet* werden

- Der bewertete Verzehr muss erfolgen, um eine *betriebliche Leistung* zu erzeugen (das heißt dem *Betriebszweck* dienen)
- Die betriebliche Leistung muss für die *Verwertung* am Markt direkt oder indirekt bestimmt sein.

Kostenartenrechnung
Der Kostenartenrechnung fällt die Aufgabe zu, die Kosten nach einem festzulegenden Katalog von Kostenarten zu erfassen (Fragestellung: *Welche* Kosten sind entstanden?).

> Kostenartenrechnung = Erfassung und Abgrenzung der verschiedenen Formen des betrieblichen Wertverzehrs.

Die Kostenartenrechnung beantwortet die Frage, welche Kostenarten in welcher Höhe in einem Unternehmen während einer *Abrechnungsperiode* angefallen sind. Beim Aufbau der Kostenartenrechnung sind zwei wichtige Grundsätze zu beachten: *Festlegen von Richtlinien zur Kostenartengliederung,* das heisst Erstellen von Kontierungsrichtlinien und *Festlegung und Einengung des Personenkreises, der die Kosten der einzelnen Kostenarten zuordnet.*
Wenn man hier nicht nach einheitlichen Gesichtspunkten vorgeht (zum Beispiel Prospekte einmal unter Büromaterial, ein anderes Mal unter Werbeaufwand erfasst), wird die Aussagefähigkeit der gesamten Kosten- und Leistungsrechnung in Frage gestellt. Jede Kostenrechnung kann nur so genau und aussagefähig sein, wie sie die sorgfältig erstellte Kostenartenrechnung erlaubt. Der im Unternehmen aufzubauende Kostenartenplan sollte deshalb folgende Grundprinzipien beachten:
- Eindeutige und vollständige Beschreibung des Inhalts der einzelnen Kostenarten mit eindeutiger Kontierungsanweisung und Kostenarteneinordnung.
- Kontinuität der Kostenarteneinordnung.
- Wenn möglich, sollte man den Kostenartenplan auf einem einzigen Blatt darstellen, um die Kontierung zu erleichtern.
- Vollständigkeit des Kostenartenverzeichnisses.
- Vermeidung von Überschneidungen und Vermischungen zwischen den verschiedenen Kostenarten.
- Klare, übersichtliche, nicht zersplitterte und den spezifischen Gegebenheiten des Unternehmens angepasste Kostenartengliederung.
- Nummerierung nach einheitlichem Grundschema.

Kostenstelle

> Kostenstelle (cost center) = ein aus rechentechnischen Gründen gebildeter Teilbereich des Unternehmens, für den die Kostenbelastung und -entlastung besonders berechnet wird. Das heißt Kostenstellen sind sowohl *Ort der Kostenentstehung* (Verursachung) aber auch *Ort der Kostenzurechnung* (Ort der Kostenverantwortlichkeit), oder: abgegrenzter Bereich, in welchem zum Zwecke der Leistungserstellung Kosten anfallen.

Für die Bildung von Kostenstellen gibt es keine allgemein gültigen Richtwerte, allerdings hat sich eine Reihe von in breitem Umfang bewährten Kriterien für die Bildung von Kostenstellen herauskristallisiert:
- Räumliche Aspekte
- Einrichtungstechnische Merkmale (z. B. Raumausstattung)
- Verantwortungsprinzipien (z. B. Kontrolle)
- Funktionen

Kostenträger
Führt man sich den Gesamtzusammenhang zwischen Kostenarten-, Kostenstellen- und Kostenträgerrechnung vor Augen, so zeigt sich, dass in der *Kostenträgerrechnung der Prozess der Kosten- und Leistungsrechnung seinen Abschluss* findet. Kostenarten- und Kostenstellenrechung sind in gewisser Weise Vorstufen der Kostenträgerrechnung.

> Kostenträger = direkt oder indirekt dem Betriebszweck entsprechende Leistungen des Unternehmens

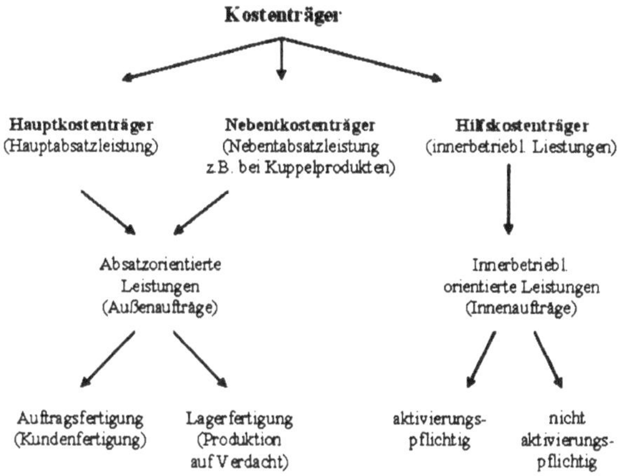

Kostenträger sind die Leistungen oder Leistungsgruppen eines Unternehmens, die die ihnen zugeordneten Kosten „tragen" müssen, wobei man in der Regel die betrieblichen Absatzleistungen, das heißt die fertigen Erzeugnisse, als Kostenträger ansieht = *Hauptkostenträger*. Falls sie im Unternehmen aber vorkommen, müssen auch die innerbetrieblichen Leistungen (zum Beispiel selbsterstellte Anlagen, eigene Instandhaltungen usw.) = *Hilfskostenträger* und die Nebenkostenleistungen (Leistungen, die im Zusammenhang mit der Erstellung der Hauptkostenträger entstehen und neben diesen am Markt verkauft werden) = *Nebenkostenträger* als Kostenträger betrachtet und entsprechend behandelt werden.

Kundenbindungsprogramme
Bei den Kundenbindungsprogrammen könnte zwischen sofortigen Aktionen (Kaufe zwei Paar Schuhe - zahle nur Eins!) oder Treupunkteprogrammen (z. B. Miles & More von Lufthansa) unterschieden werden. Im ersten Fall erfolgt keine Umsatzabgrenzung, im obigen Beispiel könnte man sich die Aktion auch als einen aufgeteilten Preisnachlass auf beide Paare vorstellen. Im zweiten Fall dagegen muss der Umsatz abgegrenzt werden, da die Inanspruchnahme von Bonuspunkten später erfolgt. Der Verkauf stellt sich als ⇒Mehrkomponentengeschäft dar: der eine Teil des bezahlten Preises entfällt auf die gekaufte Leistung, der andere Teil entfällt auf die künftige Leistung und muss auf der Passivseite in Höhe des ⇒fair value (z. B. in € umgerechneter Gegenwert der Treuepunkte) der zukünftigen Leistung passivisch abgegrenzt werden (IFRIC 13).

Künftiger wirtschaftlicher Nutzen
⇒Vermögenswert

Kurzfristige Schulden
⇒Liability, current

Kurzfristige Vermögenswerte
⇒Asset, current

Lagebericht
Die Veröffentlichung eines Lageberichts (Management Discussion & Analysis, MD&A) wird in IAS 1 empfohlen. In diesem Informationsinstrument werden die wesentlichen Merkmale der Vermögens-, Finanz- und Ertragslage des Unternehmens sowie die wichtigsten Unsicherheiten, denen sich das Unternehmen gegenübersieht, beschrieben und erläutert. Ein solcher Bericht könnte einen Überblick geben über:

- die Hauptfaktoren und Einflüsse, welche die Ertragskraft bestimmen, einschließlich Veränderungen des Umfelds, in dem das Unternehmen operiert, die Reaktionen des Unternehmens auf diese Veränderungen und deren Auswirkungen sowie die Investitionspolitik des Unternehmens, um die Ertragskraft zu erhalten und zu verbessern, einschließlich der Dividendenpolitik;
- die Finanzierungsquellen des Unternehmens und Zielverschuldungsgrad; sowie
- die gemäß den IFRS nicht in der Bilanz ausgewiesenen Ressourcen (IAS 1.9).

Da die konkrete Ausgestaltung des Lageberichts unter IFRS nicht geregelt wird, wird in der Praxis der DRS 15 umgesetzt (⇒DRS).

Lagerumschlag
⇒Stock Turn

Landwirtschaftliche Erzeugnisse
Ein landwirtschaftliches Erzeugnis ist die Frucht der biologischen Vermögenswerte eines Unternehmens (IAS 41.5), wie z. B. ein lebendes Tier oder eine lebende Pflanze. Der Ansatz erfolgt analog zum Ansatz von einem ⇒Vermögenswert. Die Bilanzierung erfolgt hauptsächlich zum ⇒fair value, so dass zwischen Erst- und Folgebewertung nicht differenziert werden muss.

Landwirtschaftliche Tätigkeit
⇒Landwirtschaftliche Erzeugnisse

Latente Steuern
Das Ergebnis in der ⇒Handelsbilanz und ⇒Steuerbilanz kann aus verschiedenen Gründen voneinander abweichen, z. B. weil in der Handelbilanz eine andere Abschreibungsmethodik angewendet wird als in der Steuerbilanz. Durch den Ansatz aktiver und passiver latenter Steuern auf temporär vorübergehende Ergebnisdifferenzen zwischen Handelsbilanz und Steuerbilanz soll erreicht werden, dass in der ⇒Gewinn- und Verlustrechnung ein Steueraufwand ausgewiesen wird, der sich auf Grundlage des Handelsbilanzergebnis ermittelt. Nach § 274 Abs. 1 HGB besteht für Kapitalgesellschaften eine Bilanzierungspflicht für passive latente Steuern und nach § 274 Abs. 2 HGB ein Bilanzierungswahlrecht für aktive latente Steuern (nach ⇒BilMoG voraussichtlich Aktivierungspflicht). Nach IFRS besteht sowohl für aktive (deferred tax assets) als auch für passive latente Steuern (deferred tax liabilities) eine Bilanzierungspflicht (IAS 12.15 und IAS 12.24). Aktive latente Steuern auf bisher noch nicht genutzte steuerliche Verlustvorträge können jdoch nur unter der Voraussetzung bilanziert werden, dass in Zukunft wahrscheinlich ausreichende steuerliche Ge-winne erzielt werden, um den Verlustvortrag steuerlich nutzen zu können (IAS 12.34). Allgemein werden nach IAS 12 die Wertansätze für latente Steuern in der Bilanz als wirtschaftliche Lastenpotentiale in Form von zukünftigen Steuermehrbelastungen (= passive latente Steuer) bzw. als wirtschaftliche Nutzenpotentiale in Form zukünftiger Steuerminderbelastungen (= aktive latente Steuern z. B. auf einen steuerlich noch nicht genutzten Verlustvortrag) aufgefasst (IAS 12.5).
Im Grundsatz sind auf alle temporären Differenzen zwischen Steuerbilanz und Handelsbilanz latente Steuern zu bilden, mit folgenden wesentlichen Ausnahmen:

- ⇒Erstmalig erfasster Goodwill, da er steuerlich nicht abzugsfähig ist (IAS 12.21)

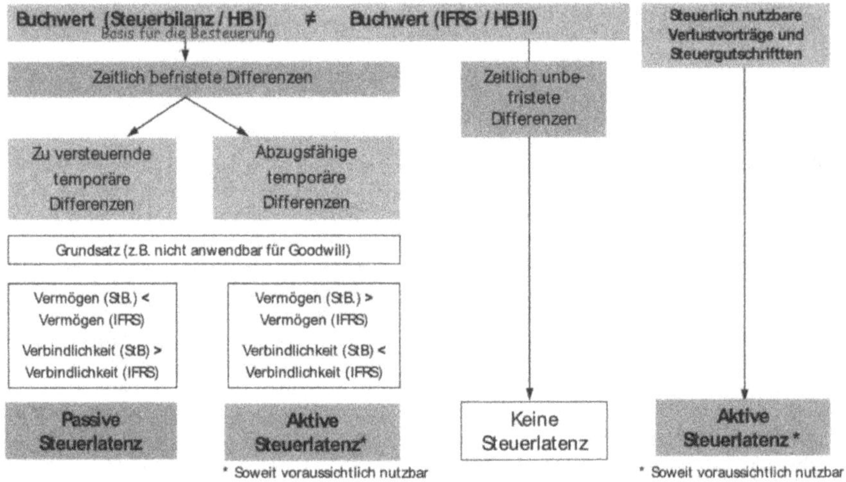

Quelle: KPMG (Hrsg.); IFRS Visuell, S. 36.

- Temporäre Differenzen, die bei der erstmaligen Erfassung von Vermögenswerten und Schulden entstehen, soweit diese nicht aus einem ⇒Unternehmenszusammenschluss stammen und dabei weder den IFRS noch den steuerlichen Erfolg beeinflussen (IAS 12.15)
- Steuerliche Verlustvorträge, deren Realisierung nicht wahrscheinlich ist (IAS 12.34)
- Temporäte Differenzen aus ⇒Beteiligungen, soweit das Mutterunternehmen die Umkehr der temporären Differenz kontrollieren kann und es auch wahrscheinlich ist, dass sich die Differenz in naher Zukunft nicht umdrehen wird (IAS 12.38 ff.)

Die Abbildung oben und das Beispiel auf der nächsten Seite verdeutlichen das Grundkonzept der Bilanzierung von latenten Steuern nach IAS 12.

Im Beispiel entsteht im Jahr 1 eine zu versteuernde temporäre Differenz, das der Buchwert laut IFRS Bilanz höher ist als der Steuerwert (die zukünftige Steuermehrbelastung tritt ab dem Jahr 4 ein, da dann die steuerlich zulässigen Abschreibungen entfallen). Es müssen daher passive latente Steuern gebildet werden.

Bewertung von latenten Steuern:

Latente Steuern sind nach IAS 12.46 f. mit dem aktuell für das laufende Geschäftsjahr gültigen bzw. aller Voraussicht nach gültigen Steuersatz zu bewerten. Änderungen der Steuersätze oder der Bilanzpositionen, auf die latente Steuern gebildet werden, führen zu latentem Steueraufwand- oder -ertrag.

Latente Steuern dürfen nicht abgezinst werden (IAS 12.53).

In der ⇒Bilanz müssen latente Steuern immer unter den ⇒langfristigen Vermögenswerten/Schulden ausgewiesen werden.

In der ⇒Gewinn- und Verlustrechnung setzt sich das Steuerergebnis aus den latenten Steuererträgen/Steueraufwendungen und den effektiven Steueraufwendungen/Erträgen zusammen.

Erfolgswirksame vs. Erfolgsneutrale Erfassung von latenten Steuern:

Grundsätzlich sollen alle Veränderungen der latenten Steuern erfolgswirksam erfasst werden (IAS 12.58). Erfolgsneutral müssen hingegen die latenten Steuererfolge erfasst werden, die sich aus Bewertungsunterschieden von Vermögenswerten und Schulden ergeben, bei denen nach IFRS Bewertungserfolge erfolgsneutral ins Eigenkapital gebucht werden

Anschaffungskosten: 600
Abschreibungen (IFRS): 6 Jahre linear
Abschreibungen (Steuerbilanz): 3 Jahre linear
Jahresgewinn vor Abschreibungen: 300
Steuersatz: 20%

Geschäftsjahr	1	2	3	4	5	6
Buchwert (IFRS)	500	400	300	200	100	0
Buchwert (Steuerbilanz)	400	200	0	0	0	0
Zu versteuernde temporäre Differenz	**100**	**200**	**300**	**200**	**100**	**0**
Jahresgewinn vor Abschreibungen:	300	300	300	300	300	300
Abschreibungen (IFRS):	100	100	100	100	100	100
Jahresgewinn (IFRS)	200	200	200	200	200	200
Abschreibungen (Steuerbilanz)	200	200	200	0	0	0
Jahresgewinn (Steuerbilanz)	100	100	100	**300**	**300**	**300**
Ertragssteuern lt. IFRS	40	40	40	40	40	40
darin:						
Laufende Ertragssteuern	20	20	20	**60**	**60**	**60**
Latente Steuern	20	20	20	-20	-20	-20
Kumulierte passive latente Steuern	20	40	60	40	20	0

(IAS 12.61). Dabei handelt es sich im Wesentlichen um Bewertungserfolge, die im ⇒Other Comprehensive Income ausgewiesen werden.

Laufende Ertragssteuern
⇒Latente Steuern

Leasing
IAS 17.4 definiert einen Leasingvertrag als eine Vereinbarung, bei der der Leasinggeber dem Leasingnehmer gegen eine Zahlung oder eine Reihe von Zahlungen das Recht auf Nutzung eines Vermögenswertes für einen vereinbarten Zeitraum überträgt. Die Definition des Begriffs ist bewusst relativ weit gefasst, weil es nicht auf die rechtliche, sondern vielmehr auf die wirtschaftliche Betrachtungsweise ankommt. Dies wird sowohl im ⇒Framework, als auch in IAS 17.21 festgelegt. So ist gem. IAS 17.6 die Vertragsbezeichnung für die Klassifizierung als Leasing irrelevant (eine tiefe Auseinandersetzung mit dieser Problematik findet sich in IFRIC 4). Die Klassifizierung erfolgt zu Beginn des Leasingverhältnisses. Eine Umklassifizierung ist erst dann zulässig, wenn ein neuer Vertrag geschlossen oder der alte Vertrag so geändert wird, dass die Beibehaltung der ursprünglichen Klassifizierung nicht mehr dem tatsächlichen wirtschaftlichen Verhältnis entspricht.
Die Übertragung des Nutzungsrechts kann in Abhängigkeit von der Vertragsgestaltung sowohl (a) als ein Mietvertrag angesehen werden (⇒Operating Lease), weil das wirtschaftliche Eigentum beim Leasinggeber verbleibt, oder (b) als ein Kauf auf Raten (⇒Finance Lease), weil das wirtschaftliche Eigentum auf den Leasinggeber übergeht. Je nach dem, um welchen Leasingtyp es sich handelt und wer der wirtschaftliche Eigentümer ist, wird der bilanzielle Ansatz des betroffenen Vermögenswerts entschieden.
Bei einem Finance Lease bilanziert der Leasingnehmer das Leasingobjekt; gleichzeitig entsteht bei ihm eine Leasingverbindlichkeit. Beim Leasingeber kommt es zu einem Aktiv-Tausch in der Bilanz: statt Leasingobjekt erscheint eine Leasingforderung i. H. d. Nettoinvestitionswerts (vgl. IAS 17.36). Dieser ergibt sich aus dem abdiskontierten Bruttoinvestitions-

recht (Summe der Leasingraten und Restwert). Die Leasingzahlungen bestehen somit aus einem Tilgungs- und einem Zinsteil. Der Tilgungsteil mindert den Forderungsbestand, der Zinsteil stellt Zinsertrag dar. Eine spiegelbildliche Behandlung erfolgt beim Leasingnehmer.
Im Falle eines Operating Lease verbleibt der Vermögenswert in der Bilanz des Leasinggebers (IAS 17.49). Die Leasingraten stellen beim Leasinggeber Mieterträg und beim Leasingnehmer Mietaufwand dar.

Leerkosten
⇒Herstellungskosten

Legal Merger
Im Rahmen einer Fusion kommt es zu einem Unternehmenszusammenschluss durch die Verschmelzung des einen Unternehmens auf ein anderes. Außerdem ist eine Verschmelzung auf ein neu gegründetes Unternehmen möglich.

Leistungen an Arbeitnehmer
⇒Pensionen und ähnliche Verpflichtungen

Leistungsorientierte Versorgungspläne (Defined Benefit Plans)
⇒Pensionen und ähnliche Verpflichtungen

Liability
⇒Schulden

Liability, current
Eine Schuld ist als kurzfristig einzustufen, wenn sie mindestens eines der nachfolgenden Kriterien erfüllt:
a) ihre Tilgung wird innerhalb des gewöhnlichen Verlaufs des Geschäftszyklus des Unternehmens erwartet;
b) er wird primär für Handelszwecke gehalten;
c) ihre Tilgung wird innerhalb von zwölf Monaten nach dem Bilanzstichtag erwartet; oder
d) das Unternehmen hat kein uneingeschränktes Recht zur Verschiebung der Erfüllung der Verpflichtung um mindestens zwölf Monate nach dem Bilanzstichtag.

Liability, non-current
Alle Schulden, die nicht als kurzfristig definiert werden können, sind langfristige Schulden.

LIFO
Das LIFO-Verfahren (Last-in-First-out) geht von der Annahme aus, dass die zuletzt erworbenen bzw. erzeugten Vorräte zuerst verkauft werden. Gem. IAS 2 ist dieses Gruppenbewertungsverfahren nicht mehr zulässig.

Liquidität
Liquidität eines Unternehmens zeichnet sich dadurch aus, dass es seinen fälligen Zahlungsverpflichtungen nachkommen kann. Sie ist einer der zentralen Informationsinhalte, die die Adressaten des ⇒Abschlusses von ihm erwarten.

Lizenzen
⇒Immaterielles Anlagevermögen

Lizenzen, Erlöse aus
⇒Erlöse

Local Gaap
International üblicher Ausdruck für die lokale Rechnungslegungsregeln, die in einzelnen Ländern/Regionen allgemein anerkannt bzw. vorgeschrieben sind (Gaap = generally accepted accounting principles). Dazu zählen in Deutschland ⇒ HGB bzw. ⇒GoB.

Losses
⇒Ansatzgrundsätze für Aufwendungen und Ertäge

Lower of cost or net realizable value
Die Bewertung der Vorräte auf Basis einer Einzel- oder Gruppenbewertung erfolgt mit dem niedrigeren Wert aus ⇒Anschaffungs- oder Herstellungskosten und ⇒Nettoveräußerungswert. Liegt der Nettoveräußerungswert unter den Zugangswerten, besteht Abschreibungsbedarf auf diesen Wert. Steigt der Nettoveräußerungswert an, muss maximal bis zu den Anschaffungs- oder Herstellungskosten zugeschrieben werden.

Management Approach
Von einem management approach wird dann gesprochen, wenn Informationen aus dem internen Rechnungswesen und aus dem Controlling, die grundsätzlich der Unternehmenssteuerung dienen, Eingang in die externe Publizität nach IFRS finden (vgl. v. a. Segmentberichterstattung). Damit eine Vergleichbarkeit zwischen externen Berichtswerken mehrerer Unternehmen gewährleistet werden kann, muss das management approach ausführlich erläutert werden.

Marken
⇒Immaterielles Anlagevermögen

Maßgeblicher Einfluss
Maßgeblicher Einfluss ist nach IAS 28 die Möglichkeit, an den finanz- und geschäftspolitischen Entscheidungen des Beteiligungsunternehmens mitzuwirken, jedoch nicht die Beherrschung oder gemeinsame Führung der Entscheidungsprozesse (⇒assoziiertes Unternehmen).

Maßgeblichkeit der Handelsbilanz für die Steuerbilanz
Die Beziehung zwischen den Regelungen des Handels- und des Steuerrechts wird in Deutschland als Maßgeblichkeit bezeichnet; die Handelsbilanz und die Steuerbilanz können nicht unabhängig voneinander existieren. Die Maßgeblichkeit der handelsrechtlichen Vorschriften für die Steuerbilanz wird in § 5 Abs. 1. S. 1 EStG festgeschrieben.

Matching-Prinzip
⇒Ansatzgrundsätze von Aufwendungen und Erträgen

Materialgemeinkosten
In den Materialhaupt- und -hilfsstellen anfallende Kosten, die im Zusammenhang mit Beschaffung, Qualitäts- und Mengenprüfung, Lagerhaltung und Verteilung entstehen. Zu ihnen gehören u. a. Löhne, Gehälter mit allen Personalnebenkosten, die auf den Lagergebäuden und -einrichtungen lastenden Abschreibungen, Versicherungen, Aufwendungen für Heizung und Beleuchtung sowie Verzinsung des in den gelagerten Vorräten gebundenen Kapitals.

Materiality
⇒Wesentlichkeit

Materialkosten, Begriff
Materialkosten (Stoffkosten, Werkstoffkosten) entstehen durch den Verbrauch von Materialien im Rahmen der betrieblichen Leistungserstellung. Sie sind bewertete Verbrauchsmengen von Roh-, Hilfs- und Betriebsstoffen, Handelswaren und bezogenen fertigen und halbfertigen Einbauteilen inklusive der entsprechenden Bezugskosten.
Man sollte trennen zwischen *Fertigungsmaterial* (Einzelkostenmaterial) und *Gemeinkostenmaterial*. Das *Fertigungsmaterial* ist den Kostenträgern direkt zurechenbar (meist Rohstoffverbrauch, Handelswaren, Einbauteile), das Gemeinkostenmaterial (meist Hilfs- und Betriebsstoffe) ist den einzelnen Kostenträgern nicht direkt zuordenbar. Oft wird in der Praxis in das Gemeinkostenmaterial auch Fertigungsmaterial eingehen, weil dieses Fertigungsmaterial vielleicht mit wirtschaftlichen Mitteln pro Kostenträger nicht erfassbar ist. Obwohl dadurch das Kostenverursachungsprinzip verletzt wird, sollte man dort, wo es sehr schwierig ist, aus Wirtschaftlichkeitsgründen auf die exakte Zuordnung verzichten. Unter *Fertigungsmaterial* soll deshalb jenes Material verstanden werden, das direkt in das zu fertigende Erzeugnis eingeht und *Hauptbestandteil* des jeweiligen Kostenträgers wird, unabhängig davon, ob dieses Material im Erzeugnis noch sichtbar ist oder durch den Verarbeitungsprozess untergegangen ist (Öl, Granulat). Fertigungsmaterial kann in seinem Zustand und in seiner Beschaffenheit sowie Form verändert werden, geht aber auch oft unverändert in das jeweilige Produkt ein. Generell kann nur dieses Material als Ferti-

gungsmaterial kostenrechnerisch erfasst werden, das mit wirtschaftlich vertretbarem Aufwand auf die Kostenträger zuordenbar ist.

Beispiele:
- Papier – Buchherstellung
- Granulat - Kunststoffverarbeitung
- Holz – Papierverarbeitung
- aber auch Lager, Aggregate, Bauteile, Module

Die Erfassung und Bewertung der Materialkosten erfolgt grundsätzlich in zwei Schritten. Zunächst werden die verbrauchten Mengen an Roh-, Hilfs- und Betriebsstoffen, Handelswaren und bezogenen Teile *erfasst* und anschließend *bewertet*.
Die Ermittlung des Verbrauchs erfolgt durch folgende Methoden:
- *Bestandsvergleich* (Befundrechnung, Inventurmethode, Bestandsdifferenzrechnung)
- *Bestandsfortschreibung* (Skontration)
- *Rückrechnung* (retrograde Methode)
- *Behelfsmethode* (Zugang = Abgang)

MD&A
⇒Lagebericht

Mehrkomponentengeschäfte
Unter Mehrkomponentengeschäften (Multiple Elemenent Arrangements) versteht man Umsatzgeschäfte mit mehren Leistungs- und/oder Lieferkomponenten, die zu unterschiedlichen Zeitpunkten/Zeiträumen erfolgen. Der Auftragnehmer schuldet dem Auftraggeber mehrere Teilleistungen, für die im Regelfall auch gesonderte Vergütungen vereinbart werden (Beispiele: Warenlieferungen, Auftragsfertigung oder Dienstleistungen mit damit verbundenen mehrjährigen Wartungsverträgen oder Customer Support Leistungen). Die Umsatzlegung bei Mehrkomponentenverträgen erfolgt nach folgenden Richtlinien:
- Enthält ein Umsatzgeschäft einen von der Hauptleistung und zu einem späteren Zeitpunkt/Zeitraum zu erbringende separierbare eigenständige Nebenleistung, so sind die, dieser Nebenleistung zuordenbaren Erlöse als Passivposten abzugrenzen und über die Vertragslaufzeit ertragswirksam zu vereinnahmen. Im Prinzip soll die Umsatzlegung für die einzelnen Komponenten so erfolgen, dass der wirtschaftliche Gehalt des Vertrages abgebildet wird (IAS 18.13). Mangels detaillierter IFRS-Vorschriften werden in der Praxis häufig die korrespondierenden Regelungen nach ⇒US GAAP umgesetzt. Demnach erfolgt die Umsatzlegung unabhängig von dem vereinbarten Entgelt i. H. d. ⇒fair values der einzelnen Teilleistungen (SOP 97-2; EITF 00-21; SAB 104).
- Bei im Regelfall nach der ⇒Percentage of Completion Methode abzurechnenden ⇒Auftragsfertigungen muss geklärt werden, ob mehrere Verträge als eine Einheit oder ob ein Vertrag in mehrere Teilaufträge aufzuteilen ist. Die Bilanzierung als eigenständiger Fertigungsauftrag ist dann erforderlich, wenn der Kunde die Möglichkeit hatte, auf die Teilleistung zu verzichten und die Teilleistung Gegenstand separater Angebote und separater Verhandlungen war (IAS 11.7 ff.) .
- Spezielle Vorschriften finden sich in IFRSC 13 für Umsatzgeschäft mit damit verbundenen ⇒Kundenbindungsprogrammen.

Methodenstetigkeit
Nach dem Grundsatz der Methodenstetigkeit darf von einmal gewählten ⇒Bilanzierungs- und Bewertungsmethoden *(Accounting Policies)* periodenübergreifend nicht abgewichen werden.
Der Grundsatz der Darstellungsstetigkeit ist ein Unterprinzip des Grundsatzes der ⇒Vergleichbarkeit.

Hinweise
Der *Grundsatz der Methodenstetigkeit* wird in IAS 8 durch verschiedene Einzelbestimmungen ergänzt. Neben allgemeinen Regelungen zur Vorgehensweise bei ⇒Änderungen von Bilanzierungs- und Bewertungsmethoden (IAS 8.19–27), wird der Grundsatz der Methodenstetigkeit in IAS 8.14–18 erheblich eingeschränkt: Demnach muss von den bisherigen Bilanzierungs- und Bewertungsmethoden abgewichen werden, falls (a) somit den Anforderungen neuer Standards oder Interpretationen entsprochen

werden kann oder falls (b) alternative Methoden vertrauenswürdigere und entscheidungsrelevantere Informationen gewährleisten (IAS 8.14 (a), (b)). Auch für neuartige, bzw. bislang nicht aufgetretene oder unwesentliche Geschäftsvorfälle kann von einmal gewählten Bilanzierungs- und Bewertungsmethoden abgewichen werden (IAS 8.16). Daneben kann bei der erstmaligen Anwendung der ⇒Neubewertungsmethode explizit der Grundsatz der Methodenstetigkeit außer acht gelassen werden (IAS 8.17). Verschiedene Detailvorschriften ermöglichen schließlich, dass bestimmte Bilanzierungs- und Bewertungswahlrechte für Kategorien ähnlicher Vermögenswerte unterschiedlich angewendet werden können (Beispiele: IAS 16.37; IAS 38.72; IAS 40.33; IAS 2.25; IAS 2.29; IAS 39.64 i. V. m. IAS 39.AG 88). Große ⇒Ermessensspielräume bei der Abgrenzung einer Kategorie von Vermögenswerten führen dazu, dass in der Bilanzierungspraxis regelmäßig gegen den Grundsatz der Methodenstetigkeit verstoßen wird.

Mietereinbauten
⇒Rückbauverpflichtungen

Minderheitenanteil
Gem. IFRS 3 handelt es sich bei einem Minderheitenanteil um den Teil des Ergebnisses und des Nettovermögens eines ⇒Tochterunternehmens, der auf Anteile des Eigenkapitals entfällt, die nicht direkt dem ⇒Mutterunternehmen oder nicht indirekt über andere Tochterunternehmen vom Mutterunternehmen gehalten werden (⇒Minderheitenrechte).

Minderheitenrechte
Bei der Analyse, ob das erwerbende Unternehmen tatsächlich auch die ⇒Beherrschung über das andere Unternehmen erlangt hat, müssen bei einem Kauf unter 100% von Stimmrechten besonders die Minderheitenrechte beachtet werden. Diese können u. U. so durchgreifend sein, dass die Minderheiten die Kontrolle seitens des Erwerbers verhindern könnten. Die Auslegung solcher Rechte basiert hauptsächlich auf den amerikanischen Vorschriften von EITF 96-16.
Grundsätzlich wird bei den Minderheitsrechten zwischen Mitwirkungsrechten (participating rights) und Schutzrechten (protective rights) differenziert. Die erst genannten Rechte können unter Beachtung der Gesamtsituation zur Verhinderung der Kontrolle durch den Mehrheitseigner führen. Dabei kommt es bei den Minderheitsrechten u. a. sowohl auf die Wahrscheinlichkeit, mit der dieses Recht in Anspruch genommen werden könnte, als auch auf die in diesem Recht definierten Wertgrenzen an. Wird z. B. geregelt, dass beim Erwerb von Vermögenswerten für das Anlagevermögen ab einem Preis von 500 Millionen Euro Minderheiten zustimmen müssen, wird dieses Recht eher als Schutzrecht ausgelegt. Würde die Grenze jedoch bei 50.000 Euro liegen, spräche dies für die Mitwirkung der Minderheiten am „täglichen“ Geschäft, so dass man hier von einem participating right ausgehen könnte. Ein anderes „klassisches“ Mitwirkungsrecht stellt die aktive Beteiligung der Minderheiten am Budgetprozess.

More likely than not
⇒Wahrscheinlichkeit

Mutterunternehmen
Ein Unternehmen, das ein oder mehrere Unternehmen (⇒Tochterunternehmen) beherrscht (⇒Beherrschung, ⇒Unternehmenszusammenschlüsse).

Nachträgliche Anschaffungs- und Herstellungskosten
⇒Abgrenzung Erhaltungs- und Herstellungsaufwand

Nachträglicher Dienstzeitaufwand
Nachträglicher Dienstzeitaufwand (past service cost) entsteht aus der Erhöhung der ⇒Defined Benefit Obligation aufgrund der Einführung oder Veränderungen von Pensions- und ähnlichen Versorgungszusagen (⇒Pensionen und ähnliche Verpflichtungen), die Mitarbeiterleistungen vergangener Jahre betreffen (IAS 19.7). Nach IAS 19.96 ist der nachträgliche Dienstzeitaufwand nicht unmittelbar, sondern in gleichen Beträgen über den durchschnittlichen Zeitraum erfolgswirksam zu verteilen, bis die Versorgungsansprüche unverfallbar werden. Sofern die Versorgungsansprüche unmittelbar nach der Planeinführung oder Planänderung unverfallbar werden, ist der nachträgliche Dienstzeitaufwand sofort ergebniswirksam zu erfassen.

Nahe stehende Unternehmen und Personen
⇒Related parties

Negativer Unterschiedsbetrag
⇒Badwill

Net Realizable Value
Der Nettoveräußerungswert ist der geschätzte, im normalen Geschäftsgang erzielbare Verkaufserlös abzüglich der geschätzten Kosten bis zur Fertigstellung und der geschätzten notwendigen Vertriebskosten (siehe auch ⇒Vorräte).

Net Working Capital
Anloamerikanischer Ausdruck für das arbeitende ⇒Kapital bzw. betriebliches Umlaufvermögen. Das Working Capital gehört zu der Gruppe der Finanzierungs- bzw. Liquiditätskennzahlen und sollte im jährlichen, quartalsweisen und monatlichen Zyklus immer wieder neu errechnet und ausgewertet werden:

	Kurzfristige Vermögenswerte
-	kurzfristige Schulden
=	Net Working Capital/Nettoumlaufvermögen

Nettoveräußerungswert
⇒Net Realizable Value

Neubewertungsmethode
Es gibt zwei zulässige Verfahren zur Bewertung von ⇒Sachanlagen (IAS 16) und von ⇒immateriellem Anlagevermögen (IAS 38):

- Verminderung der historischen Anschaffungs- oder Herstellungskosten um kumulierte planmäßige Abschreibungen und Wertminderungen (benchmark treatment).
- Bewertung zum beizulegenden Zeitwert (⇒fair value) abzüglich kumulierter Abschreibungen und Wertminderungen. Im Grundsatz werden Wertsteigerungen erfolgsneutral durch Einstellung in eine Neubewertungsrücklage, Wertminderungen hingegen erfolgswirksam erfasst (IAS 16.39). Ausnahmen:
  - Erfolgswirksame Berücksichtigung von Wertsteigerungen bis zur Höhe von in früheren Perioden vorgenommenen erfolgswirksamen Wertminderungen.
  - Erfolgsneutrale Berücksichtigung von Wertminderungen bis zur Höhe einer bereits bestehenden Neubewertungsrücklage.
  - Bei Anwendung der Neubewertungsmethode wird der neubewertete Buchwert planmäßig über die Restnutzungsdauer verteilt (IAS 16.35), gleichzeitig wird die Neubewertungsrücklage verteilt in die Gewinnrücklagen übertragen (IAS 16.41). Die Neubewertung sollte regelmäßig durchgeführt werden.

Die Neubewertungsmethode findet in der Praxis allerdings kaum Anwendung, da sie zu einer Verschlechterung wichtiger Rentabilitätskennzahlen führt.

Neubewertungsrücklage
Vermögenswerte des Sachanlagevermögens bzw. immaterielle Anlagen können u. U. statt mit Anschaffungskosten mit ihrem Zeitwert bewertet werden (⇒Neubewertungsmethode). Der Unterschiedsbetrag wird in diesem Fall erfolgsneutral in eine Neubewertungsrücklage eingestellt, die ein Teil des Eigenkapitals ist. Ein gesonderter Ausweis wird jedoch nicht gefordert, allerdings soll die Zusammensetzung der Rücklage im ⇒Anhang erläutert werden.

Neutralitätsprinzip
Das Neutralitätsprinzip (neutrality) ist ein Unterprinzip des qualitativen Grundsatzes der ⇒Verlässlichkeit. IFRS Abschlüsse sollen eine neutrale (unparteiische) Berichterstattung gewährleisten. Der Neutralitätsgrundsatz wird verletzt, wenn die Informationsauswahl oder -darstellung das Verhalten der Abschlussadressaten in eine einseitige Richtung lenkt, so dass ein vom Bilanzierenden gewünschtes Ergebnis oder Resultat erzielt wird (F. 36). ⇒Bilanzpolitik steht dem Neutralitätsprinzip nicht generell entgegen; sie ist nach dem Prinzip des ⇒Fachlichen Ermessens zum Zweck einer informativen Abschlusserstellung im Rahmen der Rechnungslegung nach IFRS sogar gewünscht. Bilanzpolitische Maßnahmen sind allerdings dann mit dem Neutralitätsgebot unvereinbar, wenn durch gezielte, ggf. auch verfälschte Informationen, wirtschaftliche Zusammenhänge verfärbt abgebildet werden, so dass Abschlussadressaten zu einem bestimmten Verhalten verleitet werden.
Das Neutralitätsprinzip muss explizit im Rahmen der Bewertung von ⇒Rückstellungen und bei der Ermittlung des ⇒fair value beachtet werden.

Neutrality
⇒Neutralitätsprinzip

Nichtfinanzielle Verbindlichkeiten
⇒Kategorien von finanziellen und nichtfinanziellen Verbindlichkeiten im Überblick

Normalbeschäftigung/Normalauslastung
Normalbeschäftigung / Normalauslastung (normal capacity of production facilities) wird in IAS 2.13 als die durchschnittliche produktive Kapazitsauslastung definiert, die über eine bestimmte Anzahl von Berichtsperioden oder Saisons erreicht wurde. Bei der Bestimmung der Normalbeschäftigung sollen Stillstände der Produktionanlagen aufgrund turnusmäßiger Instandhaltungsmaßnahmen berücksichtigt werden.

Notes
⇒Anhang

Nutzungsdauer
Die Nutzungsdauer ist entweder
- Der erwartete Zeitraum, zu dem ein ⇒Vermögenswert betrieblich genutzt wird; oder
- Die Anzahl des produktiven Outputs, die aus der betrieblichen Nutzung des Vermögenswertes generiert wird (IAS 16.6; IAS 36.6; IAS 38.8).

Bei ⇒immateriellen Anlagen wird zwischen einer bestimmbaren und einer unbestimmbaren Nutzungsdauer unterschieden.
Nach IAS 38.97 muss immaterielles Anlagevermögen mit bestimmbarer Nutzungsdauern (finite useful lives) ⇒planmäßig abgeschrieben werden. Immaterielle Anlagen mit unbestimmbarer Nutzungsdauer werden nicht planmäßig abgeschrieben; stattdessen muss ein jährlicher ⇒Werthaltigkeitstest durchgeführt werden. Unbestimmbare Nutzungsdauer liegt vor, wenn unter Berücksichtung aller relevanten Einflussgrößen für die erwarteten Netto-Zahlungsmittelzuflüsse aus der Nutzung des immateriellen Vermögenswertes keine zeitlich absehbare Restriktion vorliegt. In IAS 38.90 ff. werden Faktoren und Einflussgrößen erläutert, die bei der Festlegung der Nutzungsdauer zu berücksichtigen sind (u. a. die voraussichtliche Einsatzdauer, der Produktlebenszyklus, technische und wirtschaftliche Überalterung, Nachfrage- und Konkurrenzentwicklung, notwendige Instandhaltungsmaßnahmen, wirtschaftliche Verfügungsmacht und die Laufzeit von Rechten und Verträgen). Im Anhang des IAS 38 werden zudem einige exemplarische Beispiele zur Abgrenzung von be-

stimmbarer und unbestimmbarer Nutzungsdauer angeführt (z. B. registrierte Marke eines Konsumprodukts, die zu geringen Kosten verlängert werden kann hat unbestimmbare Nutzungsdauer).

Nutzungswert
Barwert der Zahlungen, die aus der Nutzung eines ⇒Vermögenswerts und seinem Abgang am Ende der ⇒Nutzungsdauer erwartet werden können.

Obligating Event
⇒Verpflichtendes Ereignis

Offenlegung von wesentlichen Ermessensspielräumen
IAS 1.116–.124 schreiben umfassende Offenlegungspflichten von wesentlichen Ermessensspielräumen und Schätzungsparametern vor. Danach sollen die Schlüssel-Determinanten von Bewertungsunsicherheiten offen gelegt werden, soweit im nächsten Geschäftsjahr ein erhebliches Risiko wesentlicher Bewertungsanpassungen von Bilanzpositionen besteht. Damit soll erreicht werden, dass die Abschlussadressaten die Schätzungen nachvollziehen (und beurteilen) können. Offenlegungspflichtig sind die subjektivsten oder komplexesten Ermessensentscheidungen des Managements (⇒fachliches Ermessen), so dass nur relativ wenige Abschlussbestandteile davon betroffen sind (vgl. IAS 1, BfC, Rdnr. BC34; in Frage kommen vor allem Unsicherheiten bei zukunftorientierten Bilanzwerten, wie etwa des erzielbaren Betrags von ⇒Sachanlagen, Rückstellungen für ausstehende Gerichtsverfahren oder Pensionsverpflichtungen. Unsicherheiten bestehen in diesen Fällen insbesondere bezüglich der verwendeten Risikozuschläge, der verwendeten Diskontierungsfaktoren, der zukünftigen Preisentwicklungen oder der zukünftigen Gehaltsentwicklungen bei der Bewertung der Pensionsverpflichtungen). Keine Angaben müssen etwa im Zusammenhang mit ⇒Vermögenswerten und ⇒Schulden gemacht werden, die am Bilanzstichtag zum ⇒fair value auf Basis aktuell beobachteter Marktpreise bewertet werden. Der Umfang und das Ausmaß der offen zu legenden Schlüssel-Determinanten von unsicheren Schätzungen hängen von der Natur der Bewertungsprämissen und sonstigen Umständen ab. Als Beispiele werden u. a. die Offenlegung von geschätzten Wertintervallen, der Sensitivität der jeweiligen Werte oder eine verbale Erläuterung von nicht-quantifizierbaren Unsicherheiten angeführt. Sofern jedoch eine Offenlegung nicht praktikabel ist, kann auf die Offenlegung ganz verzichtet werden. In diesem Fall muss im ⇒Anhang mitgeteilt werden, dass nach den bisherigen Erkenntnissen ein erhebliches Risiko von Bewertungsanpassungen im nächsten Geschäftsjahr bestehen kann.
Das beschriebene Offenlegungsgebot von Ermessenspielräumen wirft verschiedene Ungereimtheiten auf: So dürfte es leicht fallen, das Offenlegungsgebot mit dem Hinweis auf fehlender Praktikabilität zu umgehen. Mangels vorhandener Beispiele oder ⇒Anwendungsleitlinien bleibt unklar, in welchem Ausmaß Ermessensspielräume und Schätzparameter offen gelegt werden sollen. Selbst bei nur wenigen kritischen Schätzungsparametern kann die Offenlegung von Sensivitäten zu einem nicht vertretbaren Arbeitsaufwand und unsinnigen Ergebnissen führen.

One Statement Approach
⇒Gesamteinkommensrechnung

Onerous Contracts
⇒Drohverlustrückstellung

Operating Leasing
Ein Operating Lease wird gemäß IAS 17.8 negativ im Verhältnis zum ⇒Finance Lease abgegrenzt: sind die Kriterien eines Finance Lease nicht erfüllt, spricht man von einem Operating Lease. Siehe (auch zur Bilanzierung) ⇒Leasing.

Operatives Ergebnis
⇒Gewinn- und Verlustrechnung

Originäre Finanzinstrumente
⇒Hedging

Other comprehensive income
Erfolgsneutrale Veränderung des ⇒Eigenkapitals, die keine Zahlungsvorgänge mit den Unternehmenseignern beinhaltet (siehe auch ⇒Gesamteinkommenrech-

nung). Zum other comprehensive income (OCI) zählen folgende sonstige unrealisierte Einkommenbestandteile, die nach den IFRS-Vorschriften direkt ins ⇒Eigenkapital gebucht werden müssen (IAS 1.7):
- Veränderungen der ⇒Neubewertungsrücklage nach IAS 16
- Erfolgsneutrale Erfassung von ⇒versicherungsmathematischen Gewinnen/Verlusten nach IAS 19
- Gewinne und Verluste aus der Währungsumrechnung von ⇒ausländischen Geschäftsbetrieben nach IAS 21
- Gewinne/Verluste aus der ⇒fair value Bewertung von ⇒Finanzinstrumenten der Kategorie „available for sale" (IAS 39)
- Die aus der effektiven Absicherung entstehenden Gewinne/Verluste bei ⇒Cash Flow Hedges (IAS 39).

Overriding
Angloamerikanischer Ausdruck für ein nach ⇒fachlichem Ermessen bewusstes Abweichen von – auf den spezifischen Bilanzierungssachverhalt bezogenen – irreführenden Rechnungslegungsvorschriften, um damit dem Gebot einer ⇒fair presentation der Vermögens-, Finanz- und Ertragslage des bilanzierenden Unternehmen zu entsprechen (⇒Bilanzierungs- und Bewertungsmethoden).

Paritätsprinzip
Aus der allgemeinen Definition von ⇒Vermögenswerten und ⇒Schulden ergibt sich implizit das Gebot, *assets* und *liabilities* paritätisch zu behandeln ***(Paritätsprinzip)***. Bei der Klärung der Bilanzierungsfähigkeit wird grundsätzlich nicht zwischen Vermögenswerten und Schulden unterschieden; in beiden Fällen müssen mit der jeweiligen Bilanzposition wahrscheinliche wirtschaftliche Nutzenzu- bzw. -abgänge verbunden sein (F. 83). Da allerdings IFRS zahlreiche Ansatz- oder Bewertungsvorschriften enthalten, in denen das ⇒Imparitätsprinzip umgesetzt wird, stellt das Paritätsprinzip nur ein theoretisches Grundkonzept der IFRS Rechnungslegung dar.

Passivierung
⇒Schuld

Pauschalierte Einzelwertberichtigungen
Pauschalwertberichtigungen auf Vorräte und auf Forderungen sind unter IFRS aufgrund des ⇒*Einzelbewertungsgrundsatzes* (IAS 2.29; IAS 39.64) prinzipiell unzulässig. Der Einzelbewertungsgrundsatz kann jedoch u. U. durchbrochen werden:

Pauschalierte Einzelwertberichtigungen auf Vorräte
Nach IAS 2.29 ist es zulässig, homogene Gruppen von Vorräten zusammenzufassen und für diese gemeinsam einen „pauschalierten Einzelwertberichtigungsbedarf" festzustellen (⇒Vorratsbewertung). Homogene Gruppen können z. B. Vorräte sein, die einer gemeinsamen Produktlinie angehören, ähnliche Verwendung haben oder ähnlichen Endgebrauch dienen, im selben geographischen Gebiet produziert und vermarktet werden und für die eine, von anderen Gütern der Produktlinie separierte Bewertung nicht praktikabel ist. Es wird explizit darauf hingewiesen, dass pauschale Abwertungen nicht homogener Gruppen von Vorräten, z. B. pauschal für alle Fertigerzeugnisse eines bestimmten Produktions- oder geographischen Segments unzulässig sind. Unternehmensindividuelle Rechenschemata zu Ermittlung der pauschalen Wertberichtigungssätze sollten daher ggf. kritisch hinterfragt werden, um sicherzustellen, dass unter IFRS nur pauschalierte Wertminderungen auf homogene Gruppen von Vorräten vorgenommen werden. Nach h. M. sind jedoch Gängigkeitsabschreibungen bzw. pauschalierte Reichweitenabschläge für homogene Gruppen infolge längerer Lagerdauern bzw. auf Überbeständen auch unter IFRS möglich; eine formale Begründung für solche pauschalierten Abschläge enthält auch IAS 2.28, wonach die Buchwerte von Vorräten nicht über deren voraussichtlichen Verkaufs- oder Gebrauchswert liegen sollen. Auch der Grundsatz der ⇒Wesentlichkeit rechtfertigt diese Vorgehensweise.

Pauschalierte Einzelwertberichtigungen auf Forderungen
Im Rahmen der ⇒Forderungsbewertung ist eine Wertminderung auf Gruppenbasis ebenso möglich. Zuerst ist für jede einzelne Forderung ein stichhaltiger Wertberichtigungsbedarf zu überprüfen (z. B. aufgrund signifikanter finanzieller Schwierigkeiten, Vertragsbruch, Zahlungsverzug, wahrscheinliche Insolvenz etc., IAS 39.59). Sofern im Rahmen der Einzelbetrachtung noch keine individuellen objektiven Hinweise für Wertminderung festgestellt wurden oder unwesentliche Forderungen vorliegen, sind Forderungen in Gruppen mit ähnlichem Ausfallrisiko zusammenzufassen (IAS 39.64) (Portfoliobetrachtung). Die Zusammenfassung der Forderungsgruppen hat nach typischen Risikomerkmalen, die z. B. anhand unterschiedlicher Forderungsarten, Industrien, Regionen, Sicherheiten, Bonitätsklassen, historischen Ausfallsätzen etc. festgestellt werden, zu erfolgen (IAS 39.AG87). Die Wertberichtigung von Forderungsgruppen kann mit Hilfe von Formeln oder statistischen Methoden (z. B. über historischen Ausfallraten) bestimmt werden,

soll aber regelmäßig anhand der tatsächlichen Ausfallraten überprüft werden (IAS 39.AG89 ff.). Pauschalwertberichtigungen in Form eines festen Prozentsatzes vom Umsatz oder als fester Prozentsatz aller Forderungen sind aus diesem Grund unzulässig (so auch IDW ERS HFA 9, WPg 2005, S. 443). Die Portfoliobetrachtung soll ausdrücklich auch nur ein „pauschalierter" Zwischenschritt vor der individuellen Einzelwertberichtigung sein. Sobald eine Einzelbetrachtung möglich ist, sind die entsprechenden Forderungen aus der Gruppe auszusondern und individuell zu bewerten (IAS 39.AG88). Selbstverständlich dürfen für Forderungen, für die bereits eine Einzelwertberichtigung vorgenommen wurde, keine pauschalierten Einzelwertberichtigungen im Rahmen der Portfoliobetrachtung mehr durchgeführt werden (IAS 39.64). Die bestehende Bewertungspraxis für Forderungen ist bei einer Umstellung auf IFRS daher kritisch zu hinterfragen.

Pauschalwertberichtigungen
⇒Pauschalierte Einzelwertberichtigungen

Pensionen und ähnliche Verpflichtungen (Employee Benefits)
Die Bilanzierungs-, Bewertungs- und Offenlegungsvorschriften für Pensionen und ähnliche Verpflichtungen fallen unter den Regelungen des IAS 19, Employee Benefits.
Ziel des Standards ist eine möglichst zeitnahe Bewertung der Personalverpflichtungen sowie damit im Zusammenhang stehender Vermögenswerte.
Unter dem Anwendungsbereich des IAS 19 fallen die nachfolgenden Personalverpflichtungen (siehe Abbildung unten):
Zu den *kurzfristig fälligen Leistungen an Mitarbeiter* (Short-term Employee Benefits) zählen alle Vergütungsformen für erbrachte Arbeitsleistungen, die innerhalb von 12 Monaten nach dem Bilanzstichtag fällig sind. Sie müssen sofort erfolgswirksam erfasst werden. Für noch ausstehende Zahlungen sind ⇒Accruals (Ausweis unter den kurzfristigen Verbindlichkeiten) zu bilanzieren (IAS 19.10). Kurzfristige Verpflichtungen werden nicht abgezinst (⇒Abzinsung).

Kategorisierung der Leistungen an Arbeitnehmer nach IAS 19

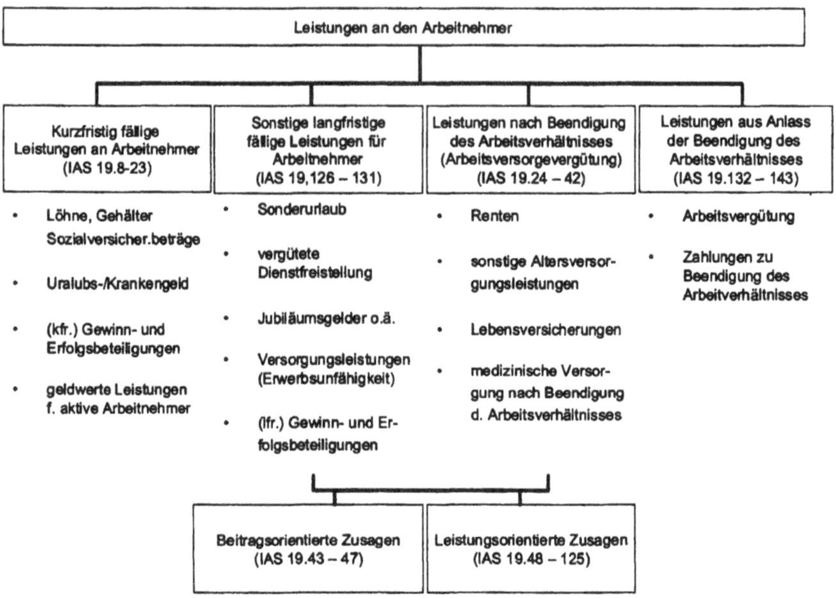

IFRS-Leitfaden Mittelstand, Dr. Röver & Partner, S 239

Bei der Bilanzierung von Rückstellungen für *sonstige langfristige Leistungen an Arbeitnehmer* muss der Passivierungsaufwand verursachungsgerecht über die Jahre der erbrachten Arbeitsleistungen verteilt werden. Für die Bewertung der Verpflichtung muss das ⇒Anwartschaftsbarwertverfahren angewendet werden. Gewinne/Verluste aus Änderungen der Schätzprämissen für die Bewertung der zukünftigen Leistung (z. B. aufgrund erhöhter Fluktuation) werden sofort ergebniswirksam erfasst (IAS 19.127). ⇒Planvermögen, das ggf. zur Finanzierung der Verpflichtung aufgebaut wird, muss mit der Rückstellung saldiert werden, so dass nur eine Über- oder Unterdeckung der Verpflichtung bilanziert wird. Für langfristige Verpflichtungen ist die Abzinsung zwingend erforderlich (⇒Abzinsung).

Rückstellungen für *Leistungen aus Anlass der Beendigung von Arbeitsverhältnissen (Termination Benefits)* dürfen nur – und erst dann – bilanziert werden, wenn ein nachweisbar unabwendbarer Mitarbeiteranspruch besteht. Dann wird der jeweils komplette Erfüllungsrückstand sofort ergebniswirksam passiviert (IAS 19.133). Sofern die Leistungen erst 12 Monate nach dem Bilanzstichtag erbracht werden, muss die Rückstellung abgezinst werden (⇒Abzinsung).

Die Vorschriften zu *Leistungen nach Beendigung des Arbeitsverhältnisses (Post-Employment Benefits)* stellen den Schwerpunkt des IAS 19 dar. Es werden zwei Typen von Alterversorgungsplänen unterschieden:

1. Beitragorientierte Zusagen (Defined contribution Plans)

Der Arbeitgeber entrichtet feste Beiträge an einen Fond/Versicherung ohne Nachschusspflicht; das Unternehmen trägt daher kein Risiko. In Deutschland zählen dazu z. B. Beiträge an Direktversicherungen, Pensionskassen, Unterstützungskassen oder Pensionsfonds ohne Nachschusspflicht. Da aufgrund des fehlenden Risikos des Arbeitgebers keine Rückstellung passiviert werden muss, ist die Bilanzierung einfach: Die laufenden Beiträge werden als Periodenaufwand erfasst oder zeitlich abgegrenzt (IAS 19.44).

2. Leistungsorientierte Versorgungszusagen (Defined Benefit Plans)

Bei leistungsorientierten Versorgungsplänen (Defined Benefit Plans) verpflichtet sich der Arbeitgeber zu einer bestimmten Versorgungsleistung für die Arbeitnehmer bzw. für deren Hinterbliebene. Die Höhe und Ausgestaltung der Versorgungsleistung ist im Regelfall abhängig von vereinbarten Faktoren, z. B. dem Alter des Versorgungsberechtigten, die Anzahl der erbrachten Dienstjahre oder der Gehaltentwicklung. In (betriebsindividuellen) Alterversorgungsplänen werden die konkreten Versorgungsleistungen anhand einer gesetzlichen oder vertraglichen Leistungsformel festgelegt. Anhand dieser Leistungsformel wird berechnet, wie sich die Versorgungsansprüche in Abhängigkeit von den Dienstjahren der einzelnen Arbeitnehmer entwickeln (z. B. 1,5% × Dienstjahre × Endgehalt). Entscheidend für die Einstufung als leistungsorientierte Zusagen ist, dass sich der Arbeitgeber – im Gegensatz zu beitragsorientierten Versorgungszusagen – finanzwirtschaftliche und versicherungsmathematische Risiken aus der zukünftigen Versorgungsleistung selber trägt (IAS 19.27).

Die Bewertung von leistungsorientierten Versorgungszusagen ist komplex, da die Höhe und Fälligkeit der – teilweise in weiter Zukunft liegenden – Versorgungsleistungen von zahlreichen Ungewissheiten abhängen. So müssen bei der Bewertung biometrische, demographische und finanzwirtschaftliche Annahmen (z. B. über Fluktuationsentwicklung, Überlebenswahrscheinlichkeiten, Invalidität, langfristiger Gehalts- und Rententrend, Marktzinsen etc.) getroffen werden, die erhebliche Auswirkungen auf den Bilanzansatz und den Versorgungsaufwand haben können. Zu jedem Bilanzstichtag muss die leistungsorientierte Versorgungsverpflichtung *(Defined Benefit Obligation, DBO)* – im Regelfall durch den Versicherungsmathematiker – neu bewertet werden, dabei ist zwingend die Anwendung des ⇒*Anwartschaftsbarwertverfahrens* vorgeschrieben (IAS 19.50). Da die Versorgungsleistungen meist über Jahrzehnte hinweg erbracht werden, wird die DBO mit dem

Barwert der erwarteten Zahlungen bewertet. Als Orientierungswert für den Abzinsungssatz muss ein Marktzins für erstrangige Industrieanleihen mit ähnlicher Laufzeit und Fälligkeit herangezogen werden (IAS 19.78).
Ziel des IAS 19 ist, die nach Risikomanagement-Gesichtspunkten erforderliche Planung und Steuerung der finanzwirtschaftlichen Risiken aus Alterversorgungsplänen bilanziell abzubilden. Aus diesem Grund folgt auch der zu erfassende *Periodenaufwand* gemäß dem ⇒*Anwartschaftsbarwertverfahren* einer Planungsrechnung. Er wird im versicherungsmathematischen Gutachten für das folgende Geschäftsjahr vorgegeben und setzt sich im Wesentlichen aus folgenden Komponenten zusammen:

- Dienstzeitaufwand (service cost)
- Zinsaufwand (interest cost)
- Ggf. ⇒nachträglicher Dienstzeitaufwand (past service cost) und Gewinne/Verluste aus Plankürzungen (curtailments) aus Abfindungen und Übertragungen (settlements)
- Versicherungsmathematische Gewinne/Verluste (actuarial gains/losses)
- Erwartete Kapitalerträge (expected return on plan assets), falls gesondertes ⇒Planvermögen zur Finanzierung der Versorgungsleistung besteht.

Der Zinsaufwand kann in der Gewinn- und Verlustrechnung nach IAS 19.119 entweder im operativen Ergebnis oder unter dem Finanzergebnis ausgewiesen werden.
Versicherungsmathematische Gewinne/Verluste entstehen, wenn das ⇒Planvermögen nicht die erwarteten Erträge generiert und/oder laut versicherungsmathematischen Gutachten die tatsächliche Entwicklung von biometrischen, demographischen oder finanzwirtschaftlichen Bewertungsprämissen abweichen (z. B. durch Veränderung der Kapitalmarktzinsen, Anpassung der Sterbetafeln).
IAS 19.93A gibt drei Optionen zur Erfassung versicherungsmathematischer Gewinne/Verluste:

- (Teilweise) oder vollständig sofort ergebniswirksame Erfassung; damit geht die volle Versorgungsverpflichtung in den Bilanzansatz ein. Diese Option kann zu erheblicher Ergebnisvolatilität führen.
- Ergebnisglättung durch vollständige (oder teilweise) verzögerte ergebniswirksame Erfassung (⇒Korridormethode); damit geht nur ein Teil der Verpflichtung in den Bilanzansatz ein.
- Sofort ergebnisneutrale Erfassung; Ergebnisneutrale Verrechnung mit einer eigens dafür vorgesehenen Eigenkapitalrücklage (⇒SORIE-Rücklage); damit geht die volle Verpflichtung in den Bilanzansatz ein. Diese Option kann jedoch zu erheblichen Eigenkapitalvolatilitäten führen.

Der *Bilanzansatz* von Rückstellungen für leistungsorientierte Versorgungszusagen hängt davon ab, ob eine rückgedeckte Versorgungszusage oder eine nicht rückgedeckte Versorgungszusage vorliegt:

1. Rückgedeckte Versorgungszusagen (Funded Plan):
Zur Finanzierung der Versorgungsleistungen wird ⇒Planvermögen angespart und vom restlichen Betriebsvermögen rechtlich separiert. Das Planvermögen ist an jedem Bilanzstichtag zum beizulegenden Zeitwert (⇒Fair value) neu zu bewerten und mit der leistungsorientierten Versorgungsverpflichtung zu saldieren. Bilanziert wird dann der Finanzierungsstatus, d. h. die Überdeckung (= Aktivwert) oder Unterdeckung (= Passivwert) der Versorgungsverpflichtung durch das dafür reservierte Planvermögen +/− ggf. noch nicht bilanzierte versicherungsmathematische Gewinne/Verluste und ggf. noch nicht bilanzierter rückwirkender Dienstzeitaufwand (siehe Abbildung).

2. Nicht rückgedeckte Versorgungszusagen (Unfunded Plan)
Gibt es kein ⇒Planvermögen, so entspricht der Bilanzansatz der leistungsorientierten Versorgungsverpflichtung +/− ggf. noch nicht erfasste versicherungsmathematische Gewinne/Verluste und ggf. noch nicht erfasster rückwirkender Dienstzeitaufwand (siehe Abbildung).
Noch nicht bilanzierte versicherungsmathematische Gewinne/Verluste entstehen im Regelfall aus der Anwendung der ⇒Korridormethode.

	Leistungsorientierte Versorgungszusage (Defined Benefit Obligation, DBO)
-	Planvermögen zum Fair Value (bei rückgedeckten Versorgungszusagen)
=	**Finanzierungssaldo (+/-)**
- / +	Kumulierte noch nicht erfasste Gewinne / Verluste
-	Nocht nicht erfasster nachträglicher Dienstzeitaufwand
=	**Passivwert (+) / Aktivwert (-)**

Der entstehende Passivwert wird in der Bilanz unter einer eigenen Position ausgewiesen.
Die Aktivierung eines ggf. entstehenden Aktivwerts wird durch die ⇒Vermögenswertbegrenzung (asset ceiling) eingeschränkt.

Percentage of Completion Methode (PoC-Methode)
Nach IFRS anzuwendende Methode der Teilgewinnrealisierung, nach der Umsätze und Kosten bereits während der Projektlaufzeit anhand des zum Bilanzstichtag berechneten und in einem Prozentsatz ausgedrückten Fertigstellungsgrad (Percentage of Completion) ergebniswirksam erfasst werden. Die PoC-Methode ist prinzipiell bei kundenspezifischen Fertigungsaufträgen beim Auftragnehmern anzuwenden (IAS 11.1); IAS 18.21 verweist zur Bilanzierung von Dienstleistungsverträgen ebenfalls auf die PoC-Methode. IAS 11.3 definiert einen Fertigungsauftrag als einen Vertrag über die kundenspezifische Fertigung einzelner Gegenstände oder einer Anzahl von Gegenständen, die hinsichtlich Design, Technologie und Funktion oder hinsichtlich ihrer Verwendung aufeinander abgestimmt oder voneinander abhängig sind (zivilrechtlich handelt es sich um Werk- oder Werklieferungsverträge gem. § 561 ff. und 651 BGB):
- Die Abwicklungsdauer des Vertrages ist somit kein Abgrenzungsmerkmal.
- Charakteristisches Merkmal eines Fertigungsauftrages ist dessen Auftragsbezogenheit; der zugrunde liegende Auftrag ist kundenspezifisch; der Kunde muss dem Unternehmen bekannt sein. Bei Kundenaufträgen mit vereinbartem Festpreis sind folgende Voraussetzungen für die Anwendung die PoC-Methode (IAS 11.23ff) nachzuweisen:
  - Wahrscheinlicher Nutzenzufluss aus dem Kundenauftrag
  - Die gesamten Auftragserlöse können verlässlich ermittelt werden
  - Anhand einer laufenden Mitkalkulation können die noch anfallenden Kosten und der Fertigstellungsgrad verlässlich ermittelt werden
  - Die dem Projekt zurechenbaren Kosten können verlässlich ermittelt werden.

Diese Nachweise erfordern eine ⇒Konvergenz von internem und externem Rechnungswesen, da sie nur über ein effektives Planungs- und Budgetierungssystem bzw. aus dem ⇒Projektcontrolling erbracht werden können (IAS 11.29). Kann eine der Voraussetzungen nicht nachgewiesen werden, muss die *Completed Contract Methode* anwendet werden (IAS 11.32 f.). Dabei werden nur die Auftragskosten und Erlöse vereinnahmt, soweit diese wahrscheinlich einbringlich sind; ein Ergebniseffekt entsteht somit erst nach Projektabschluss.
IAS 11.7 ff. enthält ergänzende Vorschriften für ⇒Mehrkomponentengeschäfte.
Der Fertigstellungsgrad eines Auftrages kann mittels verschiedener gleich berechtigter Verfahren bestimmt werden (IAS 11.30):
- Verhältnis der bis zum Stichtag aufgelaufenen (fortschrittsrelevanten) Auftragskosten zu den am Stichtag geschätzten gesamten (fortschrittsrelevanten) Auftragskosten (cost-to-cost Methode)
- Verhältnis bereits erbrachte Leistung, z. B. Arbeitsstunden, zur erwarteten Gesamtleistung (efforts-expended Methode)
- Verhältnis Anzahl vollendete physische Teile zur erwarteten Gesamtanzahl (units-of-work-performed Methode).

Die Anwendung einer bestimmten Methode ist nicht vorgeschrieben. Das Unternehmen setzt die Methode ein, mit der der Leistungsfortschritt am realistischsten abgebildet wird (IAS 11.30).
Bei absehbaren Auftragsverlusten muss ein ggf. vorhandener aktivischer Saldo zunächst abgewertet und dann ggf. noch eine Drohverlustrückstellung gebildet werden (IAS 11.36 und IAS 37.66).

Beispiel (PoC-Methode ohne Anzahlungsanforderungen während der Projektlaufzeit):

Berichtsjahr	2009	2010	2011	2012
	Kumulierte Werte in TEUR			
Auftragseingang	25.000	25.000	25.000	25.000
Kalkulierte gesamte Auftragskosten	1.700	21.000	21.000	21.000
Zahlungseingänge	0	0	0	25.000
Ist Kosten (fortschrittsrelevant)	5.100	9.450	18.900	21.000
Bilanzierung nach HGB (Realisationsprinzip)				
Umsatzerlöse	0	0	0	25.000
Unverrechnete Leistungen	5.100	9.450	18.900	0
Anzahlungsforderung	0	0	0	25.000
Ergebnis-Effekt	0	0	0	4.000
Bilanzierung nach IFRS (PoC Methode nach dem Verfahren cost-to-cost)				
PoC	30%	45%	90%	100%
Unverrechnete Leistungen	0	0	0	0
PoC-Umsatz	7.500	11.250	22.500	25.000
Anzahlungsforderung	0	0	0	25.000
Excess Costs (sofern Leistungsfortschritt nach PoC > offene Zahlungsanforderungen)	0	0	0	0
Excess Billing (sofern Leistungsfortschritt nach PoC < offene Zahlungsanforderungen)	0	0	0	0
Ergebnis-Effekt	2.400	1.800	3.600	4.000

Zahlungsanforderungen laut Zahlungsplan (Progress Billings) sind folgendermaßen zu bilanzieren:

- Erhaltene Anzahlungen, die den Leistungsfortschritt (= PoC-Umsatz und temporär nicht fortschrittsrelevante Auftragskosten) übersteigen, sind unter kurzfristige Verbindlichkeiten auszuweisen (= passivischer Saldo, Excess Billings)
- Sofern der Leistungsfortschritt größer ist als die erhaltenen Anzahlungen, muss die Differenz als aktivischer Saldo (Excess Costs) entweder unter den Vorräten oder unter den Forderungen ausgewiesen.

Die Ermittlung des PoC muss jederzeit prüfungsrelevant dokumentiert werden.

Periodenabgrenzungsprinzip
Nach dem *Grundsatz der Periodenabgrenzung* (accrual basis) sind alle Geschäftsvorfälle unabhängig von den damit verbundenen Aufgaben/Einnahmen im Zeitpunkt ihres Auftretens in der Abrechnungsperiode bilanziell zu erfassen, in die sie sachlich und zeitlich gehören (F. 22 und IAS 1.25). IAS 1.26 fordert, dass nur solche Sachverhalte bilanziert werden, die den Definitionen und allgemeinen Ansatzkriterien für ⇒Vermögenswerte, ⇒Schulden, ⇒Erträge oder ⇒Aufwendungen des ⇒IASB Frameworks entsprechen.

Hinweis
Mit dem Grundsatz der Periodenabgrenzung können bspw. auch unrealisierte Erträge aus der Bewertung von Wertpapieren zum ⇒fair value oder aus der Umsatzerfassung nach der ⇒Percentage-of-Completion-Methode begründet werden. ⇒Bilanzierungshilfen oder ⇒Aufwendungen für Ingangsetzung und Erweiterung des Geschäftsbetriebs dürfen

jedoch unter IFRS nicht aktivisch abgegrenzt werden, da diese Sachverhalte nicht den allgemeinen Ansatzkriterien für ⇒Vermögenswerte entspricht.

Periodengesamterfolg
Periodengesamterfolg (comprehensive income) ist die Summe aus den ergebniswirksamen und ergebnisunwirksamen Erträgen und Aufwendungen einer Periode:

	Periodenergebnis (net profit or loss; ergebniswirksame Erträge und Aufwendungen)
+	Other Comprehensive Income (OCI) (ergebnisunwirksame Erträge und Aufwendungen)
=	Periodengesamterfolg (comprehensive income)

Das Gesamtergebnis einer Periode unterscheidet sich vom in der GuV ausgewiesenen Periodenergebnis um die Größe Other Comprehensive Income (OCI).

Siehe auch ⇒Gesamteinkommensrechnung.

Plan Assets
⇒Pensionen und ähnliche Verpflichtungen

Planmäßige Abschreibungen im Anlagevermögen
Planmäßige Abschreibungen von ⇒Sachanlagen werden als „depreciation" bezeichnet; planmäßige Abschreibungen von ⇒immateriellen Anlagen als „amortization".
Planmäßige Abschreibungen haben grundsätzlich die Aufgabe, den wirtschaftlichen Nutzenverschleiß durch Gebrauch über eine systematische Verteilung des *abzuschreibenden Betrags* (⇒Anschaffungskosten bzw. ⇒Herstellungskosten abzgl. eines voraussichtlichen Restwerts am Ende der ⇒Nutzungsdauer) über die Nutzungsdauer ergebniswirksam zu erfassen (IAS 16.6; IAS 38.8).

Planmäßige Abschreibung von Sachanlagen:
Nach IAS 16.43ff. muss jeder (mit Ausnahme von Grundstücken, IAS 16.58) wesentliche identifizierbare Bestandteil (⇒Komponentenansatz) von Wirtschaftsgütern des Sachanlagevermögens gesondert über deren individuelle voraussichtliche wirtschaftliche Nutzungsdauer planmäßig abgeschrieben werden. Die ⇒Abschreibungsmethode kann frei gewählt werden; sie soll aber den wirtschaftlichen Nutzungsverlauf aus dem betrieblichen Einsatz des Vermögenswertes widerspiegeln. Dabei sind insbesondere folgende Aspekte zu berücksichtigen (IAS 16.56):
- (technisches) Produktions- oder Leistungsvolumen der Anlage
- Geplante Wartungsintensität
- Technische oder wirtschaftliche Überalterung
- Rechtliche Beschränkungen (z. B. vertragliche Laufzeiten).

Der evtl. Restwert, die geschätzte Restnutzungsdauer und die gewählte Abschreibungsmethode sind zum Bilanzstichtag jährlich zu überprüfen. Die planmäßige Abschreibung beginnt mit der Betriebsbereitschaft des Vermögenswertes und endet mit dem Abgang oder Umwidmung der Vermögenswerte (IAS 16.55). Sofern betriebwirtschaftliche Überlegungen einen ⇒Methodenwechsel notwendig machen, sind die Vorschriften für ⇒Änderung von Bilanzierungs- und Bewertungsmethoden anzuwenden. Bei der Auswahl der Abschreibungsmethode wird nach IAS 16.57 eine ⇒Konvergenz von internem und externem Rechnungswesen verlangt; sofern in der ⇒Kosten- und Leistungsrechnung mit betriebswirtschaftlichen Nutzungsdauern gerechnet wird, ist die Umsetzung steuerlicher Abschreibungssätze unzulässig.

Sofortabschreibung geringwertiger Wirtschaftsgüter (GWG):
Eine Sofortabschreibung geringwertiger Vermögenswerte erscheint aufgrund des ⇒Wesentlichkeitsprinzips möglich – eine Wertgrenze wird jedoch nicht definiert. Allerdings ist die Regelung des IAS 16.8 zu beachten, wonach Klein- und Ersatzteile mit einer Nutzungsdauer, die länger als ein Jahr ist, wie sonstiges Sachanlagevermögen zu behandeln sind.

Planmäßige Abschreibung von immateriellem Vermögen:
Nach IAS 38.97 werden nur immaterielle Vermögenswerte des Anlagevermögens mit ⇒bestimmbarer Nutzungsdauer planmäßig über die voraussichtliche wirtschaftliche Nutzungsdauer abgeschrieben. Die Nutzungsdauer ist nach den betriebsspezifischen Gegebenheiten festzulegen, wobei u. a. die voraussichtliche Einsatzdauer, der Produktlebenszyklus, technische und wirtschaftliche Überalterung, Nachfrage- und Konkurrenzentwicklung, notwendige Instandhaltungsmaßnahmen, wirtschaftliche Verfügungsmacht und die Laufzeit von Rechten und Verträgen berücksichtigt werden sollen (IAS 38.90). Sofern immaterielle Vermögenswerte auf vertraglichen oder anderen gesetzlichen Grundlagen beruhen (z. B. geschützte Patente), ist als Nutzungsdauer maximal die Laufzeit der Rechte anzusetzen. Dabei sind Verlängerungsoptionen, die nachweisbar in Anspruch genommen werden, zu berücksichtigen (IAS 38.94). Aufgrund der in IAS 38.90 geforderten ⇒Konvergenz von internem und externem Rechnungswesen bietet es sich an, sich ggf. an die Nutzungsdauern aus der ⇒Kosten- und Leistungsrechnung zu orientieren. Im Anhang des IAS 38 werden zudem einige exemplarische Beispiele zur Bestimmung der Nutzungsdauer angeführt. Die planmäßige Abschreibung beginnt mit dem Zeitpunkt der Betriebsbereitschaft. Die ⇒Abschreibungsmethode ist frei wählbar, sie soll aber den wirtschaftlichen Nutzenverlauf widerspiegeln (IAS 38.97). Es besteht eine widerlegbare Vermutung, dass die lineare Abschreibungsmethode dem wirtschaftlichen Nutzenverlauf von immateriellen Anlagen am besten entspricht.

Planmäßige Abschreibung von Renditeliegenschaften:
Im Rahmen der Folgebewertung von ⇒Renditeliegenschaften können als Wahlrecht die ⇒Anschaffungswertmethode oder die ⇒Fair value Methode angewendet werden (IAS 40.30). Bei Anwendung der Anschaffungswertmethode sind die Vorschriften für planmäßige Abschreibungen nach IAS 16 (Sachanlagevermögen) zu befolgen.

Planvermögen (Plan Assets)
Zweckgebundenes, rechtlich selbständiges Vermögen (in der Regel Aktien, Wertpapiere oder andere Kapitalanlagen), das ausschließlich zur Finanzierung von ⇒leistungsorientierten Versorgungsplänen reserviert wird. Das Planvermögen darf nach IAS 19.7 nur zur Finanzierung der Versorgungszusage dienen und darf auch im Insolvenzfall nicht in die Gläubigermasse eingehen (z. B. durch Gründung eines rechtlich selbständigen Pensionsfonds oder durch Verpfändung einer Rückdeckungsversicherung an die Mitarbeiter).
Vermögenswerte, die sich als Planvermögen qualifizieren, werden am Bilanzstichtag zum beizulegenden Zeitwert (⇒fair value) bewertet und mit der leistungsorientierten Versorgungsverpflichtung (z. B. Pensionsverpflichtung) saldiert. Nur eine Überdeckung (= Aktivwert) oder Unterdeckung (= Passivwert) der Leistungsverpflichtung wird bilanziert (siehe ⇒Pensionen und ähnliche Verpflichtungen).
Veränderungen des beizulegenden Zeitwertes des Planvermögens entstehen im Wesentlichen aus Arbeitgeber- und Arbeitnehmerdotierungen, der aus dem investierten Vermögen erwirtschafteten Rendite abzüglich dem aus dem Planvermögen bezahlten Versorgungsleistungen.

Prämissen der Abschlusserstellung
⇒IFRS, Prinzipien im Überblick

Present Value
⇒Fair value

Prinzipienbasierte Standards, Prinzipienbasierung
Die Rechnungslegung nach IFRS wird häufig als prinzipienbasierte Rechnungslegung beschrieben. Als ‚prinzipienbasierte' Standards *(principles-based standards)* werden in der aktuellen Diskussion ⇒Rechnungslegungsstandards bezeichnet, die sich – im Gegensatz zu ⇒regelbasierten Vorschriften – durch eher grundsätzliche Regelungen auszeichnen. Die

Einzelvorschriften werden aus den übergeordneten ⇒Prinzipien und Zielen eines konzeptionellen ⇒Frameworks abgeleitet. Prinzipienbasierte Standards sollen weniger eindeutige Regeln enthalten, sondern eher flexibel und ermessensabhängig gestaltet sein, wofür häufig ⇒fachliches Ermessen der Bilanzierenden und/oder Abschlussprüfer erforderlich ist. Den Einzelregeln werden hierfür bestimmte ⇒Rechnungslegungsprinzipien und/oder Ziele übergeordnet, die bei Ungereimtheiten und bei Regelungslücken greifen. Ziel ist eine fortlaufende kritische Hinterfragung der Rechnungslegenden und Abschlussprüfer, ob die bilanzielle Abbildung der Geschäftsvorfälle und Ereignisse mit den eigentlichen Regelungszielen vereinbar ist. Den Bilanzierenden sollen zur Unterstützung ihrer Ermessensentscheidungen ausreichende ⇒Anwendungsleitlinien und Orientierungsbeispiele vorgegeben werden, an denen die beabsichtigten Regelungsziele und Prinzipien veranschaulicht werden. Eine prinzipienbasierte Standardsetzung verzichtet schließlich weitgehend auf eine Festlegung formaler Grenzen oder Checklisten und räumt möglichst wenige Ausnahmen von den Anwendungsbereichen der Standards ein.

Professional Judgement
⇒Fachliches Ermessen

Projected Unit Credit Method
⇒Anwartschaftsbarwertverfahren

Projekt
Gemäß der allgemeinen Definition nach DIN 69901 ist ein Projekt ein Vorhaben, das im wesentlichen durch

- Einmaligkeit der Bedingungen
- Zielvorgabe
- Zeitliche, finanzielle, personelle oder andere Begrenzungen,
- Abgrenzungen gegenüber anderen Vorhaben
- Projektspezifische Organisation

gekennzeichnet ist. In der Praxis werden insbesondere unternehmensspezifische Vorhaben, die mit hohen Risiken gekennzeichnet sind, als Projekte abgewickelt.

Projektcontrolling
Es liegt im Interesse eines Unternehmens, ⇒Projekte sachlich, zeitlich und kostenmäßig im Griff zu haben und daraus resultierende Risiken zu verringern. Voraussetzung dafür ist ein effektives Projektcontrolling, das alle Aufgaben und Tätigkeiten zur Unterstützung einer strategieorientierten, zielgerichteten und wirtschaftlichen Planung, Steuerung und Überwachung von Projekten umfasst. Das Projektcontrolling muss insofern Projekte in ihrer sachlichen, zeitlichen und kostenmäßigen Ausdehnung transparent machen. DIN 69901 definiert Projektcontrolling als „Sicherung des Erreichens der Projektziele durch: Soll-Ist-Vergleich, Feststellung der Abweichungen, Bewerten der Konsequenzen und Vorschlagen von Korrekturmaßnahmen, Mitwirkung bei der Maßnahmenplanung und Kontrolle der Durchführung". Die Stellung des Projektcontrollings innerhalb der Unternehmensorganisation sollte eindeutig definiert sein, außerdem sollte das Projektcontrolling nicht isoliert implementiert, sondern in das bestehende ⇒Controlling integriert werden und zur Unternehmensphilosophie passen. Das Projektcontrolling übernimmt folgende Aufgaben:

- Kontrolle der wirtschaftlichen Abwicklung eines Projekts,
- Permanente Kosten- und Erlöskontrolle
- Prüfung und Neuberechnung einzelner Kennzahlen sowie des Projektfortschritts
- Ursachenanalyse bei Kostenabweichung
- Transparente Darstellung von Soll-/Ist-Abweichungen und Bereitstellung der richtigen Informationen für die operative und strategische Planung (z. B. Informationsbereitstellung zur Projektbewertung und Projektauswahl).

Prospektive Anwendung
⇒Änderung von Bilanzierungs- und Bewertungsmethoden

Provisions
⇒Rückstellungen

Prudence
⇒Vorsicht

Purchase method
Gemäß IAS 27.4 handelt es sich bei Erwerbsmethode um eine Bilanzierungsmethode, bei der die Anteile an einem ⇒Tochterunternehmen mit den Anschaffungskosten angesetzt werden. Die Erwerbsmethode unterstellt, dass der Erwerber wirtschaftlich betrachtet die einzelnen Vermögenswerte des Erworbenen kauft. IFRS 3.14 lässt ausschließlich die Erwerbsmethode für Zwecke der bilanziellen Abbildung von →Unternehmenszusammenschlüssen zu.

Nach IFRS 3.16 beinhaltet die Erwerbsmethode folgende Schritte:

- Identifizierung eines Erwerbers (⇒Beherrschung);
- Ermittlung der Anschaffungskosten des Unternehmenszusammenschlusses (⇒Anschaffungskosten eines Unternehmenszusammenschlusses); und
- Verteilung der Anschaffungskosten des Unternehmenszusammenschlusses auf die erworbenen Vermögenswerte sowie die übernommenen Schulden und Eventualschulden zum Erwerbszeitpunkt (⇒Purchase Price Allocation).

In IFRS 3 (revised 2008) ist allerdings geregelt, die Erwerbsmethode durch die Acquisition method zu ersetzen; der zentrale Unterschied besteht in der Möglichkeit der Aktivierung des Minderheiten-Goodwills mit einer entsprechenden Erhöhung der Minderheitenanteile am Eigenkapital des Konzerns. Die Umbenennung der Methode hat auch eine sprachliche Begründung: die Erlangung der Kontrolle kann auch ohne Erwerb der (zusätzlichen) Anteile erfolgen (⇒Unternehmenszusammenschlüsse), so dass der Begriff „Acquisition method" diese Möglichkeit eines Unternehmenszusammenschlusses besser beschreibt als „Purchase method".

Purchase Price Allocation
⇒Kaufpreisallokation

Qualifizierte Vermögenswerte
⇒qualifying assets

Qualifying Assets
Unter qualifying assets versteht man solche Vermögenswerte, deren Herstellung und Versetzung in betriebs- oder verkaufsbereiten Zustand einen längeren Zeitraum benötigt. Grundsätzlich geht man von einem Zeitraum von über 12 Monaten aus. Beispiele für solche Vermögenswerte, die auch als besondere Vermögenswerte bezeichnet werden, sind Bau einer Fertigungsanlage oder eines Atomkraftwerks, Produktion von Vorratsvermögenswerten mit bestimmter Reifezeit wie Wein oder Käse.

Qualitative Prinzipien
⇒IFRS, Prinzipien im Überblick

Qualitative Prinzipien, Konflikte
⇒Abwägungsgrundsätze

Quartalsberichterstattung
⇒Zwischenberichterstattung

Quotenkonsolidierung
⇒Unternehmenserwerb

Realisationsprinzip
Das Realisationsprinzip ist ein im Rahmen des ⇒HGB fest verankerter Bilanzierungsgrundsatz. Demnach können ⇒Gewinne und damit Gewinnansprüche erst bei einem so gut wie sicheren Zugang an Forderungen aus Lieferungen und Leistungen realisiert werden. Gewinne aus Wertsteigerungen von Vermögensgegenständen können erst nach einem Umsatzakt realisiert werden. Das Realisationsprinzip ist Ausdruck des ⇒Vorsichtsprinzips und des ⇒Imparitätsprinzips.
Im Rahmen internationaler Rechnungslegungsvorschriften (⇒IFRS, ⇒US GAAP) stellt das Realisationsprinzip aufgrund der zunehmenden Bewertung durch den ⇒Fair value einen eher untergeordneten Bilanzierungsgrundsatz dar.

Rechnungsabgrenzungsposten (RAP)
Aktive Rechnungsabgrenzungsposten (aRAP) umfassen Auszahlungen eines Unternehmens, die als Aufwand erst in der (den) nächsten Periode(n) zu erfassen sind, z. B. für das kommende Geschäftsjahr im Voraus bezahlte Miete. Passive Rechnungsabgrenzungsposten (pRAP) stellen dagegen Einzahlungen dar, die ein Unternehmen in der laufenden Periode erhalten hat, die aber erst in der (den) kommenden Periode(n) ergebniswirksam sind, wie z. B. für das nächste Geschäftsjahr im Voraus erhaltene Miete.
Im Gegensatz zur deutschen Handelsrechnung wird in IFRS nicht zwischen Rechnungsabgrenzungsposten und ⇒Vermögenswerten bzw. ⇒Schulden differenziert. Aktive RAP sind vielmehr als eine Ausprägung von Vermögenswerten und passive RAP als eine Ausprägung von Schulden zu sehen.

Rechnungslegungsprinzipien, Begriff
Unter Rechnungslegungsprinzipien versteht man allgemeine *Beurteilungskriterien für die Rechnungslegung*, die jedoch einen unterschiedlichen Stellenwert haben können:

- Rechnungslegungsprinzipien können Einzelvorschriften übergeordnet sein (sog. ⇒***overriding***). In diesem Fall greifen diese Prinzipien bei Regelungslücken und u. U. muss der Rechnungslegende sogar von Detailregeln abweichen, um dem eigentlichen Regelungszweck zu folgen. Übergeordnete Prinzipien dienen somit grundsätzlich als Leitgedanke bei der Auslegung von bestehenden und bei der Entwicklung von neuen Rechnungslegungsnormen – der Normanwender muss sich stets an den übergeordneten Prinzipien *orientieren*. Unter IFRS ist ein overriding nur in seltenen Ausnahmefällen möglich.
- Rechnungslegungsprinzipien können auch durch eine ordnungsgemäße Umsetzung von Einzelvorschriften (⇒Rechnungslegungsstandards) befolgt werden. In diesem Fall müssen die Einzelnormen der Rechnungslegung konsequent aus Prinzipien abgeleitet (deduziert) werden. In diesem Fall spricht man von ⇒Prinzipienbasierung. Das ⇒IASB hat sich zum Ziel gesetzt, prinzipienbasierte IFRS Vorschriften zu entwickeln.

Siehe auch ⇒IFRS, Prinzipien im Überblick

Rechnungslegungsstandards, Begriff
Unter Rechnungslegungsstandards (accounting standards) versteht man Rechnungslegungsvorschriften, die über ein standardisiertes Verfahren von einem autorisierten, zumeist privatrechtlich organisierten Rechnungslegungsgremium (Standardsetzer, standard setting bodies) entwickelt und verabschiedet werden. Ein Rechnungslegungsstandard regelt zumeist nur einen spezifischen Teilbereich (z. B. Leasing, Vorräte, Sachanlagen, Versorgungsverpflichtungen, Agrarvermögen) der Rechnungslegung und wird dynamisch vor dem Hintergrund sich verändernder Umweltbedingungen und neuartiger Bilanzierungsprobleme fortentwickelt.

Rechte
⇒Immaterielles Anlagevermögen

Rechtliche Legitimation
⇒IFRS, Kritik an der rechtlichen Legitimation

Rechtliche Verpflichtung
⇒Schuld
⇒Rückstellung

Recoverable Amount
⇒Erzielbarer Betrag

Regelbasierung, regelbasierte Rechnungslegungsstandards
Die US amerikanische Rechnungslegung (⇒US GAAP) wird sehr häufig als regelbasierte Rechnungslegung kritisiert. Als ‚regelbasierte' Standards *(rule-based standards)* werden in der aktuellen Diskussion ⇒Rechnungslegungsstandards bezeichnet, die sehr umfangreiche, stark detaillierte (kasuistische) und einzelfallbezogene Rechnungslegungsvorschriften enthalten. In regelbasierte Rechnungslegungsvorschriften werden zahlreiche quantitative Grenzen *(„bright-lines")* oder Checklisten eingebaut, die verschiedene bilanzielle Abbildungsmöglichkeiten von Geschäftsvorfällen oder Ereignissen formal abgrenzen. Als prominentes Beispiel eines ‚typisch' regelbasierten Standards wird häufig der US-amerikanische SFAS 13 angeführt, der die Leasingbilanzierung regelt. In diesem Standard werden zahlreiche quantitative Schwellenwerte und Kriterienkataloge aufgestellt, die darüber entscheiden, ob ein Leasinggegenstand beim Leasingnehmer oder beim Leasinggeber zu bilanzieren ist. Regelbasierte Standards räumen zudem häufige Ausnahmen vom Anwendungsbereich ein, die dann durch weitere Folgeregelungen geschlossen werden. Außerdem ist für eine regelbasierte Rechnungslegung charakteristisch, dass den Einzelfallregelungen keine ⇒Rechnungslegungsprinzipien übergeordnet werden, die im Zweifel oder bei Regelungslücken greifen: Vielmehr soll der Regelanwender durch kasuistische Einzelfallregelungen – zumindest nach angemessener Suche – für möglichst alle Bilanzierungssachfragen passende Bilanzierungsvorschriften finden. ⇒Fachliches Ermessen der Bilanzierenden und Abschlussprüfer soll so minimiert werden. IFRS werden häufig als eher ⇒prinzipienbasierte Standards bezeichnet.

Reichweitenabschläge
⇒Pauschalierte Einzelwertberichtigungen

Rekultivierungskosten
⇒Rückbauverpflichtungen

Related parties
Nahe stehende Unternehmen und Personen werden gemäß IAS 24 als nahe stehend betrachtet, wenn:
(a) die Partei direkt oder indirekt über eine oder mehrere Zwischenstufen:
  - das Unternehmen (das schließt Mutterunternehmen, Tochterunternehmen und Schwestergesellschaften ein) beherrscht, von ihm beherrscht wird oder unter gemeinsamer Beherrschung steht;
  - einen Anteil am Unternehmen besitzt, der ihm maßgeblichen Einfluss auf das Unternehmen gewährt; oder
  - an der gemeinsamen Führung des Unternehmens beteiligt ist;
(b) die Partei ein assoziiertes Unternehmen des anderen Unternehmens ist;
(c) die Partei ein Joint Venture ist, bei dem das Unternehmen ein Partnerunternehmen ist;
(d) die Partei eine Person in Schlüsselpositionen des Unternehmens oder seines Mutterunternehmens ist;
(e) die Partei ein naher Familienangehöriger einer natürlichen Person gemäß (a) oder (d) ist;
(f) die Partei ein Unternehmen ist, das von einer unter (d) oder (e) bezeichneten Person beherrscht wird, mit ihr unter gemeinsamer Beherrschung steht, von ihr maßgeblich beeinflusst wird oder die einen wesentlichen Stimmrechtsanteil, ob direkt oder indirekt, an diesem Unternehmen besitzt; oder
(g) die Partei eine zu Gunsten der Arbeitnehmer des Unternehmens oder eines seiner nahe stehenden Unternehmen bestehende Versorgungskasse für Leistungen nach Beendigung des Arbeitsverhältnisses ist. (IAS 24.9)

Die Angaben gem. IAS 24 zu nahe stehenden Personen sind i. V. m. zu Anagabepflichten im Anhang eines HGB Abschlusses umfangreicher und bieten daher mehr Informationen.

Relevance
⇒Entscheidungsrelevanz

Reliability
⇒Verlässlichkeit

Renditeliegenschaften
Die Definition von Renditeliegenschaften findet sich in IAS 40.4. Immobilien (Grundstücke oder Gebäude – oder Teile von Gebäuden – oder beides), die zur Erzielung von Mieteinnahmen und/oder zum Zweck der Wertsteigerung gehalten werden und nicht:

a) zur Herstellung oder Lieferung von Gütern bzw. zur Erbringung von Dienstleistungen oder für Verwaltungszwecke; oder
b) zum Verkauf im Rahmen der gewöhnlichen Geschäftstätigkeit des Unternehmens.

Der erstmalige Ansatz erfolgt zu ⇒Anschaffungs- oder ⇒Herstellungskosten. Sollte der Kaufpreis sowohl die Gegenleistung für Grund/Boden als auch für die Gebäude darstellen, so sind für den separaten Ansatz einzelne Anschaffungswerte zu schätzen. Bei der Folgebewertung kann sich das bilanzierende Unternehmen gemäß IAS 40.30 entweder für die Fortsetzung der Bewertung zu ⇒Anschaffungs-/⇒Herstellungskosten oder für die Bewertung zum ⇒Fair Value entscheiden. Allerdings verlangt IAS 40.32, dass bei der Fortsetzung der historischen Bewertung zu Anschaffungs-/Herstellungskosten der fair value von Renditeliegenschaften trotzdem ermittelt und im ⇒Anhang angegeben werden.

Restrukturierungsmaßnahme
⇒Restrukturierungsrückstellung

Restrukturierungsrückstellung
Der Begriff einer Restrukturierungsmaßnahme wird in IAS 37.10 erläutert. Darunter versteht man ein Handlungsprogramm, das von der Unternehmensführung erstellt und überwacht wird. Außerdem wird verlangt, dass dieses Programm entweder den vom Unternehmen abgedeckten Geschäftsbereich oder die Art und Weise, in der dieses Geschäft getätigt wird, wesentlich verändert. Beispiele für solche Maßnahmen sind u. a. wesentliche Umstrukturierung der Unternehmensorganisation, Verkauf, Auflösung oder Verlagerung eines Geschäftsbereichs. Eine Rückstellung für Restrukturierungsmaßnahmen wird passiviert, wenn die allgemeinen Kriterien für den Ansatz einer ⇒Rückstellung erfüllt sind. Eine faktische Verpflichtung entsteht gemäß IAS 37.72 dann, wenn ein detaillierter Restrukturierungsplan erstellt und bei den von der Maßnahme Betroffenen Erwartung geweckt wurde, dass der Plan tatsächlich durchgeführt wird. Der Plan muss nach IAS 37.74 zu einem frühst möglichen Zeitpunkt durchgeführt werden und seine Änderungen als unwahrscheinlich gelten.
Gemäß IAS 37.80 darf eine Restrukturierungsrückstellung nur die unmittelbar mit der Maßnahme entstehenden Ausgaben beinhalten, die sowohl zwangsweise im Rahmen der Umstrukturierung entstehen als auch keinen Zusammenhang mit den laufenden Unternehmensaktivitäten haben. Maßnahmen wie Umschulung von den im Unternehmen verbleibenden Arbeitnehmern oder Investitionen in neue Absatzwege bei einer Geschäftsverlagerung dürfen bei der Ermittlung der Rückstellungshöhe nicht berücksichtigt werden. Entstehen im Rahmen der Umstrukturierung Erträge aus dem Abgang von ⇒Vermögenswerten, so dürfen diese nicht bei der Berechnung der Restrukturierungsrückstellung einbezogen werden.

Restwert
⇒Planmäßige Abschreibung im Anlagevermögen

Retail Methode
Die Retail Methode ist zur ⇒Vorratsbewertung bei Handelsunternehmen üblich. Sofern ein Handelsunternehmen eine große und sich rasch verändernde Anzahl von unterschiedlichen Handels-

waren mit gleichen Verkaufsmagen weiterverkauft, dürfen nach IAS 2.22 die Waren zum Verkaufserlös abzüglich einer angemessenen Verkaufsmarge bewertet werden, wenn somit keine wesentlichen Abweichungen zu den Anschaffungskosten entstehen.

Retained Earnings
⇒Gewinnrücklagen

Retrospektive Anwendung
⇒Änderung von Bilanzierungs- und Bewertungsmethoden
⇒Umstellung auf IFRS

Revenue-Expense-Approach
⇒GuV-Orientierung

Revenues
⇒Erlöse

Reverse Acquisition
⇒Unternehmenserwerb, umgekehrter

Risikocontrolling und IFRS
Ein wesentlicher Teilbereich des internen Frühwarn- und Kontrollsystems ist das Risikocontrolling. Dieses soll gewährleisten, dass „Risikovermeidung, Risikoreduktion oder ein bewusstes Eingehen von Risiken realistische Handlungsalternativen darstellen" (Löw, E: Risikomanagement, Risikocontrolling und IFRS, in: Wagenhofer, A. (Hrsg.): Controlling und IFRS – Rechnungslegung; Konzepte, Schnittstellen; Umsetzung; Berlin 2006, S. 169). Der Risikocontroller hat die wichtige Aufgabe, alle wesentlichen Risiken im Unternehmen zu überwachen und die Auswirkungen aktueller und potentieller Risiken in das Planungs- und Kontrollsystem des Unternehmens fest zu integrieren. Bei allen wesentlichen unternehmerischen Entscheidungen muss der Risikocontroller mögliche Risiken, aber auch wirtschaftliche Chancen abwägen, beurteilen und geeignete Steuerungsmaßnahmen aufzeigen. Das Risikocontrolling übernimmt somit die Funktion einer zentralen Schnittstelle zwischen internem ⇒Controlling und ⇒externen Rechnungswesen. Mit der Umstellung der Rechnungslegung auf IFRS wird eine enge Verknüpfung von internem (Risiko-) Controlling und externer Bilanzbuchhaltung noch dringlicher: Erforderlich machen dies die zahlreichen zukunftorientierten IFRS-Vorschriften, wie etwa die marktnahe Bewertung von ⇒Pensionen und ähnliche Verpflichtung, die Bilanzierung von ⇒Sicherungsgeschäften, die Ertragsrealisierung nach der ⇒Percentage-of-Completion-Methode, der ⇒Impairment-Test, das zunehmende ⇒Fair value Accounting und das Konzept der ⇒Fair Presentation/True and Fair View. In diesem Zusammenhang setzt sich auch der neue Ausdruck des ⇒Biltrolling, also der teamorientierten Zusammenarbeit von Bilanzbuchhaltung und Controllern innerhalb eines vereinheitlichten Rechnungswesens durch.

Rückbauverpflichtung
Abbruchkosten, Entsorgungskosten, Rekultivierungskosten oder der Abbau von Mietereinbauten am Ende der Nutzung eines ⇒Vermögenswertes zählen zu den ⇒Anschaffungskosten oder ⇒Herstellungskosten des ⇒Sachanlagevermögens. Zeitgleich wird – sofern eine rechtliche oder faktische Verpflichtung besteht – eine ⇒Rückstellung für Rückbauverpflichtungen (Asset Retirement Obligation) passiviert (gemäß IAS 16.16c i. V. m. IAS 37.14). Die erwarten Rückbaukosten werden daher über ⇒planmäßige Abschreibungen aufwandswirksam periodisiert. Somit entsteht über die Gesamtlaufzeit die gleiche Ergebniswirkung wie bei der Bildung einer Ansammlungsrückstellung.
Die Ergebnisauswirkungen dieser Vorgehensweise werden anhand eines Beispiels veranschaulicht:

Beispiel:
Ein Unternehmen ist gesetzlich zur Wiederauffüllung einer Kiesgrube verpflichtet; die dafür geschätzten Aufwendungen betragen in t_0 1.000 TEUR. Die Anschaffungskosten der Kiesgrube beliefen sich auf 500 TEUR. Die Laufzeit der Kiesgrubenausbeute beträgt 10 Jahre. Bei unterstelltem gleich bleibendem Umsatz werden jährliche Rekultivierungsaufwendungen in Höhe von 100 TEUR rückgestellt, um eine umsatzproportionale Verteilung der künftigen Aufwendungen zu erreichen.

IFRS Abschluss zum Zeitpunkt	t_1	t_2	t_3	t_4	t_5	t_6	t_7	t_8	t_9	t_{10}	Gesamt
Auszahlungen	500,0									1.000,0	1.500,0
Buchwert der Kiesgrubenanlage	797,0	708,4	619,9	531,3	442,8	354,2	265,7	177,1	88,6	0,0	
Rückstellungshöhe	424,1	466,5	513,2	564,5	620,9	683,0	751,3	826,4	909,1	0,0	
Abschreibung	88,6	88,6	88,6	88,6	88,6	88,6	88,6	88,6	88,6	88,6	885,5
Zinsaufwand	38,6	42,4	46,7	51,3	56,4	62,1	68,3	75,1	82,6	90,9	614,5
Gesamtaufwand	127,1	131,0	135,2	139,9	145,0	150,6	156,9	163,7	171,2	179,5	1.500,0
Angaben in TEUR											

Nach IAS 37.45 ff. ist bei langfristigen Verpflichtungen eine ⇒Abzinsung mit einem vorsteuerlichen marktüblichen Zins erforderlich. Im Beispiel wird vereinfachend ein relevanter Marktzins von 10% unterstellt, so dass in t_0 der Barwert der vollen Rückbauverpflichtung in Höhe von $1.000/1{,}1^{10} = 385{,}54$ TEUR zu passivieren ist. In gleicher Höhe werden die passivierten Entsorgungsverpflichtungen nach IAS 16.16 (c) als Bestandteil der ⇒Herstellungskosten aktiviert. Aufgrund der höheren Abschreibungsbasis betragen die jährlichen Abschreibungen 88,55 TEUR.

Rückdeckungsversicherung
⇒Planvermögen

Rückgedeckte Versorgungszusagen (Funded Plans)
⇒Pensionen und ähnliche Verpflichtungen

Rücklagen
Zu den Rücklagen des Kapitals zählen alle Einlagen, die nicht gezeichnetes Kapital sind. Hierzu gehören auch Beträge, die bei der Ausgabe von Anteilen über den Nennbetrag hinaus erzielt werden (⇒Agio). Neben Kapitalrücklagen gibt es Gewinnrücklagen, die während des Geschäftsjahres oder in einer früheren Periode aus dem Ergebnis selbst gebildet wurden. Hierbei kann es sich um gesetzliche, satzungsmäßig vorgeschriebene Rücklagen, aber auch um freiwillige Rücklagen handeln. Eine Rücklage für eigene Anteile ist dann zu bilden, wenn ein Unternehmen, zum Beispiel eine Aktiengesellschaft, eigene Anteile erwirbt.

Rückstellung
Bei einer Rückstellung (provision) handelt es sich um eine Schuld, die hinsichtlich des Zeitpunkts ihrer Fälligkeit und/oder ihrer Höhe unsicher ist. Folgende spezielle Ansatzkriterien müssen gemäß IAS 37.14 erfüllt werden, damit eine Rückstellung passiviert werden kann:

- einem Unternehmen muss aus einem Ereignis der Vergangenheit eine gegenwärtige Verpflichtung entstanden sein (rechtlich z. B. durch Vertrag, Gesetz oder faktisch z. B. durch gerechtfertigte Erwartung, öffentlich angekündigte Maßnahmen);
- der Abfluss von Ressourcen mit wirtschaftlichem Nutzen zur Erfüllung dieser Verpflichtung an eine dritte Partei muss wahrscheinlich sein; und
- eine verlässliche Bewertung der Verpflichtung ist möglich.

Damit eine Rückstellung tatsächlich angesetzt werden kann, muss eine verlässliche Bewertung möglich sein. Der dann passivierte Betrag entspricht der bestmöglichen Schätzung („best estimate") der künftigen Ausgabe, die zur Erfüllung der gegenwärtigen Verpflichtung zum ⇒Bilanzstichtag erforderlich ist.

- Sofern der Rückstellungsbetrag für eine große Anzahl von Positionen (z. B. Garantiefälle) zu bestimmen ist, ist darunter der **(mittlere) Erwartungswert** zu verstehen.
- Sofern nur eine einzige Position zu bewerten ist, soll der **wahrscheinlichste Wert**, korrigiert um einen gewissen Risikozuschlag- oder Abschlag zur Deckung möglicher Abweichungen herangezogen werden (IAS 37.40).

Diese allgemeinen Bewertungsgrundsätze, die einen neutralen Wertansatz von Rückstellungen bezwecken, werden insofern ergänzt, als Risiken und Unsicherheiten durch angemessene Vorsicht zu berücksichtigen sind (IAS 37.42–43). Vorsicht rechtfertigt aber keine Bildung

Wahrscheinlicher Ressourcenabfluss	Möglicher Ressourcenabfluss	Unwahrscheinlicher Ressourcenabfluss
W= > 50% bzw. „more likely than not"	W = < 50% bzw. „more likely than not"	w=?
Passivierung einer Rückstellung	Keine Passivierung, Offenlegung einer Eventualschuld im Anhang	Keine Passivierung, keine Offenlegung

von stillen Reserven. Wenn ein besonders nachteiliges Ereignis vorsichtig geschätzt worden ist, so ist dieses Ereignis mit einer realistischen Eintrittswahrscheinlichkeit zu gewichten. Sorgfalt soll verhindern, dass Risiken und Unsicherheiten doppelt berücksichtigt und als Konsequenz Rückstellungen überbewertet werden.
Die für die Bewertung getroffenen Annahmen und die Berechnung sind ausreichend und für einen Dritten nachvollziehbar zu dokumentieren.
Kurzfristige Rückstellungen mit einer Dauer bis zu einem Jahr sind mit ihrem Bruttowert anzusetzen, der Zinseffekt kann aber bei Unwesentlichkeit vernachlässigt werden. Bei langfristigen Rückstellungen, bei denen der Zinseffekt wesentlich ist, soll die Abzinsung auf Basis eines fristenkongruenten Zinses für gleichwertige Kredite erfolgen (IAS 37.45–47).
Künftige Einflüsse auf den Erfüllungsbetrag (Kostensteigerungen, technischer Fortschritt, rechtliche Änderungen) sind bei der Erstbewertung zu berücksichtigen (IAS 37.48). Die Einbeziehung von ⇒Gemeinkosten im Rückstellungswert ist mit IAS 37.37 begründbar.
Stellt man fest, dass eine Rückstellung ganz oder teilweise nicht mehr notwendig ist, so ist der entsprechende Betrag erfolgswirksam aufzulösen.
Die Bilanzierungsvoraussetzungen für Rückstellungen werden noch durch folgende Vorschriften ergänzt:

- Es muss wahrscheinlich (i. S. v. „more likely than not") sein, dass zum Bilanzstichtag (unter Berücksichtigung von Sachverhalten nach dem Bilanzstichtag) eine Verpflichtung überhaupt existiert (IAS 37.15). Allerdings wird unterstellt, dass eine Klärung dieser Voraussetzung in den allermeisten Fällen problemlos ist.
- Dann muss die Wahrscheinlichkeit (i. S. v. „more likely than not") der Fälligkeit/des wirtschaftlichen Ressourcenabflusses (IAS 37.23) ermittelt werden.

Siehe auch ⇒Wahrscheinlichkeit.

Die Rückstellungsbilanzierung muss somit nach obigem Schema geklärt werden.

Passivierungsverbot von Aufwandsrückstellungen:
Aus den allgemeinen Ansatzkriterien für ⇒Schulden und den speziellen Ansatzkriterien für Rückstellungen wird abgeleitet, dass unter IFRS keine Innenverpflichtungen (Aufwandsrückstellungen, z. B. für geplante Instandhaltungsmaßnahmen) passivierbar sind, da die rechtliche oder faktische Verpflichtung von unabwendbarer Natur **(irrevocable natur)** sein muss (F. 61). Auch für rein faktische (constructive) Verpflichtungen, die weder auf vertraglicher noch rechtlicher Grundlage, sondern nur auf rein wirtschaftlichen Aspekten (z. B. negativer Images, wenn keine Kulanzleistungen erbracht werden) beruhen, dürfen nach IAS 37 erst dann Rückstellungen gebildet werden, wenn diese bei Außenstehenden begründete Erwartungen („valid expectation") hervorrufen, dass die geplante Maßnahme auch tatsächlich durchgeführt wird (IAS 37.10).
Allerdings verursachen faktische Verpflichtungen teilweise Abgrenzungsschwierigkeiten zwischen Innen- und Außenverpflichtungen, so dass in Grenzfällen doch Aufwandsrückstellungen zu passivieren sind. Zudem können nach IFRS Sachverhalte bilanziert werden, die im Ergebnis wie Aufwandspassivierungen wirken (z. B. Aktivierung und gleichzeitige Passivierung von ⇒Rückbauverpflichtungen).

Rückstellung	Buchwert 1.1.	Zuführung	Aufzinsung	Inanspruchnahme	Auflösung	Buchwert 31.12.
Garantien						
Sonstige Personalverpflichtungen						
Prozesse						

Rückstellungsspiegel
Mit Hilfe eines Rückstellungsspiegels lassen sich die Veränderungen der Rückstellungen innerhalb einer Berichtsperiode detailliert darstellen. Diese Erläuterung ist gem. IAS 37 verpflichtend (siehe Beispiel oben).

Rückzahlungsbetrag
Der Rückzahlungsbetrag (realisable/ settlement value) ist der nicht diskontierte, in Zahlungsmitteln ausgedrückte Betrag, zudem eine Schuld unter gewöhnlichen Geschäftsumständen beglichen wird (F. 100 c).

Sachanlagen

Darunter werden materielle Vermögenswerte umfasst, die

- für Zwecke der Herstellung oder der Lieferung von Gütern und Dienstleistungen, zur Vermietung an Dritte oder für Verwaltungszwecke gehalten werden und
- die erwartungsgemäß länger als eine Periode genutzt werden (IAS 16.6).

Saldierungsverbot

Nach IAS 1.32 ist eine Saldierung von Vermögenswerten und Schulden bzw. Erträgen und Aufwendungen nur ausnahmsweise erlaubt, wenn IFRS-Einzelfallvorschriften dies verlangen. Abweichungen vom grundsätzlichen Saldierungsverbot ergeben sich z. B. aus IAS 1.34 (Saldierung Umsätze mit Skontiaufwendungen, Saldierung von Buchgewinnen/-verlusten aus Anlagenabgängen und Saldierung von Rückstellungsaufwand mit vertraglichen Kostenerstattungen); IAS 2.34 (Saldierung Abwertungsaufwendungen mit Wertaufholungen beim Vorräten); IAS 19.54 (Saldierung Planvermögen mit Alterversorgungsrückstellung); IAS 12.71 (a) (b); IAS 12.74 (a) (b) (Saldierung aktive und passive latente Steuern); IAS 32.42 (a) (b) (Saldierung aufrechnungsfähiger Forderungen und Schulden) sowie aus IAS 11 (Saldierung Anzahlungsanforderungen mit Forderungen aus Projektgeschäften).

Sale-and-Leaseback

Das Sale-and-Leaseback Geschäft (vgl. insb. IAS 17.58 bis .66) soll als zweistufige Transaktion verstanden werden: zuerst geht das rechtliche Eigentum an einem Vermögenswert an den Käufer des Vermögenswerts über, der diesen im zweiten Schritt an den Verkäufer als Leasingobjekt verleast. Somit besitzt der Verkäufer am Ende der Gesamttransaktion das Nutzungsrecht wieder und gilt als Leasingnehmer.

Mit solchen Geschäften versuchen Unternehmen z. T. stille Reserven zu realisieren (dies wird allerdings durch entsprechende Bilanzierungsvorgaben verhindert), aber auch sich Liquidität zu verschaffen, ohne auf die Nutzung des Vermögenswerts verzichten zu müssen.

Der zweite Teil der Transaktion ist nach den Vorschriften für die Bilanzierung von Leasingverhältnissen zu behandeln. Bei dem ersten Transaktionsteil muss die Behandlung eines möglichen Gewinns/Verlusts aus dem Verkauf des Vermögenswerts geklärt werden. Im Fall von Finance Lease darf der Verkäufer den eventuellen Verkaufserfolg über die Gesamtmietzeit realisieren. Im Fall von Operating Lease gilt das Verkaufsergebnis sofort als realisiert, wenn der Preis dem Zeitwert des Vermögenswerts entspricht. Ist der Preis höher, erfolgt die Realisation des fiktiven Gewinns über die voraussichtliche Laufzeit des Vertrags. Ist dagegen der Zeitwert höher, so ist der Verlust unmittelbar zu erfassen, mit der Ausnahme, dass ein Verlust abzugrenzen und im Verhältnis zu den Leasingzahlungen über dem voraussichtlichen Nutzungszeitraum des Vermögenswertes erfolgswirksam zu verteilen ist, wenn dieser Verlust durch künftige, unter dem Marktpreis liegende Leasingzahlungen ausgeglichen wird.

Außerdem gilt IAS 17.63: Liegt bei einem Operating-Leasingverhältnis der Zeitwert zum Zeitpunkt der Sale-and-Leaseback Transaktion unter dem Buchwert des Vermögenswertes, so ist ein Verlust i. H. d. Differenz zwischen dem Buchwert und dem Zeitwert sofort erfolgswirksam.

Schuld (Liability)

Im IASB Framework wird zwischen abstrakter Bilanzierungsfähigkeit und konkreter Bilanzierungspflicht von Schulden unterschieden. Schulden *(liabilities)* sind abstrakt passivierungsfähig, wenn folgende Ansatzkriterien kumulativ erbracht werden (F. 49 und F. 63):

- Es besteht eine gegenwärtige, rechtlich einklagbare oder *faktische* Verpflichtung;

- die einen zukünftigen wirtschaftlichen Nutzenabfluss impliziert; und
- aus einem vergangenen Geschäftsvorfall resultiert.

Der Schuldenbegriff umfasst nur Verpflichtungen gegenüber einer dritten Partei, d.h. nur *Außenverpflichtungen* (F. 62); insbesondere muss die gegenwärtige Verpflichtung von unabwendbarer Natur *(irrevocable nature)* sein. Das bedeutet, dass ein Unternehmen eine Leistungsverpflichtung aufgrund der wirtschaftlichen Nachteile bei einer Nichterfüllung der Verpflichtung (z.B. durch entsprechende Vertragsstrafen) kaum vermeiden kann (F. 61). Der Schuldenbegriff umfasst auch dem Grunde und/oder der Höhe nach unsichere Verpflichtungen (Rückstellungen, *provisions*) (F. 64).
Allgemein sind bei der Beurteilung der Schulden formalrechtliche Eigentumsverhältnisse zu vernachlässigen – entscheidend ist, dass ein Unternehmen über ein wirtschaftliches Nutzen- bzw. Lastenpotential verfügt (F. 51).
Schulden sind *konkret* ansatzpflichtig, wenn folgende Objektivierungskriterien kumulativ zutreffen (F. 83):

- Es ist wahrscheinlich, dass mit der Position ein Abfluss an wirtschaftlichem Nutzen verbunden ist ***(Wahrscheinlichkeitskriterium)***; und
- die Kosten sind vertrauenswürdig bestimmbar ***(Bewertbarkeitskriterium)***.

Das Wahrscheinlichkeitskriterium wird nicht präzisiert, ein quantitativer ‚Mindestsicherheitsgrad' wird nicht vorgegeben. Die notwendigen Wahrscheinlichkeitsbeurteilungen sollen immer einzelfallbezogen vor dem Hintergrund individueller Erfahrungen sowie der gegebenen Unsicherheiten erfolgen. Allerdings wird im allgemeinen Glossarium des IFRS-Regelwerks der Wahrscheinlichkeitsbegriff allgemein als „more likely than not" definiert (⇒Wahrscheinlichkeitsbegriff).
Wird eines dieser Kriterien nicht erbracht, darf eine Position nicht bilanziert werden, stattdessen können entsprechende Angaben im ⇒Anhang angemessen sein (F. 88).

Hinweise
Die Konkretisierbarkeit und der praktische Nutzen der allgemeinen Ansatzgrundsätze werden in der Fachliteratur häufig bezweifelt. Deutlich wird die mangelnde Konkretisierbarkeit der allgemeinen Ansatzkonzepte, wenn man damit Lösungen für konkrete Bilanzierungssachverhalte herzuleiten versucht. Für die praktische Anwendung sind die allgemeinen IFRS-Ansatzgrundsätze für Schulden zu abstrakt – aus diesem Grund bestehen auch für die meisten Bilanzierungssachverhalte eigene Ansatzvorschriften in den Standards und Interpretationen. In der Praxis muss also zur Klärung der Aktivierbarkeit neuartiger oder fragwürdiger Sachverhalte in den relevanten Standards und Interpretationen nachgeschaut werden.

Schuldenkonsolidierung
I. R. d. Schuldenkonsolidierung sollen die gegenseitigen Verpflichtungen und Ansprüche von vollkonsolidierten Unternehmen vollständig eliminiert werden. Haben die zu eliminierende Verpflichtung und der korrespondierte Anspruch unterschiedliche Höhen, entstehen i.R.d. Schuldenkonsolidierung entweder unechte oder echte Aufrechnungsdifferenzen.
Die unechten Differenzen basieren auf fehlerhaften Buchungen oder zeitlichen Buchungsunterschieden (z. B. Begleichen einer konzerninternen Schuld kurz vor dem Stichtag, Abgang der korrespondierten Forderung nach dem Stichtag) und sind entweder durch Konzernregelungen oder Nachbuchungen (erfolgswirksam oder -neutral) zu vermeiden bzw. zu korrigieren.
Die echten Aufrechnungsdifferenzen entstehen dadurch, dass aufgrund von Bewertungs- und/oder Ansatzvorschriften korrespondierte Ansprüche und Verpflichtungen mit unterschiedlichen Beträgen angesetzt werden. Die Neutralisierung von solchen Differenzen erfolgt erfolgsneutral.
Die Schuldenkonsolidierung kann zum Ansatz von latenten Steuern führen, wenn die korrespondierenden Ansprüche und Verpflichtungen in unterschiedlicher Höhe bestehen, was anschließend

zum Unterschied zwischen Steuerbilanz und IFRS Bilanz führen kann.

SEC

Die United States Securities and Exchange Commission wurde im Jahre 1934 als Reaktion auf den Börsencrash von 1929 gegründet. Ihr zentrales Ziel besteht in der Kontrolle des Wertpapierhandels in den USA und in dem Schutz der Kapitalanleger. Aus diesem Grund ist eine Notierung am amerikanischen Kapitalmarkt mit einer Registrierung bei der SEC verbunden. Außerdem ist die SEC ermächtigt, konkretisierende Regelungen und Verordnungen betreffend Wertpapierhandel zu erlassen. Die Aufgabe der Gestaltung von Rechnungslegungsvorschriften hat die Behörde an das ⇒FASB übertragen. Die endgültige Verabschiedung von Rechnungslegungsvorschriften erfolgt allerdings nicht ohne Einverständnis der SEC.

Seit Ende 2007 dürfen ausländische Unternehmen, die am amerikanischen Kapitalmarkt notiert sind, auf die Überleitung ihrer IFRS Abschlüsse nach US-GAAP verzichten und können die originären IFRS Abschlüsse bei der SEC einreichen.

Segment

Ein Geschäftssegment ist nach IFRS 8 ein Bereich eines Unternehmens,

a) das Geschäftstätigkeiten betreibt, mit denen Erträge erwirtschaftet werden und bei denen Aufwendungen anfallen können (einschließlich Erträge und Aufwendungen im Zusammenhang mit Transaktionen mit anderen Bereichen desselben Unternehmens),
b) dessen Betriebsergebnisse regelmäßig vom Hauptentscheidungsträger des Unternehmens im Hinblick auf Entscheidungen über die Allokation von Ressourcen zu diesem Segment und die Bewertung seiner Ertragskraft überprüft werden; und
c) für das einschlägige Finanzinformationen vorliegen.

Segmentberichterstattung

Der Segmentberichterstattungspflicht nach IFRS 8 unterliegen Unternehmen, die bereits ihre Wertpapiere öffentlich handeln lassen oder in Vorbereitung eines solchen Handelns sind. Die Abgrenzung von Segmenten und die Vorbereitung für die Berichterstattung orientieren sich an das interne Berichtswesen und das ⇒management approach. Das bedeutet, dass die Unterteilung des Unternehmens, die für die Steuerung genutzt wird, in der Segmentberichterstattung widergespiegelt wird. Aus diesem Grund existiert in IFRS keine fest vorgeschriebene Segmentierung. Zur Definition eines Segments vgl. ⇒Segment. Eine tatsächliche Erwirtschaffung von Erträgen ist für die Segmentabgrenzung nicht erforderlich. So können z. B. Gründungsgeschäftstätigkeiten Geschäftssegmente vor der Erwirtschaftung von Erträgen sein.

Beim Vorhandensein mehrere Segmentkriterien existiert i. d. R. die Möglichkeit, eines der Kriterien als primäres Kriterium für das Reporting zu identifizieren. Dabei muss dieses Kriterium am meisten dem Grundsatz der internationalen Rechnungslegung entsprechen, entscheidungsnützliche Informationen Adressaten der Berichterstattung zur Verfügung zu stellen.

Für die Berichterstattung muss sowohl die Wesentlichkeit eines einzelnen Segments als auch die Kumulation aller unwesentlichen Segmente betrachtet werden. Von einem unwesentlichen Segment geht man aus, wenn seine Erlöse, sein Ergebnis und sein Vermögen jeweils weniger als 10% der entsprechenden Gesamtwerte aller Segmente ausmachen. Dabei ist Erreichen einer der Obergrenze ausreichend. Die Überprüfung erfolgt in jeder Berichtsperiode neu.

In der Berichterstattung muss das jeweilige Segmentergebnis und -vermögen dargestellt werden. Dabei gibt es für die Berechnung des Ergebnisses keine vorgeschriebene Definition, so dass Ergebnisse für einzelne Segmente auf unterschiedlichen Wegen ermittelt werden können. Dadurch könnte nicht nur die Vergleichbarkeit der Information mit anderen Unternehmen, sondern auch innerhalb eines Unternehmens mit mehreren Segmenten leiden. Um doch eine gewisse Vergleichbarkeit mit anderen Segmentberichten zu gewährleisten, werden in IFRS 8.31 ff. zusätzliche Berichtspflichten vorgeschrieben (z. B. Informationen über geografische Bereiche, Produkte und Dienstleistungen).

Share deal
Unternehmenszusammenschlüsse, die durch den Erwerb von Anteilen an einem anderen Unternehmen zustande gekommen sind. Das erworbene Unternehmen verliert durch die Transaktion nicht seine Rechtspersönlichkeit. Die Transaktion führt zu einer Mutter-Tochter-Beziehung (⇒Unternehmenszusammenschluss).

Shareholder Value
Englische Bezeichnung für den Marktwert des Eigenkapitals. Der Shareholder Value-Ansatz wurde vom amerikanischen Wirtschaftswissenschaftler Alfred Rappaport entwickelt und fordert Unternehmensführung, sich ausschließlich auf das Ziel der Steigerung des Aktionärsvermögens zu orientieren. Alle Managemententscheidungen müssen sich deshalb an solchen Indikatoren wie Aktienkursentwicklung, Höhe der Dividenden etc. messen lassen.

SIC
⇒IFRIC

Sicherungsbeziehungen
⇒Hedging

Sicherungsinstrumente
⇒Hedge Accounting

Skonto
Ein Preisnachlass, der in der Regel in Prozent ausgedrückt wird, welcher vom Rechnungspreis abgezogen wird. Dieser preisliche Nachlass wird jedoch nur bei Zieleinkäufen beziehungsweise Zielverkäufen gewährt. Die Preiserstellung erfolgt unter der Vereinbarung einer Kreditfrist (Anreiz zur sofortigen Zahlung). Es wird unterschieden zwischen Lieferanten- und Kundenskonto.

Software, Aktivierung
⇒Immaterielles Anlagevermögen

Sonderposten mit Rücklagenanteil
⇒Maßgeblichkeit der Handelsbilanz für die Steuerbilanz

SORIE-Rücklage
⇒Gesamteinkommensrechnung

Sozialpläne
Unter einem Sozialplan versteht man ein Abkommen zwischen Arbeitgeber und Betriebsrat, das den Ausgleich für wirtschaftliche Nachteile regelt, die für die Arbeitnehmer des betroffenen Unternehmens aufgrund geplanter ⇒Restrukturierungsmaßnahmen entstehen. Der Ansatz einer Rückstellung für Sozialpläne ist nach IAS 37 erst dann möglich, wenn eine faktische Außenverpflichtung (z. B. Beginn der Umsetzung des Plans bzw. Information der betroffenen Mitarbeiter) vorliegt.

Special Purpose Entities
⇒Zweckgesellschaften

Standard Setting Body
⇒Standardsetzung

Standardkosten
⇒Vorratsbewertung

Standardkosten
Nach IAS 2.21 zulässige Methode zur ⇒Vorratsbewertung. Nach der Standardkostenmethode wird der Wert für eine längere Periode festgesetzt (Wertansätze der letzten Inventur, evtl. nach neuesten Preis- und Kostenentwicklungstendenzen korrigiert). Standardkosten sollen den Selbstkosten entsprechen, die bei ⇒Normalbeschäftigung für die zu bewertende Position entstehen.

Standardsetzer
Ein Standardsetzer (standard setting body) ist eine privatrechtliche und privat finanzierte Fachorganisation, die ⇒Rechnungslegungsstandards entwickelt und veröffentlicht. Beispiele: sind das ⇒IASB, ⇒FASB und das ⇒DRSC.

Start-up-Costs
⇒Aufwendungen für Ingangsetzung und Erweiterung des Geschäftsbetriebs

Statement of recognised income and expenses
⇒Gesamteinkommensrechnung

Stetigkeitsprinzip
⇒Darstellungsstetigkeit
⇒Methodenstetigkeit

Steuerbilanz
Eine Vermögens- und Ertragsaufstellung, die ein Kaufmann für die Finanzbehörde erstellt. Diese kann von der ⇒Handelsbilanz aufgrund von Sondereinflüssen durch die steuerliche Gesetzgebung (z. B. steuerlichen Sonderabschreibungen, steuerliche Bilanzierungsge- und -verbote) abweichen. In Deutschland entsprechen die Wertansätze der Handelsbilanz aufgrund des Maßgeblichkeitsgrundsatzes (§ 5 Abs. 1 EStG) weitgehend den steuerlichen Wertansätzen. Da die ⇒Maßgeblichkeit nicht für IFRS Abschlüsse gilt, führen unterschiedliche Wertansätze zwischen IFRS-Bilanz und Steuerbilanz zu ⇒latenten Steuern.

Steuerergebnis
Das in der ⇒Gewinn- und Verlustrechnung auszuweisende Steuerergebnis umfasst nur Ertragsteuern, d. h. EST, KST, SolZ, GewSt, während Kostensteuern (Grundsteuer, Mineralölsteuer, KfZ-Steuer etc.) zum operativen Ergebnis gehören. Das Steuerergebnis setzt sich aus dem ⇒laufenden Ertragsteuern und ⇒latenten Steuern zusammen (IAS 12.5).

Steuerliche Abschreibungen
⇒Maßgeblichkeit der Steuerbilanz für die Handelsbilanz

Stichtagskurs
⇒Währungsumrechnung

Stille Lasten
Stille Reserven stellen den Unterschiedsbetrag zwischen dem Buchwert und dem niedrigeren Zeitwert eines Vermögenswerts dar. Zu deren Auflösung kommt es z. B. beim Erwerb und erstmaligen Einbezug von Vermögenswerten eines gekauften Unternehmens in die Konzernbilanz.

Stille Reserven
Stille Reserven stellen den Unterschiedsbetrag zwischen dem Buchwert und dem höheren Zeitwert eines Vermögenswerts dar. Zu deren Auflösung kommt es z. B. beim Erwerb und erstmaligen Einbezug von Vermögenswerten eines gekauften Unternehmens in die Konzernbilanz.

Stock Turn
Diese Kennzahl soll zeigen, wie schnell ein Unternehmen seine Vorräte verkauft. Die Berechnung kann auf zwei Wegen erfolgen. Zum einen kann die Anzahl der Tage berechnet werden, die das Unternehmen Vorräte im Durchschnitt auf Lager hat. Dafür wird der Endbestand der Vorräte zu Vorratsverkäufen der Berichtsperiode ins Verhältnis gesetzt und anschließend mit 365 Tagen multipliziert.
Zum anderen kann auch die sog. Stock Turn Rate durch Dividieren der Vorratsverkäufe einer Berichtsperiode durch Endbestand der Vorräte ermittelt werden. Je höher dieses Verhältnis ist, desto höher ist die Umschlaghäufigkeit bei den Vorräten. Ein niedriges Verhältnis könnte ein Signal für eine schlechte Planung sein. Es würde bedeuten, dass viele alte Vorräte im Bestand sind. Die „neuen" Kundenwünsche könnten deswegen u. U. schlechter befriedigt werden.

Substance over Form
⇒Wirtschaftlichen Betrachtungsweise

Tauschgeschäft

Erfolgt die Bezahlung eines Vermögenswerts nicht mit monetären Zahlungsmitteln oder Zahlungsmitteläquivalenten, sondern mit anderen Vermögenswerten, so kann von einem Tausch ausgegangen werden. Die bei dieser Transaktion erworbenen Vermögenswerte sind mit ihrem Zeitwert zu bewerten, es sei denn (a) dem Tauschgeschäft fehlt es an wirtschaftlicher Substanz, oder (b) weder der beizulegende Zeitwert des erhaltenen Vermögenswerts noch des hingegebenen Vermögenswerts ist verlässlich bestimmbar. Von einer wirtschaftlichen Substanz kann man dann ausgehen, wenn z. B. die zu erwartenden Zahlungsströme durch den Tausch wesentlich verändert werden (Zahlungshöhe, Risiken oder Timing). Können die Zeitwerte verlässlich gemessen werden, so führt die Zeitwertbilanzierung grundsätzlich zur Erfolgsrealisation; die Beibehaltung der Buchwerte hat dagegen keine Erfolgsauswirkung.

Die nachfolgenden Beispiele sollen die Bilanzierung i. R. d. Tauschvorgangs zusätzlich erläutern:

1. Tausch von zwei unterschiedlichen Vermögenswerten, wobei die Zeitwerte verlässlich messbar sind und der Transaktion nicht an wirtschaftlicher Substanz fehlt;
2. Tausch von zwei ähnlichen Vermögenswerten, wobei eine wirtschaftliche Substanz nicht gegeben ist;
3. Tausch von zwei ähnlichen Vermögenswerten mit Zuzahlung (10 Geldeinheiten, die nach dem Tausch als liquide Mittel ausgewiesen werden) und Vorhandensein von wirtschaftlicher Substanz.

	vor dem Tausch				nach dem Tausch			
	Unt. 1		Unt. 2		Unt. 1		Unt. 2	
	BW	ZW	BW	ZW	BW	Erfolg	BW	Erfolg
1.	20	40	30	40	40	20	40	10
2.	20	40	30	40	20	-	30	-
3.	20	40	25	30	30	20	40	5
				+10	10			

Teilgewinnrealisierung nach dem Fertigstellungsgrad

⇒Percentage of Completion Methode

Temporäre Differenzen

⇒Latente Steuern

Theoretisches Rahmenwerk

⇒IASB Framework

Timeliness

Nach dem Abwägungsgrundsätz der *Zeitnähe (timeliness)* hat die Abschlusserstellung zeitgerecht zu erfolgen, um die ⇒Entscheidungsrelevanz der Abschlussinformationen zu gewährleisten. Konkrete Offenlegungsfristen werden unter IFRS jedoch nicht vorgegeben, hier sind die Fristen des deutschen Bilanztrechts zu befolgen. Zu beachten ist, dass eine zu schnelle Abschlusserstellung (bspw. im Rahmen eines *„fast close"*) zu Lasten des Grundsatzes der ⇒Verlässlichkeit gehen kann (F. 43).

Tochterunternehmen

Ein Unternehmen, das von einem anderen Unternehmen (⇒Mutterunternehmen) beherrscht wird (⇒Beherrschung, ⇒Unternehmenszusammenschlüsse).

Triggering Events

Unter Triggering Events werden konkrete Anzeichen verstanden, die einen Abwertungsbedarf andeuten und daher zur Durchführung eines ⇒Impairment Tests verpflichten. Eine nicht abschließende Liste möglicher Anhaltspunkte ist in IAS 36.12 ff. zu finden. Danach wird zwischen externen Informationsquellen (z. B. der Buchwert des Reinvermögens eines Unternehmens ist größer als seine Marktkapitalisierung) und internen Informationsquellen (z. B. es liegen deutliche Hinweise vor, dass ein Vermögenswert stark beschädigt ist; Zahlungsströme, die in einer Berichtsperiode tatsächlich geflossen sind, liegen signifikant unter den ursprünglich geplanten Werten) unterschieden.

True and Fair View
⇒Fair Presentation/True and Fair View

Two Statement Approach
⇒Gesamteinkommensrechnung

Umlaufvermögen
Der Begriff „Umlaufvermögen" stammt aus der deutschen Handelsrechnung und umfasst Vorräte, Forderungen, sonstige Vermögensgegenstände, Wertpapiere und Kassenbestand; der Rest der Aktivseite besteht aus Anlagevermögen und Rechnungsabgrenzungsposten (vgl. § 266 II HGB). In der internationalen Rechnungslegung wird zwischen ⇒assets, non-current und ⇒assets, current differenziert.

Umrechnungsdifferenz
⇒Währungsumrechnung

Umsatzkosten
⇒Gewinn- und Verlustrechnung

Umsatzkostenverfahren
⇒Gesamtkosten vs. Umsatzkostenverfahren

Umstellung auf IFRS
Sofern die erste Erstellung eines vollständigen IFRS-Abschluss geplant ist, werden die notwendigen Umstellungsprozesse maßgeblich in IFRS 1, „Erstmalige Anwendung der IFRS" definiert.
IFRS 1 gilt nur für einen erstmals

- in voller (nicht nur teilweiser) Übereinstimmung mit aller IAS/IFRS,
- unter expliziter Klarstellung dieser vollen Übereinstimmung,
- für externe Berichtszwecke (nicht für interne Berichtszwecke oder für die Erstellung eines Reporting Package),
- alle notwendigen Abschlussbestandteile umfassenden ⇒Abschluss, unabhängig davon, ob der Prüfer sein Testat erteilt hat.

Stichtag für die vollständige Überleitung auf IFRS ist die IFRS-Eröffnungsbilanz. Da Unternehmen bei der Aufstellung ihres ersten vollständigen IFRS-Abschlusses Vergleichszahlen für das Vorjahr vorlegen müssen, liegt der Zeitpunkt der IFRS-Eröffnungsbilanz 24 Monate vor dem ersten IFRS-Abschluss (IFRS 1.6) (siehe Beispiel unten).
Bei der Aufstellung der IFRS-Eröffnungsbilanz sind die bei Erstellung des ersten vollständigen IFRS-Abschlusses (im Beispiel oben zum 31.12.2007, dem Stichtag zu dem die ⇒IAS-Verordung spätestens umgesetzt werden musste) gültigen IFRS maßgeblich. Insofern ist der Vergleichsabschluss (im Beispiel unten am 31.12.2006) so zu erstellen, als ob diese Vorschriften schon immer gültig gewesen wären.
Grundsätzlich muss daher in der IFRS-Eröffnungsbilanz der Ansatz und die Bewertung der ⇒Aktiva und ⇒Passiva so erfolgen, als wären IFRS schon immer angewendet worden **(Grundsatz der retrospektiven Anwendung der IFRS)**. Allerdings gibt es für diesen Grundsatz explizite Ausnahmen, z. B. für die Bereiche ⇒Hedging, ⇒Entsorgungsverpflichtungen, ⇒Leasing und ⇒Finanzinstrumente (IFRS 1.26–.34B) (Exceptions) und Wahlrecht-Ausnahmen, z. B. für ⇒Pensionen- und ähnliche Verpflichtungen, ⇒Währungsumrechnung und Unternehmenszusammenschlüsse (IFRS 1.13–.25G) (Exemptions).
IFRS regelt zahlreiche Erläuterungspflichten im ersten vollständigen IFRS-Abschluss, so u. a. die Offenlegung einer detaillierten Eigenkapital-Überleitung von der Eröffnungsbilanz (Eigenkapital-Anpassungen) über die Vorjahresbilanz (laufende Ergebnisunterschiede) zum ersten IFRS-Abschluss.

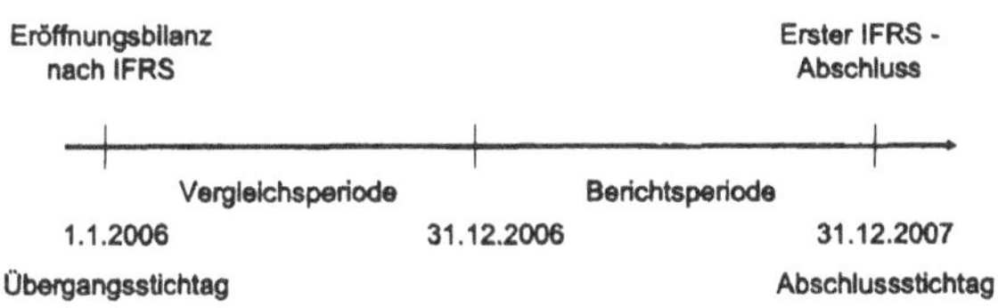

Da die Erstellung eines vollständigen IFRS-Abschlusses aufgrund der Vorschriften des IFRS 1 zwei Jahre Vorlaufzeit beansprucht, müssen die notwendigen organisatorischen und prozessualen Schritte rechtzeitig und wohlüberlegt durchgeführt werden. Neben der erfolgten Klärung fachlicher und operativer Fragen zur IFRS Conversion sowie einer Schulung der verantwortlichen Mitarbeiter in wichtigen Grundlagen der Rechnungslegung nach IFRS (inklusive Unterlagen,) ist der Einsatz von Beratern bei einer Umstellung von HGB auf IFRS nicht nur üblich, sondern auch empfehlenswert. Es ist für eine Unternehmung nicht unbedingt sinnvoll, das komplette IFRS-Wissen, das für einen Umstellungsprozess und für eine IFRS-konforme Bilanzierung erforderlich ist, selbst zu erarbeiten und in der Unternehmung permanent (insbesondere vor dem Hintergrund der Komplexität und den raschen Veränderungen der IFRS Vorschriften) vorzuhalten.

Nach der Analyse und Beurteilung der HGB Finanzbuchhaltungsdaten des letzten Geschäftsjahres, der IFRS-Konzernvorgaben und weiterer interner Informationen müssen im Rahmen einer IFRS Umstellung die für das Unternehmen relevanten IFRS Unterschiede (sowie ggf. verbleibender Klärungsbedarf) identifiziert werden. Die Checkliste auf der nächsten Seite zeigt beispielhaft typische Unterschiede und den Klärungsbedarf bei einer IFRS Umstellung.

Umstellung auf IFRS, Pro und Contra
⇒IFRS für den Mittelstand, Pro und Contra

Unbestimmbare Nutzungsdauer
⇒Nutzungsdauer

Understandability
⇒Verständlichkeit

Unfunded Plans
⇒Pensionen und ähnliche Verpflichtungen

Unternehmen, börsennotiertes
Unternehmen, dessen Eigenkapitalpapiere an einem organisierten Markt gehandelt werden.

Unternehmen, kapitalmarktorientiertes
Unternehmen, die als Wertpapieremittenten an einem organisiertem Kapitalmarkt (sowohl mit Eigenkapital- als auch Fremdkapitalcharakter) in der EU auftreten oder die eine Zulassung eines Wertpapiers zum Handel an einem inländischen organisiertem Markt bis zum Abschlussstichtag beantragt haben (§ 315 Abs. 1, 2 Nr. 8 HGB).

Unternehmenserwerb
Unter einem Unternehmenserwerb wird das Zusammenführen von getrennten Unternehmen oder Geschäftsbetrieben zu einem berichtenden Unternehmen verstanden (⇒Unternehmenszusammenschlüsse).

Unternehmenserwerb, sukzessiver
Erwerb eines Tochterunternehmens in mehreren Akquisitionsstufen. Dabei wird unterschieden, ob (1) mit einer zusätzlichen Tranche ⇒Beherrschung erlangt wird (z. B. Kauf von zusätzlichen 30% bei bereits vorhandenen 40% der Anteile an einem Unternehmen) oder ob (2) eine bestehende Beteiligung, die bereits Beherrschung erlaubt, aufgestockt wird (z. B. Kauf von zusätzlichen 20% bei bereits vorhandenen 70% der Anteile an einem Unternehmen).

Im Falle des ersten Sachverhalts werden die Anschaffungskosten jeder wesentlichen Akquisitionsstufe den anteiligen ⇒fair values der Vermögenswerte und Schulden gegenübergestellt. Nach Erlangung der Beherrschung findet Vollkonsolidierung statt, die Summe der ⇒Goodwills aus jeder Tranche bildet den gesamten Goodwill. Im Zeitpunkt der Beherrschungserlangung findet eine Neubewertung der übernommenen Vermögenswerte und Schulden statt. Der sich daraus ergebende Unterschied ist im Eigenkapital zu erfassen.

IFRS 3 (2008) sieht vor, dass bei der Erlangung der Beherrschung nicht nur die Vermögenswerte und Schulden, sondern auch der Goodwill mit Fair Values zu bewerten sind. Sollten dabei Anpassungen zu bisherigen Werten vorgenommen werden, so sind diese erfolgswirksam zu erfassen.

Bilanz- bzw. GuV Position	Sachverhalt	Klärungsbedarf	(Geschätzte) Auswirkungen auf Bilanz/GuV	Status
Sachanlagevermögen, IAS 16	Komponentenansatz nach IAS 16.43	Enthält das Sachanlagevermögen – im Verhältnis zu den AK – wesentliche Komponenten, die getrennt abgeschrieben werden müssen?	Keine, da es sich beim Sachanlage-vermögen im Wesentlichen um BGA handelt.	
	Aktivierung von Rückbauverpflichtungen für Mietereinbauten nach IAS 16.16c i.V.m. IAS 37	Bestehen (vertragliche) Rückbauverpflichtungen z.B. für Mietereinbauten 3. Stock?	Keine	
	Niederstwerttest nach IAS 36.9	Wird dokumentiert, dass zu jedem Bilanzstichtag die in IAS 36.12 angeführten Wertminderungs-indikatoren überprüft werden?	Keine	
Leasing, IAS 17	Erläuterungen bzgl. der Mietleasingverträge nach IAS 17.35 (d) Offenlegung des Barwerts der Mindestleasingzahlungen aus nichtkündbaren Mietleasingverhältnissen nach IAS 17.35 (a)	Einsicht in Mietleasingverträge	Offenlegungsfrage	
Finanzanlagen/Financial Assets	Das Mitarbeiterdarlehen erfüllt die Definition für Financial Assets nach IAS 39.9	Ausweis unter Sonstigen kurzfristigen Vermögenswerten	Unwesentlich	
Pensionsrückstellung/ Retirement Obligation	Saldierung der Pensionsrückstellung mit dem Planvermögen nach IAS 19.54	Erfüllt die Rückdeckungsversicherung die Kriterien einer „qualifying insurance policy" nach IAS 19.7?		
Vorräte/Inventories	Einzelwertberichtigungen nach IAS 2.29	Die Gängigkeitsabschreibungen unter HGB können ggf. unter IFRS unzulässig sein, wenn die Waren noch mit Gewinn abgesetzt werden können (IAS 2.32).	Abstimmung mit Abschlussprüfer	

Die bilanzielle Abbildung des zweiten Sachverhalts war im bisher gültigen IFRS 3 nicht geregelt. Im IFRS 3 (2008) wird dagegen geregelt, dass solche Zukäufe als Transaktionen zwischen Eigenkapitalgebern gesehen werden, die ausschließlich erfolgsneutral und im Eigenkapital verbucht werden. Eine Betrachtung als Erwerbsvorgang wird nicht mehr als zulässig angesehen.

Unternehmenserwerb, umgekehrter

Bei einem umgekehrten Unternehmenserwerb ist ein Unternehmen, das rechtlich und formell von einem anderen Unternehmen erworben wurde, wirtschaftlich gesehen der tatsächliche Erwerber. Oft werden solche Transaktionen durchgeführt, um Kosten und zeitlichen und prozessualen Aufwand einer Börsennotierung zu vermeiden: eine kleine börsennotierte AG erwirbt eine größere nicht börsennotierte Gesellschaft und finanziert den Kauf durch Kapitalerhöhung und Umtausch der Aktien der anderen Gesellschaft in eigene Aktien. Nach dem Umtausch besitzen die Anteilseigner der anderen Gesellschaft die Mehrheit der Aktien des börsennotierten Unternehmens, so dass bei wirtschaftlicher Betrachtungsweise (⇒substance over form) tatsächlich dieses Unternehmen übernommen wurde.

Unternehmensfortführung

Der Grundsatz der Unternehmensfortführung stellt eine der beiden ⇒Prämissen der Abschlusserstellung dar. Im Rahmen der Abschlusserstellung ist solange von der Annahme der *Fortführung der Geschäftstätigkeit* auszugehen, wie keine tatsächliche Notwendigkeit oder Absicht zur Einstellung des Unternehmens (bzw. wesentlicher Unternehmensteile, siehe die abweichenden Bewertungsvorschriften für einen ⇒aufgegebener Geschäftsbereich) besteht (F. 23 und IAS 1.23). Wesentliche existenzbedrohende Sachverhalte, die Tatsache der Aufgabe der Unternehmensfortführungsprämisse sowie sich daraus ergebende Folgen für die Jahresabschlusserstellung müssen offen gelegt und im ⇒Anhang begründet werden.

Das Management hat die Unternehmensfortführungsannahme in jeder Berichtsperiode für einen mindestens 12-monatigen Zeitraum nach dem Bilanzstichtag zu überprüfen. Das Ausmaß der Überprüfung ist abhängig von relevanten unternehmensinternen und -externen Faktoren (IAS 1.24). ⇒Wertbeeinflussende zukünftige Ereignisse sind zu berücksichtigen.

Unternehmenszusammenschlüsse

Gem. IFRS 3 wird zwischen folgenden Formen der Zusammenschlüsse unterschieden:

- ⇒share deal
- ⇒asset deal
- ⇒legal merger (Verschmelzung)
- Erhalt der Kontrolle, ohne tatsächlichen Erwerb von (zusätzlichen) Unternehmensanteilen.

Bei Unternehmenszusammenschlüssen ist die sog. ⇒Erwerbsmethode anzuwenden, wonach mit der Bestimmung des Erwerbers und der Erlangung der ⇒Beherrschung anzufangen ist. Anschließend müssen die Anschaffungskosten bestimmt (⇒Anschaffungskosten eines Unternehmenszusammenschlusses) und auf die übernommenen Vermögenswerte und Schulden verteilt werden (⇒Purchase Price Allocation).

Unternehmenszusammenschlüsse, Erwerbszeitpunkt

Der Erwerbszeitpunkt ist jener Zeitpunkt, an dem der Erwerber tatsächlich die ⇒Beherrschung über das erworbene Unternehmen übernimmt. Erfolgt dies durch eine einzige Tauschtransaktion, ist der Tauschzeitpunkt mit dem Erwerbszeitpunkt identisch. Werden mehrere Tauschtransaktionen durchgeführt, so ist der Erwerbszeitpunkt der Zeitpunkt, an dem der Erwerber die Beherrschung über das erworbene Unternehmen erlangt.

US GAAP

United States Generally Accepted Accounting Principles; Bezeichnung für die Gesamtheit aller US-amerikanischen Rechnungslegungsvorschriften, die von verschiedenen US-amerikanischen privaten Rechnungslegungsgremien (u. a. dem *Financial Accounting Standards Board, FASB*) entwickelt und veröffentlicht werden. Vorrangiges Ziel der US GAAP ist die Bereitstellung entscheidungsrelevanter und verlässlicher Kapitalmarktinformationen. Die Rechnungslegungsvorschriften nach US GAAP sind sehr umfangreich und kasuistisch (ca. 8.000 Seiten Text) und in weiten Teilen den IFRS sehr ähnlich. Ausländische Unternehmen, die an einer US-amerikanischen Börse notiert sind, mussten bis zum Jahr 2007 Quartals- und Jahresabschlüsse nach US GAAP erstellen bzw. auf US GAAP überleiten.

Value in use
⇒Nutzungswert

Variable Kosten
Die variablen Kosten (bewegliche Kosten, oder auch mengenabhängige Kosten) ändern sich im Gegensatz zu den ⇒fixen Kosten mit dem Beschäftigungsgrad beziehungsweise der Ausbringung. Sie sind im vollen Umfang leistungsbezogen und werden deshalb als „leistungsabhängige Kosten" bezeichnet. Sie sind mengen- oder leistungsabhängig, allerdings nicht bei allen Kostenarten in gleichem Umfang. Je nach Reagibilitätsgrad verhalten sie sich:
- proportional
- progressiv
- degressiv
- regressiv

Verläufe variabler Kosten siehe Abbildung unten.
Innerhalb einer bestimmten Beschäftigungsbandbreite können alle variablen Kosten proportionalisiert werden.

Verbindlichkeiten
⇒Schulden
⇒Eigenkapital, Definition und Abgrenzung zu finanziellen Verpflichtungen

Verbrauchsfolgeverfahren
⇒Vorratsbewertung

Vergleichbarkeit
Damit die Abschlussadressaten die Vermögens-, Finanz- und Ertragslage des bilanzierenden Unternehmens beurteilen können, müssen IFRS Abschlüsse einen zeitlichen Vergleich desselben Unternehmens sowie einen zwischenbetrieblichen Vergleich verschiedener Unternehmen ermöglichen (F. 39). Der Grundsatz der Vergleichbarkeit *(comparability)* umfasst folgende Unterprinzipien:
Zeitliche Vergleiche werden durch die zwingende Angabe von Vorjahreszahlen im IFRS-Abschluss ermöglicht (F. 42 und IAS 1.36–.41). Außerdem darf von einmal gewählten ⇒Bilanzierungs- und Bewertungsmethoden *(accounting policies)* perio-

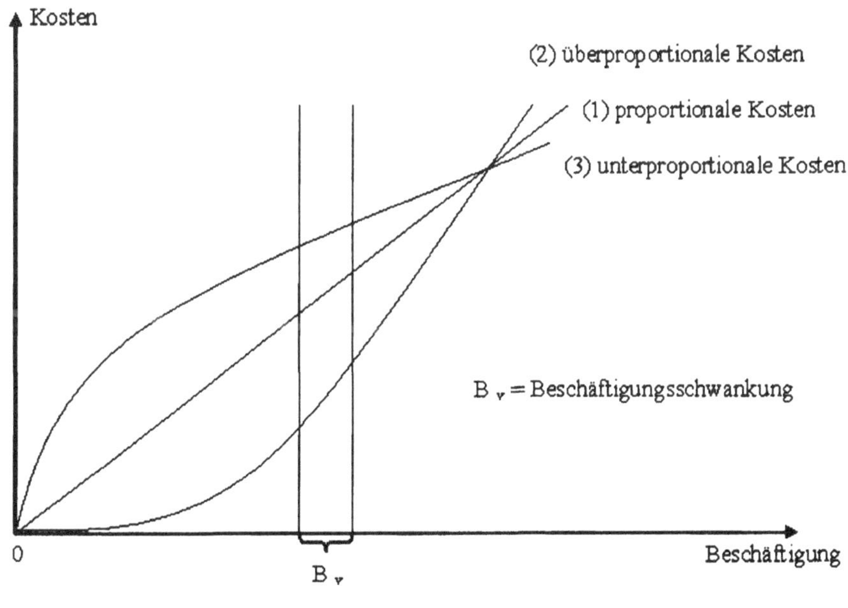

denübergreifend nicht abgewichen werden *(Grundsatz der ⇒Methodenstetigkeit)*. Die Auswirkungen ähnlicher Geschäftsvorfälle müssen im Abschluss periodenübergreifend auf unveränderte Art und Weise dargestellt werden *(Grundsatz der ⇒Darstellungsstetigkeit)*. Ferner sollen angewandte Bilanzierungs- und Bewertungsmethoden, evtl. Methodenänderungen sowie deren quantitative Auswirkungen offen gelegt werden *(Grundsatz der ⇒Offenlegung von Bilanzierungs- und Bewertungsmethoden)* (F. 29–.42).

Verlässlichkeit/Vertrauenswürdigkeit
Der Grundsatz der Verlässlichkeit *(reliabilty)* stellt ein sehr bedeutendes qualitatives IFRS-Prinzip dar. Abschlussinformationen sind vertrauenswürdig, wenn sie frei von wesentlichen Zufallsfehlern und systematischen Verzerrungen sind und wenn aus Sicht der Abschlussadressaten der Eindruck besteht, dass die zugrunde liegenden Sachverhalte und Ereignisse zutreffend *(faithfully)* wiedergeben werden (F. 31). Auf die Notwendigkeit einer objektiven Nachprüfbarkeit (Verifizierbarkeit) von Abschlussinformationen wird im IASB Framework nicht hingewiesen. Entscheidend ist der Glaubwürdigkeitseindruck aus Sicht hinreichend informierter Abschlussadressaten. Die herausragende Bedeutung dieses Grundsatzes sieht man auch anhand dessen zahlreichen Erwähnungen in den IFRS Einzelfallvorschriften.
Der Grundsatz der Verlässlichkeit wird im IASB Framework durch die Grundsätze der ⇒zutreffenden Darstellung, der ⇒wirtschaftlichen Betrachtungsweise, der ⇒Neutralität sowie der ⇒Vorsicht erweitert.

Verluste
⇒Ansatzgrundsätze für Aufwendungen und Erträge

Vermögens-, Finanz- und Ertragslage (Begriff)
Allgemein konkretisiert sich das Informationsinteresse der Investoren an der Vermögens-, Finanz- und Ertragslage des bilanzierenden Unternehmens (F. 15 ff.). Im IFRS Abschluss werden diese Information in der ⇒Bilanz, ⇒Gewinn- und Verlustrechnung, ⇒Kapitalflussrechnung sowie im ⇒Anhang bereitgestellt (F. 19).
Es muss daher erläutert werden, was man unter der Vermögens, Finanz- und Ertraglage versteht.

a) Vermögenslage
Die Vermögenslage (Hauptinformationsquelle: Bilanz + Anhang) konkretisiert sich am (betriebswirtschaftlichen) Effektivvermögen eines Unternehmens. Betriebswirtschaftlich lässt sich das Effektivvermögen als potentieller, bei einer Veräußerung des ganzen Unternehmens erzielbarer Marktwert auffassen. Dieser Marktwert wird bestimmt von den Renditeerwartungen der Unternehmenseigner. Das Effektivvermögen entspricht insofern dem Ertragswert eines Unternehmens. Die Investoren möchten grundsätzlich aus den im Abschluss abgebildeten Informationen erfahren, was ein Unternehmen ‚wert' ist, d. h., welchen potentiellen Preis das Unternehmen bzw. der Unternehmensanteil verkörpert, um rationale Kauf- bzw. Verkaufsentscheidungen treffen zu können (F. 14). Doch diesen Anspruch kann ein IFRS-Abschluss nur teilweise erfüllen, vor allem da zahllose wichtige Werttreiber eines Unternehmen, nämlich nicht einzelbewertbare selbsterstellte immaterielle Vermögenswerte (z. B. Forschungskosten, Marketingmaßnahmen, Qualifikationen der Mitarbeiter, Lieferantenbeziehungen oder sonstige wirtschaftliche Umwelt- und Einflussfaktoren) auch im IFRS Abschluss nicht bilanziert werden dürfen.

b) Ertragslage
Die Ertragslage (Hauptinformationsquelle: Gewinn- und Verlustrechnung + Anhang) konkretisiert sich am betriebswirtschaftlichen Effektivgewinn (Betriebsergebnis). Darunter versteht man eine Ergebnisgröße, die die zukünftige Rentabilität des Unternehmens und damit implizit auch die zukünftigen Netto-Zahlungsströme an die Investoren bestmöglich anzeigt. Informationen über die effektive Ertragslage zielen insofern auf eine möglichst aussagefähige Darstellung der nachhaltigen Ertragskraft eines Unternehmens ab (F. 17). Die zukünftigen betrieblichen Erfolge und damit

auch die zukünftigen Ausschüttungen sind jedoch von zahllosen betriebsinternen und -externen Einflussfaktoren und Entscheidungen abhängig, die das Management u. U. auch aus Geheimhaltungsgründen nicht preisgeben kann oder muss. Die in der Gewinn- und Verlustrechnung ausgewiesenen Periodenerfolge dienen daher nur als *Indikator* für die zukünftigen relevanten Zielströme. So kann z. B. erst unter Berücksichtigung der Dividendenpolitik eines Unternehmens auf die relevanten Zielströme geschlossen werden. Auch wird das Betriebsergebnis im IFRS Abschluss u. a. durch die folgenden Sachverhalte nur stark verzerrt wiedergegeben:

- Selbsterstellte immaterielle Vermögenswerte werden (objektivierungsbedingt) weitgehend nicht aktiviert;
- der ermittelte Periodenerfolg kann durch (legale) bilanzpolitische Maßnahmen vom betriebswirtschaftlichen Betriebsergebnis abweichen;
- außerordentliche und atypische Ergebniskomponenten werden nicht isoliert dargestellt;
- kalkulatorische Kosten dürfen nicht berücksichtigt werden;
- die Aufwendungen und Erträge hängen von einer Vielzahl von Schätzungen durch den Bilanzierenden ab, so dass sich Bewertungsfehler unmittelbar auswirken; und
- Inflationseffekte bleiben unberücksichtigt.

c) Effektive Finanzlage

Informationen über die effektive Finanzlage (Hauptinformationsquelle: Kapitalflussrechnung + Anhang) sollen die Investoren bei der Beurteilung der zukünftigen Liquidität eines Unternehmens unterstützen (F. 18). Da aber im IFRS Abschluss Finanz- oder Liquiditätspläne nicht dargestellt werden, kann nicht *direkt* über die effektive Finanzlage informiert werden.

Vermögenswert (Asset)

Im IASB Framework wird zwischen abstrakter Bilanzierungsfähigkeit und konkreter Bilanzierungspflicht von Vermögenswerten unterschieden. Vermögenswerte *(assets)* sind *abstrakt* aktivierungsfähig, wenn folgende Kriterien kumulativ erbracht werden (IAS Framework, Tz. 49):

- Es liegt ein wirtschaftliches Nutzenpotential vor;
- über das ein Unternehmen – abseits eventueller rechtlicher Eigentumsverhältnisse – wirtschaftliche Verfügungsmacht hat und
- das aus einem vergangenen Geschäftsvorfall resultiert ***(Vergangenheitskriterium).***

Ein wirtschaftliches Nutzenpotential verkörpert die Fähigkeit eines Vermögenswertes, *direkt* oder *indirekt* zukünftige ⇒Zahlungsmittel oder ⇒Zahlungsmitteläquivalente zu generieren. Der wirtschaftliche Nutzen kann dem Unternehmen auf verschiedenen Wegen zugute kommen; bspw. als positiver Verbundeffekt aus der Kombination mit anderen Vermögenswerten, aus einem vorteilhaften Austausch mit anderen Vermögenswerten, aus der vorteilhaften Tilgung einer Schuld oder aus geldwerten Vorteilen für die Unternehmenseigner (F. 54). Wirtschaftliche Verfügungsmacht (control) liegt vor, wenn das bilanzierende Unternehmen eine Nutznießung Dritter an dem Vermögenswert verhindern kann (F. 54).

Das Abstellen auf Ereignisse der Vergangenheit soll vermeiden, dass Sachverhalte bilanziert werden, die auf bloßen Absichten oder Erwartungen beruhen (z. B. Aktivierung von Wettbewerbsvorteilen). Eine Tätigung von Ausgaben ist kein notwendiges Kriterium für das Vorliegen eines bilanzierungsfähigen Vermögenswertes – auch Schenkungen können bspw. die Vermögenswerteigenschaften erfüllen (F. 59).

Allgemein sind bei der Beurteilung der Ansatzkriterien von Vermögenswerten formalrechtliche Eigentumsverhältnisse zu vernachlässigen – entscheidend ist, dass ein Unternehmen über ein wirtschaftliches Nutzenpotential verfügt (F. 51).

Vermögenswerte sind *konkret* ansatzpflichtig, wenn folgende Objektivierungskriterien kumulativ zutreffen (F. 83):

- Es ist wahrscheinlich, dass mit der Position ein Zufluss an wirtschaftlichen Nutzen verbunden ist (***Wahrscheinlichkeitskriterium***); und

- die Anschaffungs-/Herstellungskosten oder ein anderer Wertansatz sind vertrauenswürdig bestimmbar (***Bewertbarkeitskriterium***).

Das Wahrscheinlichkeitskriterium wird nicht präzisiert, ein quantitativer ‚Schwellenwert' wird nicht vorgegeben. Die notwendigen Wahrscheinlichkeitsgrenzen sollen immer einzelfallbezogen vor dem Hintergrund historischer Erfahrungen sowie der gegebenen Unsicherheiten erfolgen (F. 85). Allerdings wird im allgemeinen Glossarium des IFRS-Regelwerks der Wahrscheinlichkeitsbegriff allgemein als „more likely than not" definiert (⇒Wahrscheinlichkeitsbegriff).
Wird eines dieser Kriterien nicht erbracht, darf eine Position nicht bilanziert werden, stattdessen können entsprechende Angaben in den ⇒*notes* angemessen sein. Als Beispiel werden potentielle Forderungen aus einem ausstehenden Gerichtsverfahren angeführt, die zwar das Wahrscheinlichkeitskriterium erfüllen, nicht jedoch vertrauenswürdig bewertet werden können (F. 88).

Hinweis
Für die praktische Anwendung sind die allgemeinen IFRS-Ansatzgrundsätze für Vermögenswerte zu abstrakt – aus diesem Grund bestehen auch für die meisten Bilanzierungssachverhalte eigene Ansatzvorschriften in den Standards und Interpretationen. In der Praxis muss also zur Klärung der Aktivierbarkeit neuartiger oder fragwürdiger Sachverhalte in den relevanten Standards und Interpretationen nachgeschaut werden.

Vermögenswertbegrenzung
Bei ⇒rückgedeckten Versorgungszusagen (Funded Plans) muss bei einem positiven Finanzierungssaldo (d. h. der Zeitwert des ⇒Planvermögens übersteigt die aktuelle Versorgungsverpflichtung) eventuell eine Vermögenswertbegrenzung durchgeführt werden. Dafür ist beim entstehenden Aktivposten zu überprüfen, ob er insofern werthaltig ist, als die „Überfinanzierung" tatsächlich zu einem zukünftigen wirtschaftlichen Nutzen führt (IAS 19.58 ff.). Die wichtigsten Vorschriften des IAS 19 zur Vermögenswertbegrenzung (asset ceilung) lassen sich am anschaulichsten schematisch erklären (siehe Abbildung unten).
Der Bilanzansatz wird errechnet als Summe aus den noch nicht erfassten Verlusten und dem Minimum aus
- den aus der Überfinanzierung ergebenden Aktivsaldo
- und dem Barwert des zukünftigen Nutzens aus der Überdotierung (z. B. weil in den Folgejahren keine Arbeitgeberbeiträge an die als Planvermögen qualifizierte Rückdeckungsversicherung mehr zu entrichten sind).

Veränderungen der noch nicht erfassten Verluste dürfen jedoch zu keiner Anpassung der Vermögenswertbegrenzung führen.

Verpflichtendes Ereignis
Ein verpflichtendes Ereignis (obligating event) ist ein Geschäftsvorfall, der insofern zu einer rechtlichen oder faktischen Verpflichtung führt, als das Unternehmen keine realistische Alternative zur Erfüllung der Schuld hat (F. 60). Der Eintritt eines verpflichtenden Ereignisses ist Voraussetzung für die Passivierung einer ⇒Rückstellung.

Verschmelzung
⇒Legal Merger

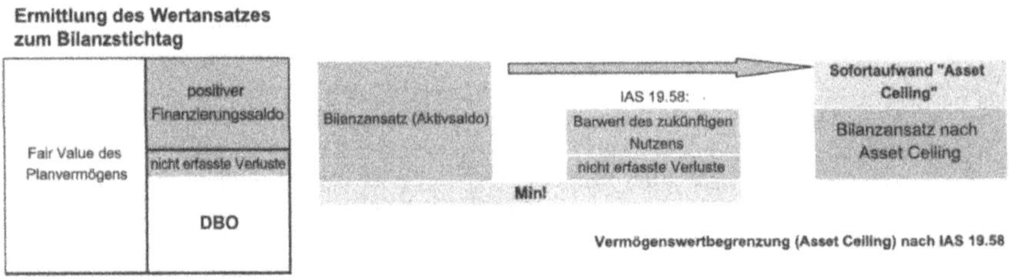

Vermögenswertbegrenzung (Asset Ceiling) nach IAS 19.58

Versicherungsmathematische Gewinne/Verluste
⇒Pensionen und ähnliche Verpflichtungen

Verständlichkeit
Der Grundsatz der Verständlichkeit gehört zur Gruppe der qualitativen Prinzipien. Abschlussinformationen sollen für Außenstehende verständlich *(understandable)* sein. Als Beurteilungsmaßstab gilt ein Abschlussadressat mit einem hinreichenden Verständnis für das Unternehmen und für dessen wirtschaftliches Umfeld. Weiterhin wird dem sachverständigen Abschlussadressaten der Wille für eine hinreichend gründliche Auswertung der Abschlussinformationen abverlangt (F. 25).

Vertriebskosten
Alle im Vertriebs- und Absatzbereich anfallenden Kosten (Personal, Provisionen, Reisekosten, Werbung, Versandkosten). Sie umfassen auch die Gemeinkosten der Vertriebskostenstellen (Raumkosten, Beleuchtung, Heizung usw.).
Man unterscheidet zwischen Vertriebseinzelkosten und Vertriebsgemeinkosten.
⇒Einzelkosten
⇒Gemeinkosten

Verwaltungskosten
Im Rahmen der Geschäftsverwaltung anfallende Kosten (Gehälter und Sonstige Personalnebenkosten des Verwaltungspersonals, Raumkosten, Heizung, Beleuchtung, Büroeinrichtung der Verwaltungskostenstellen, Verbands- und Vereinsbeiträge, Prüfungsgebühren, Kostensteuern und Abgaben usw.).

Vollkostenrechnung
Die Vollkostenrechnung (full absorption costing) hebt die Kostenseite hervor und ist vor allem dadurch gekennzeichnet, dass sie alle Kosten, die im Unternehmen anfallen, in ihrer vollen Höhe auf die Kostenträger verteilt möchte. Durch die Verteilung sämtlicher Kosten auf die Kostenträger verstößt die Vollkostenrechnung in zweifacher Weise gegen das so genannte Verursachungsprinzip:
- Es werden fixe Kosten auf die Leistungseinheiten mit Hilfe von Zuschlagssätzen verteilt und damit proportionalisiert.
- Gemeinkosten, die für mehrere Leistungsarten gemeinsam anfallen, werden auf die einzelnen Leistungsarten aufgeschlüsselt.

In der traditionellen Vollkostenrechnung werden nicht nur jene Kosten den Aufträgen zugeordnet, die direkt von ihnen verursacht werden, sondern auch die Gemeinkosten. Eine Zuordnung von Gemeinkosten ist in sich schon ein Widerspruch und ist nur durch mehr oder weniger willkürliche Zurechnungsschlüssel möglich.
Durch diese willkürliche Schlüsselung und Weiterverrechnung wird das *Kostenverursachungsprinzip* verletzt. Die anscheinend erreichte Genauigkeit ist reine Augenwischerei („Scheinmathematik", wie Rummel treffend sagt). Gemeinkosten, aber auch Fixkosten, können meist selten nur einzelnen Aufträgen/Produkten zugeordnet werden, häufig nur der gesamten Produktion oder höchstens einzelnen Produktgruppen. Die herkömmliche Vollkostenrechnung hat folgende Nachteile:
- Sie kann die entstandenen Kosten nicht verursachungsgerecht ermitteln.
- Sie verfälscht die Kostenstruktur.
- Sie verfälscht die Gewinnermittlung.
- Sie stellt nicht ausreichende Informationen für den unternehmerischen Entscheidungsprozess zur Verfügung.

Diese Unzulänglichkeiten der traditionellen Vollkostenrechnung stellen den Aussagewert der Kostenrechnung in Frage. Das diese Fehler in der Teilkostenrechnung vermieden werden, sollte eine grundsätzliche Forderung im Controlling die Forderung nach einer aussagefähigen Teilkostenrechnung sein, denn nur sie stellt ausreichende Informationen für den unternehmerischen Entscheidungsprozess zur Verfügung
Vor allem die in vielen Unternehmen gebräuchliche *Zuschlagskalkulation* innerhalb der Vollkostenrechnung widerspricht dem Kostenverursachungsprinzip.
Die im Rahmen der ⇒Kosten- und Leistungsrechnung bekannten Probleme der Vollkostenrechnung werden unter IFRS insofern negiert, als die ⇒Herstellungs-

kosten unter IFRS zu Vollkosten zu ermitteln sind.

Vollständigkeit
Der Grundsatz der Vollständigkeit ist ein Unterprinzip des qualitativen Grundsatzes der ⇒Verlässlichkeit. Ein bewusstes Verschweigen von wesentlichen Abschlussinformationen kann zu falschen oder irreführenden Schlüssen verleiten und damit die Kriterien der Verlässlichkeit sowie der ⇒Entscheidungsrelevanz verletzen (F. 38). Explizit wird im ⇒IASB Framework darauf hingewiesen, dass dem Grundsatz der Vollständigkeit nur innerhalb der durch den Grundsatz der Wesentlichkeit sowie durch Kosten-Nutzen-Überlegungen gezogenen Grenzen zu entsprechen ist. Auch Geheimhaltungsgründe können dem Grundsatz der Vollständigkeit Grenzen setzen: Unternehmenstransparenz kann nur solange im gesamtwirtschaftlichen Interesse liegen, als keine Detailinformationen preisgegeben werden, die unter die Betriebs- und Geschäftsgeheimnisse fallen (bspw. Detailinformationen zur Produktentwicklung). Deren Offenlegung würde den Interessen zahlreicher ⇒Abschlussadressaten zuwiderlaufen und einen freien Wettbewerbsprozess verhindern. Eine allgemeine Schutzklausel (ähnlich § 286 (3) Nr. 2 HGB), auf die sich Unternehmen in Ausnahmefällen berufen können, um eine Preisgabe betriebsschädigender Details zu verhindern, ist jedoch im IFRS Regelwerk nicht explizit vorgesehen. Lediglich im Zusammenhang mit der Bilanzierung von ⇒Rückstellungen befreit IAS 37.92 in seltenen Ausnahmefällen von den umfassenden Offenlegungspflichten, wenn diese dem Unternehmen einen schweren Nachteil zufügen würden.

Vom Eigentümer selbst genutzte Immobilien
Vom Eigentümer selbst genutzte Immobilien unterliegen nach IAS 40.9 den Bilanzierungs- und Bewertungsvorschriften des IAS 16 für ⇒Sachanlagevermögen.

Vorräte
Vorräte werden in IAS 2.2 definiert und sind Vermögenswerte

- die zum Verkauf im normalen Geschäftsgang gehalten werden;
- die sich in der Herstellung für einen solchen Verkauf befinden; oder
- die als Roh-, Hilfs- und Betriebsstoffe dazu bestimmt sind, bei der Herstellung oder der Erbringung von Dienstleistungen verbraucht zu werden.

Können für erbrachte Dienstleistungen noch keine Erlöse realisiert werden, so zählen diese auch zum Vorratsbestand.
(⇒Stock Turn; →Vorratsbewertung)
Nicht zu den Vorräte gehören
- unverrechneten Lieferungen und Leistungen aus der Auftragsfertigung/ Dienstleistungsverträgen
- Finanzinstrumente
- Landwirtschaftliche Vermögenswerte,
- Vermögernswerte, die branchentypisch bewertet werden (Tradingbestände von Broker-Trader)

da hierfür eigene Standards bzw. Branchennormen beachtet werden müssen (IAS 2.3)

Vorratsbewertung
Gem. IAS 2 sind Vorräte grundsätzlich einzeln zu bewerten. Allerdings darf der Grundsatz der ⇒Einzelbewertung durchbrochen werden, wenn es sich um eine große Stückzahl der Vermögenswerte des Vorratsbestands handelt und diese untereinander austauschbar sind (IAS 2.29). Sind beide Kriterien kumulativ erfüllt, darf das bilanzierende Unternehmen die Bewertung entweder nach dem Verbrauchsfolgeverfahren gewogene oder gleitende ⇒Durchschnittsmethode, nach dem First-in-First-out Methode (⇒FiFo), nicht jedoch nach der Last-in-First-out-Methode (⇒LIFO) durchführen. Ausserdem ist noch die Bewertung zu ⇒Standardkosten und nach der ⇒Retail Methode möglich (IAS 2.21). Der Ansatz von Festwerten lässt sich u. U. mit dem ⇒Wesentlichkeitsgrundsatz rechtfertigen. Für Vorräte von ähnlicher Beschaffenheit und Verwendung ist das gleiche Verfahren anzuwenden.
Für die Folgebewertung von Vorräten ist das ⇒Lower of cost or net realizable value – Prinzip zu beachten. Im Gegensatz zum HGB gilt dabei eine **stets absatzmarktbezogene Bewertung**: Auch Roh-,

Hilfs- und Betriebsstoffe dürfen nur dann abgewertet werden, wenn die Kosten damit produzierter Fertigerzeugnisse deren Nettoveräußerungswert übersteigen. In diesem Fall stellen die Wiederbeschaffungskosten den besten Schätzwert für deren Nettoveräußerungswert dar (IAS 2.32).
Es gilt ein striktes erfolgswirksames Wertaufholungsgebot (IAS 2.33) bei Wegfall der Gründe von Wertminderungen (HGB: Wertaufhulungsgebot nur bei Kapitalgesellschaften).

Vorsicht
Der Grundsatz der Vorsicht ist ein weiteres Unterprinzip des qualitativen Prinzips der ⇒Verlässlichkeit. Beim Vorsichtprinzip *(prudence)* handelt es sich um eine allgemeine Schätzregel bei Ermessensspielräumen unter Unsicherheit: Kaufmännische Sorgfalt soll gewährleisten, dass ⇒Vermögenswerte und ⇒Erträge nicht überbewertet sowie ⇒Schulden und ⇒Aufwendungen nicht unterbewertet werden (F. 37 und IAS 37.43). Das bedeutet, dass aus einer Bandbreite von möglichen unsicheren Werten eher ein leicht pessimistischer Wert auszuwählen ist. Allerdings darf die Ausübung der kaufmännischen Vorsicht nicht zu einer ungerechtfertigten Bildung von stillen Reserven führen, da dies im Widerspruch zum Grundsatz der ⇒Neutralität stehen würde (so auch IAS 37.43). In den IFRS-Einzelfallregelungen wird der Grundsatz der Vorsicht im wesentlichen nur bei der Bewertung von ⇒Rückstellungen (IAS 37.42 f.) und bei der Bestimmung der Nutzungsdauern von ⇒immateriellen Vermögenswerten (IAS 38.93) verlangt.
Während nach deutschem Bilanzrecht in § 252 Abs. 1 Nr. 4 HGB das Vorsichtprinzip ausdrücklich als wichtige Bewertungsregel vorgeschrieben ist, hat das Vorsichtprinzip aufgrund des gewünschten ⇒Paritätsprinzips unter IFRS nur eine untergeordnete Bedeutung.

WACC-Ansatz

Weighted averave cost of capital; der nach dem WACC—Ansatz berechnete Zinssatz entspricht den gewichteten Gesamtkapitalkosten eines Unternehmens.

WACC = geforderte Gesamtkapitalrendite = Gesamtkapitalkosten r_{GK} geforderte Gesamtkapitalrendite

$$= r_{EK} \times \frac{EK}{GK} + i \times \frac{FK}{GK} \times 1 - t$$

EK = Ziel-Eigenkapital
FK = Ziel-Fremdkapital
GK = Ziel-Gesamtkapital
r_{EK} = Eigenkapitalkosten in %
i = Fremdkapitalzinssatz
(1-t) = Steuerschuld

Wahlrechte nach IFRS

Die Ausübung von Wahlrechten ist ein wichtiges Instrument der ⇒Bilanzpolitik. IFRS gewähren zwar weit weniger offene Wahlrechte als HGB, besondere Bedeutung haben aber unter IFRS die zahlreichen Ermessensspielräume, da diese zur Informationsgewährung eingeräumt werden (⇒fachliches Ermessen). Die meisten Ermessenspielräume ergeben sich aus auslegungsbedürftigen Definitionen und Begriffen sowie dem oft zu befolgendem Grundsatz der ⇒wirtschaftlichen Betrachtungsweise. Viele Wahlrechte ergeben sich auch dadurch, dass die erforderliche Bilanzierung von dem Nachweis bestimmter Kriterien abhängig gemacht wird (so bei der Aktivierung von ⇒Entwicklungskosten nach IAS 38.57), da es dem Bilanzierenden faktisch frei steht, diese Nachweise zu erbringen oder nicht. Die Übersicht auf der nächsten Seite fasst wesentliche Bilanzierungs- und Bewertungswahlrechte nach IFRS zusammen.

Wahrscheinlichkeit

Unter IFRS werden sehr häufig Wahrscheinlichkeitsbeurteilungen abverlangt, vor allem bei der Überprüfung der allgemeinen Ansatzkriterien von ⇒Vermögenswerten und ⇒Schulden, bei der Bilanzierung von ⇒immateriellen Vermögenswerten und ⇒Rückstellungen. Im allgemeinen Glossar zum IFRS-Regelwerk wird der Wahrscheinlichkeitsbegriff als „more likely than not" definiert (so auch IFRS Appendix A; IFRS 5. Appendix A und IAS 37.23). Dennoch darf die Wahrscheinlichkeitsgrenze *„more likely than not"* nicht als allgemeingültige quantitative Richtgröße i. S. einer Mindesteintrittswahrscheinlichkeit von mehr als 50% missverstanden werden (darauf wird auch in IAS 37.23 explizit hingewiesen): Die notwendigen Wahrscheinlichkeitsbeurteilungen sollen immer einzelfallbezogen vor dem Hintergrund individueller Erfahrungen sowie der gegebenen Unsicherheiten erfolgen (F. 85). Da ein Rechnen mit Wahrscheinlichkeiten nur dann möglich ist, wenn Wahrscheinlichkeiten *objektiv* ermittelbar sind, sollte man quantitative Prozentangaben, wie man sie häufig in IFRS-Kommentaren findet, nicht als unumstößliche Regeln auffassen.

Objektive Wahrscheinlichkeiten

Objektive Wahrscheinlichkeiten können nur bei mathematisch- oder statistisch berechenbaren Sachverhalten ermittelt werden (z. B. Berechnung der Wahrscheinlichkeit von Garantiefällen bei einem Serienprodukt). Nur dann können Wahrscheinlichkeiten mit Hilfe statistischer Auswertungen einer großen Anzahl repräsentativer Schadensfälle aus der Vergangenheit, unbeeinflusst von subjektiven Erwartungen, objektiv mathematisch berechnet werden (Gesetz der großen Zahlen). Bei einem Schätzintervall bzw. einer Verteilung von objektiven Wahrscheinlichkeiten entspricht daher der arithmetische Mittelwert bzw. mathematische Erwartungswert einem objektiven oder neutralen Wert (vgl. IAS 37.39). Bei der Ermittlung des mathematischen Erwartungswerts werden positive und negative Abweichungen gleich gewichtet, die Wertermittlung erfolgt damit unabhängig von den persönlichen Neigungen und Risikoeinstellungen des Bilanzierenden.

Wesentliche Wahlrechte nach IFRS
Bewertung von Sachanlagen, immateriellen Vermögenswerten und Aufsuchungs- und Abschätzungskosten von Mineralvorkommen auf Basis der · Anschaffungs- und Herstellungskosten (benchmark treatment) · Neubewertung *(allowed alternative treatment)*
Wahlrecht für die Gliederung der Bilanz nach (IAS 1) nach der · Fristigkeit · Liquidität
Gliederung der Gewinn- und Verlustrechnung je nach Relevanz (IAS 1) · Gesamtkostenverfahren · Umsatzkostenverfahren
Aufstellung der Kapitalflussrechnung (IAS 7) nach der · direkten Methode · indirekten Methode
Verbrauchsfolge bei der Vorratsbewertung (IAS 2) nach · Fifo · Durchschnittspreisverfahren
Bewertung von Renditeliegenschaften mit (IAS 40) nach · fair value · fort geschriebenen Anschaffungskosten
Verrechnung von versicherungsmathematischen Gewinnen und Verlusten bei leistungsorientierten Versorgungsplänen (IAS 19) · Korridormethode mit 10 % Korridor und erfolgswirksamer Verteilung über durchschnittliche Restlebensarbeitszeit · kürzere systematische Verteilung · geringerer oder gar kein Korridor · erfolgsneutrale Erfassung im Eigenkapital
Klassifizierung von finanziellen Vermögenswerten und Verbindlichkeiten (IAS 39) · unter bestimmten Bedingungen als *financial assets or liabilities at fair value through profit or loss (fair value option)* · nach tatsächlichen Eigenschaften
Klassifizierung von finanziellen Vermögenswerten, die keine *financial assets at fair value through profit or loss* sind (IAS 39), · als *available for sale* · nach tatsächlichen Eigenschaften
Bewertung von Beteiligungen im Einzelabschluss (IAS 27, IAS 28, IAS 31) · mit Anschaffungskosten · in Übereinstimmung mit IAS 39
Bilanzierung von Beteiligungen an *joint ventures* im Konzernabschluss der Partnerunternehmen (IAS 31) · Quotenkonsolidierung · *equity*-Methode

Quelle: In Anlehnung an Lüdenbach, Norbert/ Hoffmann, Wolf-Dieter: IFRS Kommentar, 6. Auflage, Freiburg i. Br. 2008; S. 2418–2422.

Subjektive Wahrscheinlichkeiten
Die meisten Wahrscheinlichkeitsbeurteilungen – insbesondere bei einmaligen Sachverhalten (z. B. einer Schadenersatzklage) stützen sich jedoch auf subjektive Schätzungen, so dass lediglich *subjektive* Wahrscheinlichkeiten bestimmt werden können, die sich aber nicht in Prozentsätzen ausdrücken lassen.

Währungsumrechnung von Fremdwährungsabschlüssen
Da die ⇒funktionale Währung von einzelnen Unternehmen von der Berichtswährung des ⇒Konzerns abweichen können (so ist z. B. die funktionale Währung eines US-amerikanischen Tochterunternehmens eines deutschen Konzerns US $), muss der ⇒Einzelabschluss vor der Konsolidierung in die Konzernberichtswährung (ggf. des →Mutterunternehmens) umgerechnet werden (IAS 21.38). Dabei sind folgende Umrechnungsvorschriften auf Basis der ergebnisneutralen, Struktur erhaltenden Zeitbezugsmethode (translation) zu berücksichtigen (IAS 21.39):

- ⇒Eigenkapital wird zum historischen Kurs des Erstkonsolidierungszeitpunktes umgerechnet.
- ⇒Vermögenswerte und ⇒Schulden werden (einschließlich der Vergleichszahlen aus der Vorperiode) mit dem Kurs am Bilanzstichtag umgerechnet
- ⇒Aufwendungen und ⇒Erträge werden zum Stichtagskurs des jeweiligen Transaktionstages umgerechnet. Aus Praktikabilitätsgründen genügt der Durchschnittskurs der aktuellen Berichtsperiode, sofern dieser die Umrechnungskurse nicht signifikant schwanken. Zumindest wesentliche Geschäftsvorfälle müssen aber zum aktuellen Stichtagskurs des jeweiligen Transaktionstages umgerechnet werden (IAS 21.40).

Alle sich aus der Umrechnung von Fremdwährungsabschlüssen ergebenden Differenzen werden ergebnisneutral in einer gesonderten Eigenkapitalkomponente erfasst (IAS 21.39c).
Folgende Sachverhalte führen zu Differenzen bei der Umrechnung von Fremdwährungsabschlüssen (IAS 21.41):

- Aufwendungen und Erträge werden zu Transaktions- oder Durchschnittskursen umgerechnet, während die Vermögenswerte und Schulden zum Stichtagskurs umgerechnet werden. Solche Differenzen entstehen auch bei der Umrechnung von Gewinnen und Verlusten, die direkt im Eigenkapital erfasst werden.
- Umrechnung der Eröffnungsbilanz mit einem anderen Kurs als der Stichtagskurs des Vorjahres.

Eine ergebniswirksame Erfassung ist deshalb nicht erlaubt, da die Ursachen dieser Umrechnungsdifferenzen keine oder nur geringe Auswirkungen auf gegenwärtige oder künftige Cash Flows haben (IAS 21.41).
Im ⇒Konzernabschluss sind die Umrechnungsdifferenzen auf Mehrheit und Minderheit aufzuteilen (IAS 21.41).
Besondere Vorschriften sind für die Umrechnung von Fremdwährungsabschlüssen von Unternehmen zu beachten, die in der ⇒funktionalen Währung eines Hochinflationslandes rechnen (IAS 21.43); hier greifen die Vorschriften des IAS 29.
Aus der Währungsumrechnung können ⇒latente Steuern entstehen (IAS 21.50).

Währungsumrechnung von Fremdwährungsgeschäften
Die Währungsumrechnung im IFRS Abschluss wird in IAS 21 geregelt. Zur HGB Bilanzierung unterscheiden sich die IFRS Vorschriften in der Anwendung des ⇒Realisations-, Imparitäts- und ⇒Anschaffungswertprinzips. Ein Fremdwährungsgeschäft ist ein Geschäftsvorfall, der in fremder Währung abgewickelt wird, z. B. Kauf oder Verkauf von Waren oder Dienstleistungen, die Aufnahme oder der Verleih von Mitteln oder der sonstige Erwerb oder Verkauf von Vermögenswerten und Schulden (IAS 21.20). Die wesentlichen Vorschriften zur Währungsumrechnung werden nachfolgend zusammengefasst:

- In fremder Währung abgewickelte Geschäftsvorfälle (z. B. Erfassung einer Fremdwährungsforderung oder Fremdwährungsverbindlichkeit) müssen mit dem am Tag des zu bilanzierenden Geschäftsvorfalles geltenden

Kassakurs (spot exchange rate) in die ⇒funktionale Währung umgerechnet werden (IAS 21.21). Aus Praktikabilitätsgründen genügen durchschnittliche Wochen- oder Monatskurse, sofern diese nicht auf Grund signifikanter Schwankungen vom aktuellen Tageskurs wesentlich abweichen (IAS 21.22). Die Umrechnung von Fremdwährungsgeschäften erfolgt nach der Stichtagskursmethode:

- Zu jedem Bilanzstichtag sind monetäre Posten in fremder Währung (z. B. Fremdwährungsforderungen, Fremdwährungsverbindlichkeiten) mit dem aktuellen Stichtagskurs umzurechnen (IAS 21.23a). Sowohl unrealisierte Fremdwährungsverluste als auch unrealisierte Fremdwährungsgewinne sind unmittelbar ergebniswirksam zu erfassen (IAS 21.28).
- Nichtmonetäre Posten (z. B. Vorräte, Vorauszahlungen, Anlagevermögen), die zu historischen ⇒Anschaffungs- und ⇒Herstellungskosten in einer Fremdwährung bewertet werden, dürfen nicht zum Stichtagskurs umbewertet werden, sondern werden unverändert mit dem Kurs am Transaktionstag bewertet (IAS 21.23b).
- Nichtmonetäre Posten, die zum ⇒Fair value bewertet werden (z. B. Wertpapiere der Kategorie „fair value through profit or loss") sind mit dem Kurs umzurechnen, der zum Zeitpunkt der jeweiligen Fair value Ermittlung gültig ist (IAS 21.23c). Sofern die Fair value Bewertung ergebniswirksam erfolgt, muss auch die Umrechnungsdifferenz unmittelbar ergebniswirksam erfasst werden. Falls aber die Fair value Bewertung (zumindest vorübergehend) ergebnisneutral erfolgt (z. B. bei Wertpapieren der Kategorie „available for sale"), muss die Umrechnungsdifferenz ebenso ergebnisneutral im Eigenkapital erfasst werden (IAS 21.30).

Besondere Vorschriften gelten für Fremdwährungspositionen, die mit Sicherungsinstrumenten gegen Kursveränderung abgesichert werden (⇒Hedging), Weitere Spezialvorschriften gelten für Umrechnungsdifferenzen aus monetären Posten, die als Teil einer Nettoinvestition in einen ⇒ausländische Geschäftsbetrieb anzusehen sind (darunter fallen z. B. langfristige Ausleihungen/Darlehen an eine Auslandsfiliale des Unternehmens, nicht jedoch Forderungen und Verbindlichkeiten aus Lieferungen und Leistungen, IAS 21.15). Denn diese werden im ⇒Konzernabschluss zunächst ergebnisneutral im Eigenkapital „geparkt" und erst zum Zeitpunkt der Abgang der ausländischen Geschäftseinheit ergebniswirksam erfasst (IAS 21.32).
In der ⇒Gewinn- und Verlustrechnung sollen wesentliche Währungsgewinne/-verluste als gesonderte Position dargestellt werden (IAS 1.84 i. V. m. IAS 21.52).
Aus der Währungsumrechnung können ⇒latente Steuern entstehen (IAS 21.50).

Website, selbst erstellte
Die bilanzielle Behandlung einer vom Unternehmen selbst erstellten und genutzten Website unterliegt den Vorschriften von IAS 38 „Immaterielle Vermögenswerte". Es wird zwischen einer Planungs-, Entwicklungs- und Betriebsphase unterschieden. Die Ausgaben während der ersten Phase werden als laufender Aufwand in der Gewinn- und Verlustrechnung erfasst. Die Ausgaben in der Phase der Entwicklung der Infrastruktur, des graphischen Designs und des Inhalts sind Teil der Kosten einer Website und werden als immaterieller Vermögenswert erfasst, wenn die Ausgaben der Vorbereitung der Website für den beabsichtigten Gebrauch direkt oder auf einer vernünftiger und stetiger Basis zugeordnet werden können. Die Betriebsphase beginnt, wenn die Entwicklungsphase abgeschlossen ist. In dieser Phase anfallende Aufwendungen werden laufend als Aufwand erfasst.

Wechselkurs
⇒Währungsumrechnung

Wertaufhellung
Die Wertaufhellung bzw. das Wertaufhellungsprinzip kann als eine Ausprägung des ⇒Vorsichtsprinzips verstanden werden. Danach sind alle Risiken und Verluste, die im Zeitraum nach dem Stichtag, aber vor der Aufstellung des

⇒Abschlusses bekannt geworden sind, bilanziell zu berücksichtigen. Dabei muss die wertbegründende Tatsache vor dem Stichtag liegen. Liegt sie dagegen im neuen Geschäftsjahr, so ist das Ereignis diesem neuen Jahr zuzurechnen.
Gemäß dem in IAS 10 fixierten – und durch verschiedene Einzelfallregelungen (z. B. IFRS 5.12; IAS 38.9; IAS 21.23; IAS 40.38.) bestätigten – Wertaufhellungsprinzip müssen bei der Bilanzerstellung nach dem Abschlussstichtag auftretenden Ereignisse berücksichtigt werden, sofern diese Rückschlüsse auf Gegebenheiten des abgelaufenen Geschäftsjahres zulassen. Wertaufhellende Ereignisse begründen entweder Wertungsanpassungen bereits bilanzierter Vermögenswerte und Schulden oder einen Ansatz neuer Bilanzpositionen. Nach dem Abschlussstichtag auftretende Ereignisse bleiben hingegen bei der Bilanzerstellung unberücksichtigt. Der Wertaufhellungszeitraum endet an einem unternehmensindividuellen oder gesetzlich festgelegten Autorisierungszeitpunkt des Abschlusses (IAS 10.3).
Eine explizite Ausnahme vom Wertaufhellungsprinzip gilt für Dividenden, die erst nach dem Bilanzstichtag, doch innerhalb des Wertaufhellungszeitraumes vorgeschlagen oder bestimmt werden: Diese dürfen nicht als Verbindlichkeit ausgewiesen werden, sondern sind im ⇒Anhang anzugeben (IAS 10.12 f.). Eine weitere Ausnahme betrifft den Grundsatz der ⇒Unternehmensfortführung: Ein Abschluss darf nicht unter Annahme der Fortführung der Unternehmenstätigkeit erstellt werden, wenn nach dem Bilanzstichtag gravierende Verschlechterungen der Vermögens- und Ertragslage festgestellt werden, die den Fortgang der Geschäftstätigkeit gefährden (IAS 10.14 f.).
Im Einzelfall kann der Unterschied zwischen Wertbeeinflussung und Wertaufhellung schwer festgemacht werden. Ein Zweifelsfall liegt bspw. vor, wenn ein Lebensmittelunternehmen nach dem Bilanzstichtag Frischware ausliefert, die während des Transportes zum Kunden verdirbt. Im Nachhinein lässt sich nur schwer feststellen, ob der Verderb der Ware auf einem kurzen Stromausfall im Kühlhaus des Lebensmittelhändlers vor dem Bilanzstichtag zurückzuführen ist.
Im IAS 10 werden mögliche Abgrenzungsschwierigkeiten zwischen Wertaufhellung und Wertbeeinflussung nicht angesprochen. Der Unterschied zwischen Wertbeeinflussung und Wertaufhellung veranschaulichen jedoch kurze Beispiele:

- Nach IAS 10.9 (b) (ii) können die erzielten Verkaufspreise von Vorräten nach dem Bilanzstichtag einen Nachweis für den Nettoveräußerungswert der Vorräte am Bilanzstichtag erbringen.
- Nach IAS 10.11 hängt ein nach dem Bilanzstichtag gesunkener Marktwert von Finanzinvestionen in der Regel nicht mit der Beschaffenheit der Finanzinvestition am Bilanzstichtag zusammen und stellt daher ein wertbeeinflussendes Ereignis dar.
- Nach IAS 37.16 (a) kann eine Rückstellung nur dann bilanziert werden, wenn am Bilanzstichtag die Wahrscheinlichkeit einer bestehenden Verpflichtung *more likely than not* ist. Das Unternehmen muss zu dieser Beurteilung alle vorhandenen substantiellen Hinweise prüfen, wozu auch Hinweise nach dem Bilanzstichtag gehören. Das gleiche gilt für die Bewertung von Rückstellungen: Auch bei der Feststellung der Verpflichtungshöhe müssen Hinweise nach dem Bilanzstichtag berücksichtigt werden (IAS 37.37). In IAS 10.9 (a) wird angeführt, dass z. B. ein nach dem Bilanzstichtag ergehendes, rechtskräftiges Urteil einen substantiellen wertaufhellenden Hinweis über die Existenz oder die Höhe einer am Bilanzstichtag bestehenden Verpflichtung liefern kann.

Wertaufholung
Unter einer Wertaufholung versteht man die (teilweise) Zurücknahme der zuvor vorgenommenen außerplanmäßigen Abschreibung (⇒Impairmenttest). Eine Wertaufholung beim ⇒Goodwill darf jedoch gemäß IAS 36.124 nicht vorgenommen werden.
Zu jedem Bilanzstichtag muss das Unternehmen nach IAS 36.110 überprüfen, ob Anzeichen für einen Wertzuwachs bestehen. Ist dies der Fall, so ist der ⇒erzielbare Betrag für den betroffenen ⇒Ver-

mögenswert oder die betroffene ⇒zahlungsmittelgenerierende Einheit zu schätzen und mit dem entsprechenden ⇒Buchwert zu vergleichen. Liegt der Buchwert über dem erzielbaren Betrag, so muss dieser aufgewertet werden. Die Obergrenze der Wertaufholung stellen die (fiktiv) fortgeführten ⇒Anschaffungs- bzw. ⇒Herstellungskosten dar. Die Wertaufholung ist ergebniswirksam durchzuführen, der Wertaufholungsbetrag als sonstiger betrieblicher Ertrag auszuweisen.
Wird allerdings ein Vermögenswert nach der ⇒Neubewertungsmethode angesetzt, so werden Wertaufholungen ergebnisneutral in der Neubewertungsrücklage erfasst, ausser bei einer erfolgswirksamen Erfassung von Wertsteigerungen bis zur Höhe von in früheren Perioden vorgenommenen erfolgswirksamen Wertminderungen.
Bei Vorräten gilt ein strenges Wertaufholungsgebot.

Wertbeeinflussung
⇒Wertaufhellung

Werthaltigkeitstest
⇒Impairment Test

Wertminderung
⇒Impairment Test

Wertpapier
⇒Finanzinstrument

Wesentlichkeit (Materiality)
Der Grundsatz der ⇒Entscheidungsrelevanz wird im IASB Framework durch den Grundsatz der Wesentlichkeit *(materiality)* ergänzt. Eine Abschlussinformation ist wesentlich, wenn ihr Verschweigen oder ihre Falschdarstellung die wirtschaftlichen Entscheidungen der Jahresabschlussadressaten beeinflussen kann (F. 30). Nach dem Wesentlichkeitskriterium sind quantitative Schwellenwerte oder Grenzen festzulegen, die bestimmte Bilanzierungs- oder Offenlegungspflichten determinieren (F. 30). Die relevanten Grenzen sind in Abhängigkeit von der Größe oder der Natur der Sachverhalte und vor dem Hintergrund der jeweiligen Umstände im Einzelfall auszuwählen (IAS 1.11 und F. 30).

Hinweise:
Das Wesentlichkeitskriterium ist ein sehr bedeutendes IFRS-Prinzip: Werden Offenlegungspflichten einzelner Standards oder Interpretationen verletzt, kann es sich dennoch um einen vollständigen IFRS-Abschluss handeln, sofern der Sachverhalt unwesentlich war (IAS 1.31). Da die Beurteilung der Wesentlichkeit ausschließlich dem fachlichen Ermessen des Bilanzierenden bzw. Abschlussprüfers überlassen wird, fehlen in den Einzelfallregelungen allgemeingültige Konkretisierungen dieses Kriteriums: In zahlreichen Detailvorschriften werden Wesentlichkeitsabwägungen ausdrücklich verlangt, Auslegungshilfen jedoch nur selten vorgegeben (so z. B. in IAS 24.9, IAS 28.2; IAS 28.7 (a)–(e); IAS 31.3; IAS 36.16). In wenigen Ausnahmefällen werden auch konkrete quantitative Wesentlichkeitskriterien angeführt (z. B. in IAS 19.139; IAS 28.6). Diese betreffen allerdings sehr spezielle Bilanzierungssachverhalte und können nicht mit IAS 8.11 (a) auf andere Wesentlichkeitsüberlegungen übertragen werden. Insgesamt wird in den IFRS Vorschriften das Wesentlichkeitskriterium – sieht man von wenigen Ausnahmen ab – bewusst abstrakt gehalten. Aufgrund der damit gegebenen subjektiven Beurteilungsspielräume wird das *Wesentlichkeitskriterium* in der Fachliteratur häufig als sehr anfällig für bilanzpolitische Missbräuche kritisiert.
Die Nichtaktivierung geringstwertiger Wirtschaftsgüter, die Sofortabschreibung geringwertiger Wirtschaftsgüter (GWGs) oder der Ansatz von Festwerten wird vor dem Hintergrund des Wesentlichkeitsgrundsatzes von der h. M. auch unter IFRS als zulässig erachtet, obgleich dafür keine eigenen IFRS-Vorschriften bestehen.

Wirtschaftliche Betrachtungsweise (Substance over Form)
Im ⇒IASB Framework wird der Grundsatz der wirtschaftlichen Betrachtungweise (substance over form) als qualitatives Prinzip der Abschlusserstellung beschrieben (⇒IFRS, Prinzipien im Überblick). Danach hat die bilanzielle Abbildung der Geschäftsvorfälle nicht auf

Basis formrechtlicher Verhältnisse zu erfolgen, sondern gemäß ihrer (betriebs-) wirtschaftlichen Realität (F. 35). Eine Beurteilung des wirtschaftlichen Realität wird im Rahmen der IFRS-Bilanzierung prinzipiell bei Fragen des Bilanzansatzes, speziell bei der Bilanzierung von ⇒Leasingverhältnissen (IAS 17.10), der Konsolidierung von ⇒Special purpose entities (SIC 12.8) oder bei der Aktivierung von ⇒immateriellen Vermögenswerten erforderlich (IAS 38.22). Auch bei Bewertungsfragen (z. B. bei der Wahl der Abschreibungsmethode nach IAS 16.60), bei der Feststellung maßgeblicher Ertragserfassungszeitpunkte (IAS 18.30 ff.), bei der inhaltlichen und formalen Ausgestaltung des Abschlusses (z. B. IAS 32.15 oder IAS 1.35) sowie bei Offenlegungsfragen ist das Kriterium des *substance over form* häufig zu bedenken (z. B. Offenlegung von Verhältnissen zu nahestehenden Parteien nach IAS 24.10).

Wirtschaftlicher Nutzen
⇒Vermögenswert

Wirtschaftlichkeit
Nach dem Abwägungsgrundsatz der *Wirtschaftlichkeit (balance between benefit and cost)* muss der Informationsnutzen größer sein als die Kosten der Informationsbereitstellung. Kosten-Nutzenüberlegungen stellen ermessensbehaftete Beurteilungsprozesse dar und sind deshalb nur schwer operationalisierbar. Dennoch sollen sowohl der Standardsetzer als auch die Bilanzierenden stets das Wirtschaftlichkeitsprinzip im Auge behalten (F. 44). In den IFRS-Detailvorschriften werden zahlreiche explizite Ausnahmen von Bilanzvorschriften eingeräumt, sofern eine ordnungsgemäße Umsetzung der jeweiligen Regelungen *wirtschaftlich nicht vertretbar* ist (Beispiele sind IAS 1.38; 2.22; 7.36; 8.23 ff.; 8.39; 8.43; 12.54; 14.43; 14.76; 22.96; 22.99; 27.26; 28.24; 29.22; 38.82; 40.71).

Zahlungsmittel
⇒Barmittel und Sichteinlagen

Zahlungsmitteläquivalente
Kurzfristige, äußerst liquide Finanzinvestitionen, die jederzeit in bestimmte Zahlungsmittelbeträge umgewandelt werden können und nur unbedeutenden Wertschwankungsrisiken unterliegen.

Zahlungsmittelgenerierende Einheit
Nach IAS 36.6 stellt eine zahlungsmittelgenerierende Einheit die kleinste identifizierbare Gruppe von ⇒Vermögenswerten dar, die Mittelzuflüsse erzeugen, die weitgehend von den Mittelzuflüssen anderer zahlungsmittelgenerierenden Einheiten oder Vermögenswerten separiert werden können. Die Abgrenzung von zahlungsmittelgenerierenden Einheiten erfordert Einschätzungen seitens des Managements und unterliegt dem ⇒Stetigkeitsprinzip.

Zeitbewertung
⇒Fair value Accounting

Zinsaufwand (Interest Cost)
⇒Pensionen und ähnliche Verpflichtungen
⇒Anwartschaftsbarwertverfahren

Zinseinkünfte
⇒Erlöse

Zinssätze, relevante
⇒Abzinsungsfaktor

Zinsschranke
⇒IFRS, rechtliche Legitimation

Zur Veräußerung verfügbare finanzielle Vermögenswerte
⇒Finanzinstrumente

Zusammengesetztes Instrument
Unter zusammengesetzten Instrumenten (compound instruments) versteht man ⇒Finanzinstrumente, die sowohl Eigenkapital- als auch Schuldcharakter haben (IAS 32.28 ff.). Ein Beispiel sind Wandel- oder Optionananleihen.

Zuschreibung
⇒Wertaufholung

Zutreffende Darstellung
Der Grundsatz der zutreffenden Darstellung *(faithful represention)* wiederholt und ergänzt im Wesentlichen die allgemeinen Ausführungen des ⇒IASB Framework zum qualitativen Grundsatz der ⇒Verlässlichkeit. Abschlussinformationen müssen glaubwürdig zum Inhalt haben, was sie vorgeben darzustellen oder was vernünftigerweise erwartet werden kann (F. 33). In bestimmten Fällen können Schätzungen und Bewertungen so unsicher sein, dass die betreffenden Positionen im Abschluss nicht bilanziert werden dürfen. Dies gilt z. B. für den originären ⇒Goodwill oder für erwartete Prozesseinnahmen (F. 34 und Tz. 86). Unter bestimmten Umständen kann es allerdings im Interesse der Abschlussadressaten liegen, wenn Unternehmen auch unsichere Positionen im Jahresabschluss darstellen, sofern auf die Gefahr von möglichen Fehlern hingewiesen wird.

Zuwendungen der öffentlichen Hand
Beihilfen der öffentlichen Hand, die an ein Unternehmen durch Übertragung von Mitteln zum Ausgleich für die vergangene oder künftige Erfüllung bestimmter Bedingungen im Zusammenhang mit der betrieblichen Tätigkeit des Unternehmens gewährt werden. Nach IAS 20.24 besteht ein Wahlrecht, wonach die Zuwendungen entweder mit den ⇒Anschaffungs- oder ⇒Herstellungskosten verrechnet, oder auf der Passivseite ausgewiesen werden können.

Zweckgesellschaft
Sowohl nach IFRS als auch nach US GAAP werden nicht nur Tochterunternehmen, sondern auch Zweckgesellschaften im Konzernabschluss voll konsolidiert. Zweckgesellschaften werden v. a. gegründet, um bestimmte Geschäfte außerhalb der Bilanz zu halten (z. B. Lea-

sing-Objektgesellschaften, Pensionsfondgesellschaften).
Nach dem Enron Skandal im Jahre 2001 sahen sich sowohl der amerikanische Standardsetzer FASB als auch der IASB gezwungen, die Bilanzierungsregelungen für Zweckgesellschaften zu überdenken und strenger zu fassen. Während US GAAP die Zweckgesellschaften als Variable Interest Entities bezeichnet und in FIN 46 regelt, wird die Thematik der Special Purpose Entites (SPE) i. R. d. IFRS Rechnungslegung in SIC 12 behandelt.
Da im Falle einer SPE die Mehrheit der Stimmen nicht vom Initiator der SPE, sondern vom Investor gehalten wird, stellt SIC 12.8 auf die wirtschaftliche Betrachtung des Verhältnisses zwischen einem Unternehmen und der SPE ab. Danach muss die SPE durch das andere Unternehmen beherrscht werden. Dies ist der Fall, wenn entweder die Kriterien für Beherrschung eines Tochterunternehmens erfüllt sind (IAS 27.13) oder zusätzlich folgende Umstände auf die Beherrschung hinweisen (SIC 12.10):

- die Geschäftstätigkeit der SPE wird zu Gunsten des Unternehmens entsprechend seiner besonderen Geschäftsbedürfnisse geführt, so dass das Unternehmen Nutzen aus der Geschäftstätigkeit der SPE zieht,
- das Unternehmen verfügt über die Entscheidungsmacht, die Mehrheit des Nutzens aus der Geschäftstätigkeit der SPE zu ziehen, oder das Unternehmen hat durch Vorgabe genauer Handlungsmaßnahmen („Autopilot"-Mechanismus) diese Entscheidungsmacht delegiert,
- das Unternehmen verfügt über das Recht, die Mehrheit des Nutzens aus der SPE zu ziehen, und ist deshalb unter Umständen Risiken ausgesetzt, die mit der Geschäftstätigkeit der SPE verbunden sind,
- das Unternehmen behält die Mehrheit der mit der SPE verbundenen Residual- oder Eigentumsrisiken oder Vermögenswerte, um Nutzen aus ihrer Geschäftstätigkeit zu ziehen.

Grundsätzlich ist die Erfüllung eines Kriteriums bereits ein Signal für das Vorliegen einer SPE. Für die abschließende Beurteilung, ob das Unternehmen die SPE beherrscht, müssen aber alle Umstände berücksichtigt werden.

Zwischenbericht
Bei einem Zwischenbericht handelt es sich um eine unterjährige Berichterstattung wie z. B. einen Monats-, Quartals- oder Halbjahresabschluss. Gemäß IAS 34 kann es sich dabei entweder um einen vollständigen Abschluss im Einklang mit IAS 1 oder um eine verkürzte Version nach IAS 34 (⇒Zwischenberichterstattung) handeln.
Ein Zwischenbericht muss nach IAS 34.1 nicht zwingend erstellt werden. In Deutschland sind börsennotierte Unternehmen nach § 40 BörsG zur Aufstellung von Halbjahresberichten verpflichtet. Unternehmen, die am Prime Standard der Deutschen Börse gelistet sind, müssen einen Quartalsabschluss aufstellen.

Zwischenberichterstattung
Der (Mindest-)Umfang der Zwischenberichterstattung wird in IAS 34.8 festgelegt. Danach sind folgenden Informationsinstrumente unter Beachtung des Grundsatzes der ⇒Wesentlichkeit in einem Zwischenbericht offen zu legen:

- eine verkürzte Bilanz,
- eine verkürzte Gewinn- und Verlustrechnung,
- eine verkürzte Aufstellung, die entweder alle Veränderungen des Eigenkapitals oder Veränderungen des Eigenkapitals, die nicht aus Transaktionen mit Eigenkapitalgebern oder Ausschüttungen an Eigenkapitalgeber hervorgehen, zeigt,
- eine verkürzte Kapitalflussrechnung,
- ausgewählte Anhangangaben.

Gemäß IAS 34.11 muss außerdem das verwässerte und unverwässerte ⇒Ergebnis je Aktie in der verkürzten Gewinn- und Verlustrechnung angegeben werden.
Welche Vergleichszahlen für einzelne Informationsinstrumente angegeben werden müssen, regelt IAS 34.20:

- eine Bilanz zum Ende der aktuellen Zwischenberichtsperiode und eine vergleichende Bilanz zum Ende des unmittelbar vorangegangenen Geschäftsjahres;

- eine Gewinn- und Verlustrechnung für die aktuelle Zwischenberichtsperiode und eine vom Beginn des aktuellen Geschäftsjahres bis zum Zwischenberichtstermin kumulierte Gewinn- und Verlustrechnung, mit vergleichenden Gewinn- und Verlustrechnungen für die vergleichbaren Zwischenberichtsperioden (zur aktuellen und zur vom Beginn des Geschäftsjahres bis zum kumulierten Zwischenberichtstermin fortgeführten Zwischenberichtsperiode) des unmittelbar vorangegangenen Geschäftsjahres;
- eine Aufstellung, die Veränderungen des Eigenkapitals vom Beginn des aktuellen Geschäftsjahres bis zum Zwischenberichtstermin zeigt, mit einer vergleichenden Aufstellung für die vergleichbare Berichtsperiode vom Beginn des Geschäftsjahres an bis zum Zwischenberichtstermin des unmittelbar vorangegangenen Geschäftsjahres und
- eine vom Beginn des aktuellen Geschäftsjahres bis zum Zwischenberichtstermin erstellte Kapitalflussrechnung, mit einer vergleichenden Aufstellung für die vom Beginn des Geschäftsjahres an kumulierte Berichtsperiode des unmittelbar vorangegangenen Geschäftsjahres.

Zwischenberichtsperiode
Bei einer Zwischenberichtsperiode handelt es sich gem. IAS 34.4 um eine Finanzberichtsperiode, die kürzer als das Geschäftsjahr eines Unternehmens ist. Im Regelfall wird für letzte Zwischenberichtsperiode kein →Zwischenbericht erstellt; er wird stattdessen durch den Jahresabschluss ersetzt.

Zwischenergebnis, Zwischenergebniseliminierung
Bei konzerninternem Leistung- und Lieferungsgeschäft setzt das liefernde Unternehmen normalerweise nicht nur Anschaffungs- oder Herstellungskosten in die Rechnung, sondern seine Preise enthalten auch eine Gewinnmarge oder sind u. U. niedriger als ursprünglich angefallene historische Kosten. Da der Konzernabschluss die ⇒Vermögens-, Finanz- und Ertragslage des Mutterunternehmens und der Tochtergesellschaften so darzustellen hat, als wären sie eine wirtschaftliche Einheit, müssen diese sog. Zwischenergebnisse aus dem Konzernabschluss bis zu ihrer Realisation durch Erbringen der Leistung an einen Konzernfremden oder durch Abschreibungen bei innerkonzernlichen Lieferung von Sachanlagevermögen eliminiert werden.

Zwischenergebniseliminierung bei at Equity Beteiligungen
Gewinne und Verluste aus Transaktionen zwischen einem Unternehmen und Unternehmen, die bei ihm gem. der ⇒Equity Methode bilanziert werden, müssen i. H. d. Beteiligungsquote eliminiert werden (vgl. auch IAS 28.22). Bei diesen Transaktionen kann es sich sowohl um eine „Upstream"-Transaktion (z. B. Lieferung eines assoziierten Unternehmens an den Anteilseigner) als auch um eine „Downstream"-Transaktion (z. B. Lieferung vom Anteilseigner an ein assoziiertes Unternehmen) handeln. Bei der ersten Transaktionsart könnte die Drosselung der Zwischenergebnisse entweder im Bestand (z. B. Vorräte oder Sachanlagen) oder im Beteiligungsbuchwert erfolgen. Bei der zweiten Transaktionsart befinden sich die gelieferten Vermögenswerte nicht mehr im Bestand des Anteilseigners, so dass nur eine Zwischenergebniseliminierung im Equity Beteiligungsbuchwert in Betracht kommt.

Literaturverzeichnis

- Alves, W. (2007): Wiley Klartext; Reporting nach US-GAAP, ein Überblick; Weinheim 2007.
- Beck'sches IFRS-Handbuch; Kommentierung der IAS/IFRS; 2. Auflage, München 2006.
- Beck Texte: Handelsgesetzbuch (HGB), 47. Auflage, 2008.
- Coenenberg, A. (2005): Jahresabschluss und Jahresabschlussanalyse; betriebswirtschaftliche, handelsrechtliche und steuerrechtliche Grundsätze nach HGB, IFRS und US GAAP, 20. Auflage, Stuttgart 2005.
- Deutsches Institut für Normung e.V.: DIN 69910-1, Projektmanagement, Projektmanagementsysteme, Teil 1: Grundlagen.
- DRSC (Hrsg.): Deutsche Rechnungslegungs Standards (DRS); Stand August 2008; Stuttgart 2008.
- Bundesministzerium der Justiz (Hrsg.): Gesetzesentwurf der Bundesregierung; Gesetz zur Modernisierung des Bilanzrechts (Bilanzrechtsmodernisierungsgesetz – BilMoG), im Internet abrufbar unter: www.bmj.bund.de/files/-/3152/RegE%20BilMoG.pdf.
- Dr. Röver & Partner (Hrsg.): IFRS – Leitfaden für den Mittelstand; Grundlagen, Einführung und Anwendung der Internationalen Rechnungslegung, Berlin 2007.
- Ernst & Young (Hrsg.): International GAAP 2007, London 2006.
- Ernst & Young (Hrsg.): International GAAP: Good Group (International) Limited; im Internet abrufbar unter http://www.ey.nl/?pag=2027&publicatie_id=2414.
- Figlin, G. (2006): Wettbewerb der Rechnungslegungssysteme; Eine Untersuchung unter besonderer Berücksichtigung des conservatism, Aachen 2006.
- Figlin, G./Böswald, T. (2006): Rückzugsmöglichkeiten ausländischer Kapitalgesellschaften vom US-amerikanischen Eigenkapitalmarkt, in: Die Aktiengesellschaft (2006), S. 66–79.
- Grünberger, D. (2007): IFRS 2008; Ein systematischer Praxis-Leitfaden, Berlin 2007.
- IASB (Hrsg.): International Financial Reporting Standards (IFRSs) 2008.
- IGC International Group of Accounting: Controller und IFRS: Konsequenzen für die Controlleraufgaben durch die Finanzberichterstattung, Freiburg 2006.
- Institute of Chartered Accountants in England and Wales (ICAEW), Financial Reporting Group (Hrsg.): EU Implemention of IFRS and the Fair Value Directive. Im Internet abrufbar unter: http://www.standardsetter.de/drsc/news/../docs/press_releases/071018_icaew_studie_anwendungifrs.pdf.
- Kern, Peter (Hrsg.): Brennpunkte der Wirtschaftsprüfung und des Steuerrechts – Orientierungshilfen für die Praxis; Festschrift Prof. Dr. Hanns Robby Skopp, Straubing 2008.
- Kieso, D./Weygandt, J./Warfield, T. (2007): Intermediate Accounting, Twelfth Edition, Hoboken 2007.
- Kirsch, H. (2003): Einführung in die Internationale Rechnungslegung nach IAS/IFRS; Grundzüge der IAS/IFRS, Anwendung im Konzernabschluss, Folgerungen für den Einzelabschluss, Berlin 2003.
- KPMG (Hrsg.): IFRS Visuell; Frankfurt 2008.
- KPMG (Hrsg.): Insights into IFRS, 5. Auflage, 2008.
- Küting, K./Reuter, M. (2006): Erhaltene Anzahlungen in der Bilanzanalyse, in: KoR, (2006), S. 1–13.

- Küting, K./Weber, C. (2006): Die Bilanzanalyse, Beurteilung von Abschlüssen nach HGB und IFRS, 8. Auflage, Stuttgart 2006.
- Leffson, U. (1987): Die Grundsätze ordnungsmäßiger Buchführung, 7., revidierte und erweiterte Auflage, Düsseldorf 1987.
- Leibfried, P./Weber, I. (2006): Notes; Leitfaden für den IFRS-Anhang; Berlin 2006.
- Lüdenbach, N./Hoffmann, W. (2008): IFRS Kommentar, 6. Auflage, Freiburg i. Br. 2008.
- Mirza, A./Holt, G./Orrell, M. (2006): Wiley IFRS International Financial Reporting Standards, Workbook and Guide; New Jersey 2006.
- Moxter, A. (2003): Grundsätze ordnungsgemäßer Rechnungslegung, Düsseldorf 2003.
- Pellens, B./Fülbier, R./Gassen, J.: Internationale Rechnungslegung, 7. Auflage, Stuttgart 2008.
- Petersen, K./Bansbach, F./Dornbach, E. (Hrsg.) (2007): IFRS Praxishandbuch, Ein Leitfaden für die Rechnungslegung mit Fallbeispielen, 2. Auflage, München 2007.
- Preißler, G. (2005): Prinzipienbasierung der Rechnungslegung nach IAS/IFRS?, Frankfurt 2005.
- Preißler, P. (2004): Entscheidungsorientierte Kosten- und Leistungsrechnung, Landsberg, 3. Auflage, 2004.
- Preißler, P. (2007): Controlling, 13. Auflage, München 2007.
- Preißler, P./Preißler, G. (2008): Controlling-Lexikon, Landsberg 2008-10-26.
- Rieder, L./Berger-Vogel, M. (2008): Echte Deckungsbeitragsrechnung contra Ergebnisrechnung nach IFRS, in: Controller Magazin 02/2008; S. 24–34.
- Schildbach, T. (2003): Die Zukunft des Jahresabschlusses nach HGB angesichts neuer Trends bei der Regulierung der Rechnungslegung und der IAS-Strategie der EU, in: StuB 23 (2003), S. 1071–1078.
- Schildbach. T. (2007): Der handelsrechtliche Jahresabschluss, 8. Auflage, Berlin 2007.
- Schildbach, T. (2008): Der Konzernabschluss nach HGB, IFRS und US-GAAP, 7. Auflage, München 2008.
- Schroeter, B. (2002): Operatives Controlling; Aufgaben, Objekte, Instrumente; Wiesbaden 2002.
- Schwarz, Ch. (2006): Derivative Finanzinstrumente und hedge accounting; Bilanzierung nach HGB und IAS 39; Berlin 2006.
- Schmalenbach, E. (1926): Dynamische Bilanz, 4. Auflage, Leipzig 1926.
- SEC (Hrsg): Release Nos. 33-8567; 34-51525; International Release No. 57-15-04; „First time application of International Financial Reporting Standards".
- Stein, H.-G. (1993): Ziele und Maßnahmen der Konzernbilanzpolitik, in: ZfbF 11 (1993), S. 973–993.
- Wagenhofer, A. (2006): Controlling und IFRS-Rechnungslegung; Konzepte; Schnittstellen, Umsetzung; Berlin 2006.
- Wagenhofer, A. (2005): Internationale Rechnungslegung – IAS/IFRS; grundkonzepte; Bilanzierung, Bewertung, Angaben; Umstellung und Analyse, 4., überarbeitete und erweiterte Auflage, Frankfurt/Wien 2005.
- Wengel, T. (2007): IFRS kompakt, München 2007.
- Zingel, H. (2006): Wiley Klartext; IFRS Formelsammlung; Weinheim 2006.
- Zülch, H./Willms, J. (2004): Jahresabschlussänderungen und ihre bilanzielle Behandlung nach IAS 8 (revised 2003), in: KOR 4/2004, S. 128–135.

www.ingramcontent.com/pod-product-compliance
Lightning Source LLC
Chambersburg PA
CBHW031419180326
41458CB00002B/438
9783486586107